QICHE BAOXIAN
JINGYING GUANLI YU SHIWU

汽车保险
经营管理与实务

刘国浩 张晓明 史炳军 主编

中国金融出版社

责任编辑：贾　真
责任校对：李俊英
责任印制：程　颖

图书在版编目（CIP）数据

汽车保险经营管理与实务 / 刘国浩　张晓明　史炳军主编 . —北京：中国金融出版社，2019.12

ISBN 978-7-5220-0369-6

Ⅰ . ①汽…　Ⅱ . ①刘…　②张…　③史…　Ⅲ . ①汽车保险—中国
Ⅳ . ① F842.63

中国版本图书馆 CIP 数据核字（2019）第 258967 号

汽车保险经营管理与实务
Qiche Baoxian Jingying Guanli yu Shiwu
出版
发行　中国金融出版社
社址　北京市丰台区益泽路 2 号
市场开发部　（010）63266347，63805472，63439533（传真）
网 上 书 店　http：//www. chinafph. com
（010）63286832，63365686（传真）
读者服务部　（010）66070833，62568380
邮编　100071
经销　新华书店
印刷　北京市松源印刷有限公司
尺寸　169 毫米 ×239 毫米
印张　18
字数　260 千
版次　2019 年 12 月第 1 版
印次　2019 年 12 月第 1 次印刷
定价　68.00 元
ISBN 978-7-5220-0369-6

本书编委会

主　编： 刘国浩　张晓明　史炳军

成　员： 邢　莉　杨　柳　刘春迎　王　超　王　斐
袁志峰　鲍晓东　蔡峰林　李　晶　王卫东
崔　斌　史博轩

序

汽车保险是财产保险中与消费者关系最密切、最大众化的产品，也是构筑保险公司与客户关系的纽带，为拓展客户服务的其他领域、创造服务机会奠定了基础。

汽车保险是财产保险业务中最普通的险种，又是骨干和主力险种，更是经营盈利最难的险种。改革开放后，在短短几十年的时间里，中国财产保险市场整体规模从零起步跃居全球市场第二位，其中，汽车保险的贡献度最大。

中国汽车保险发展走到今天，经历了多少艰辛与曲折，走过许多弯路，承受了挫折与碰撞。回顾过去是为了让大家不再走冤枉路，不再走回头路；总结其成功经验是为了提出解决汽车保险盈利的方案，把汽车保险经营管理得更加辉煌。为了让这些保险人的工匠精神代代传承，为了一代又一代的汽车保险经营者能够不忘初心，砥砺前行，以刘国浩先生为首的保险业界实务团队，在汽车保险经营管理与实务操作的基础上，提炼了汽车保险的经营精髓、经营理念与实战操作经验，编著本书是对中国汽车保险行业的贡献。本书可以让汽车保险的经营者与相关从业人员掌握汽车保险经营管理的核心内容，充满信心地经营汽车保险，为消费者提供尽善尽美的汽车保险服务。

自20世纪80年代末起，汽车保险业务规模跃居各险种第一位。目前，全国汽车保险行业的经济规模约在8000亿元，汽车保险经营好坏对中国财产保险行业整体经营状况、对各财产保险公司经营盈亏影响都是最大的。如何经营管理好汽车保险业务，如何实现汽车保险盈利，在汽车保险经营者、学者、研究者中间争论一直持续不断，至今仍缺少一种经营意识超前、管理制度完善、易于实战操作的经营管理模式。本书从根本上提出了汽车保险经营管理的解决方案。

本书以刘国浩先生常年积累的汽车保险经营管理经验为基础，向这一长期困扰汽车保险经营管理的难题挑战，从理论与实操两个方面尝试解除困局。本书的主要特点：一是由业内专业人士总结实际工作经验编写的一本专业书籍；二是比较系统地研究与探讨了汽车保险经营管理的核心环节与流程；三是由实战得出的汽车保险经营理念、经营手段的应用、汽车保险经营数据和分析结果对汽车保险经营者有很好的指导作用；四是汽车保险承保与理赔实战性的流程和案例，为进入汽车保险的从业者提供了很好的参考价值；五是借鉴与吸收国外汽车保险经营管理成功经验，创新汽车保险发展新模式。

我与本书的三位主编 20 多年前就已经相识，多次共同参加并研究探讨汽车保险的经营课题，刘国浩先生在 2009 年就被聘为我校兼职教授。本书是编者从业经历凝成的智慧结晶，其成果对中国汽车保险的发展具有积极的指导作用。中国经济发展速度确实是世界的奇迹，截至 2010 年底，中国整体经济规模超越除美国以外的所有发达国家，跃居世界第二位。2014 年，中国整体保险业规模超越德国，列世界第二位。尽管如此，从中国社会家庭汽车的需求分析，中国汽车保险还将有更广阔的发展空间，对从事汽车保险及相关行业同仁是机遇更是挑战，愿全体同仁抓住机遇，迎接挑战，为创造汽车保险辉煌，再创佳绩！

于北京工商大学保险研究中心

2019 年 6 月 28 日

前　言

自 20 世纪 90 年代起，随着家用汽车逐渐进入家庭，我国机动车辆保有量迅速增加，截至 2018 年底，家用汽车保有量已达 1.9 亿辆，我国的汽车保险（以下简称车险）业务规模也同步迅速扩大，汽车保险的保费收入于 2013 年超过日本，进入世界汽车保险市场前三甲，又于 2014 年超越德国，跃居世界汽车保险市场第二位。

随着我国汽车保险业务规模的快速发展，汽车保险在险种结构的占比已高达 72.74%。因此，汽车保险经营管理对相关专业人员的需求急剧增加，急需培养高素质的汽车保险承保、理赔、查勘、定损、精算等专业人员。为此，编者通过对市场调研，重点查阅了汽车保险相关专业书籍，深感能够早日编写一本综合性反映汽车保险经营管理各环节的专业汽车保险书籍十分必要，且非常迫切。本书以主编与合作者用其在多年汽车保险实践中积累的工作经验、历年发表的汽车保险专题文章为基础，参考国内大型财产保险公司汽车保险业务的相关实务，深入探讨汽车保险管理实质与内涵，编著本书。

本书编写宗旨：一是提高汽车保险从业人员的专业能力；二是与时俱进，优化汽车保险业务流程；三是强化汽车保险创新与专业化管理；四是树立汽车保险市场化的服务品质和特性。

本书主要内容：根据汽车保险业务近年来经营管理的现实和发展要求，整理编写了大量对汽车保险业务管理和查勘定损工作人员有针对性的实战操作内容。其中，包括汽车保险经营管理模式与方法、汽车保险业务的特点、汽车保险承保、汽车保险理赔原则，以及汽车保险承保、查勘定损人员必须掌握的基本技能与专业技术手段。除此之外，本书内容还就汽车保险业务统计与考核指标的分析与运用，商业汽车保险费率改革发展变化，汽车保险承保与理赔的管控（含核损报价）与技术应用，汽车保险反欺诈、汽车保险再保、汽车保险精算，汽车保险产业链构成、发展及未来等方面进行了论述和探索，使本书的内容更全面、更专业。

本书主要适用对象是汽车保险业务经营管理人员、汽车承保与理赔一线工作人员、大专院校保险专业学生。衷心期望读者能吸收其精髓，掌握汽车保险经营管理的核心内容，为我国汽车保险业务发展作出贡献。

北京保险中介行业协会副会长

北京国信行保险公估有限公司董事长　刘国浩

2019 年 5 月 5 日

目 录

第一章 汽车保险概述

第一节 车险的发展与现状 …… 1
第二节 车险的经营与管理 …… 5
一、车险的特点 …… 5
二、车险的经营特点 …… 6
三、车险的经营模式 …… 7
第三节 车险代理与公估 …… 9
一、保险代理 …… 9
二、保险公估与车险公估 …… 12
第四节 主要发达国家车险发展现状 …… 15
第五节 车险产业链及未来发展 …… 16

第二章 汽车保险条款

第一节 车险的改革历程 …… 19
一、车险条款的历史变迁 …… 19
二、商业车险的改革历程 …… 20
第二节 现行商业车险条款介绍 …… 23
一、机动车损失保险 …… 24
二、机动车第三者责任保险 …… 27
三、机动车车上人员责任保险 …… 30
四、机动车全车盗抢保险 …… 32
五、十二个附加险 …… 34
六、个性化条款 …… 39

第三节 机动车交通事故责任强制保险 …… 40
一、《道路交通安全法》产生的背景 …… 41
二、交强险的制度构成 …… 42
三、交强险条款简介 …… 45
四、交强险与商业第三者责任险的区别 …… 48

第三章 汽车保险承保管理

第一节 车险承保流程 …… 51
一、指导客户填写投保单 …… 51
二、请客户签字确认 …… 52
三、出单员审核 …… 52
四、核保 …… 52
五、出单、收费、签字确认 …… 53
第二节 车险承保管理的关键环节和方法 …… 53
一、车险承保的关键环节——核保 …… 53
二、核保的方法 …… 54
三、落实核保的重要原则 …… 56
四、如何发挥核保的作用 …… 56
第三节 车险承保管控 …… 57
第四节 车险承保指标与考核 …… 59
一、保费 …… 59
二、分险种保费 …… 59
三、承保费用率 …… 60
四、车均保费 …… 60
五、事故率 …… 60
六、续保率 …… 61
七、清理亏损客户 …… 61
八、验车承保率 …… 61

第四章 汽车保险承保实务

第一节 车险出单实务 …………………………………………… 62
一、车险合同双方的如实告知义务及关键要素 ………………… 62
二、主要险种的承保规则 ……………………………………… 67
三、保费计算……………………………………………………… 70
四、核保规则……………………………………………………… 82
五、缴费处理……………………………………………………… 82
六、合同变更与终止 …………………………………………… 84
第二节 车险承保出单分类管理 ………………………………… 88
一、新保、续保、转保业务分类及管理 ………………………… 88
二、单保交强险、单保商业险、混保分类 ……………………… 89
三、承保出单管理中的考核指标 ……………………………… 89
四、承保出单过程管理的精细化 ……………………………… 90
第三节 车险承保售后服务 ……………………………………… 91

第五章 汽车保险的统计与核算

第一节 统计核算在车险经营管理中的作用 ……………………… 93
第二节 车险统计核算的指标 …………………………………… 96
一、车险统计核算的关键指标 ………………………………… 96
二、车险统计核算的其他指标 ………………………………… 98
第三节 关键指标与重要指标的分析与运用 …………………… 99
第四节 车险的再保险与精算 ……………………………………101
一、车险的再保险安排 …………………………………………101
二、车险的精算……………………………………………………103

第六章 汽车保险理赔管理

第一节 车险理赔模式及变革 ……………………………………106

第二节　车险理赔流程及理赔原则 …… 107
一、车险理赔流程的环节 …… 107
二、车险理赔的重要性 …… 109
三、车险理赔的原则与重点 …… 110
第三节　车险理赔管理指标与考核 …… 111
第四节　车险理赔岗位的设置与职责 …… 113
第五节　车险重大事故及特殊案件的处理 …… 114
一、重大事故案件的处理 …… 114
二、特殊案件的处理 …… 117
第六节　车险人身伤害理赔管理 …… 118
一、人伤理赔概述 …… 118
二、人伤理赔的特点 …… 118
三、人伤理赔管理 …… 120
四、人伤理赔的发展建议 …… 120
第七节　车险理赔技术的运用与发展 …… 121
一、智能定损工具研究现状 …… 121
二、智能定损应用展望 …… 123

第七章　汽车保险查勘定损操作规范

第一节　车险理赔查勘定损的概念与意义 …… 125
第二节　车险查勘定损的规范与考核标准 …… 127
一、查勘定损员职业道德规范 …… 127
二、查勘定损岗位职责 …… 127
三、理赔查勘定损工作标准 …… 128
第三节　车险理赔查勘定损的技能要求 …… 128

第八章　汽车保险查勘定损实务

第一节　车险查勘定损流程 …… 130

一、接待事故客户 ……130
二、被保险人签字确认索赔申请书 ……131
三、查验理赔单证及理赔相关信息 ……131
四、查勘车损 ……132
五、录入系统核价核损 ……133
六、如实告知客户理赔相关事宜 ……134
七、查勘定损流程 ……134
第二节 车险查勘定损照相技术要求 ……135
一、单方事故车损照片拍摄步骤 ……135
二、车辆修复中查验照片的分类及拍摄要求 ……144
三、多方事故的拍摄要求 ……145
四、现场照片的分类及拍摄要求 ……146
第三节 事故车辆修复原则 ……149
一、易损件的修换原则 ……149
二、常见易损件类型及修换情况 ……150
第四节 车辆修复工时费的厘定 ……156
一、工时费的组成 ……156
二、工时费的分类 ……157
第五节 定损实务案例解析 ……167
一、定损典型案例 ……167
二、常见拒赔案例 ……170

第九章 汽车保险反欺诈

第一节 车险反欺诈的重要性及现实意义 ……175
一、保险消费者主观的恶意欺诈 ……176
二、保险公司“内鬼”参与的车险欺诈 ……176
三、第三方合作服务机构的车险欺诈 ……177
第二节 车险反欺诈的主要举措 ……178

一、反欺诈法规体系的完善 ······178
二、建立行业机构，管控欺诈风险 ······179
三、营造反欺诈环境及氛围，业内外共同参与反欺诈 ······180
第三节　车险反欺诈的发展历程 ······180
一、1980 年至 2000 年 ······181
二、2000 年至 2010 年 ······182
三、2010 年至今 ······183
第四节　车险反欺诈经典案例 ······185
一、扩大损失骗赔案例 ······185
二、虚假理赔材料欺诈案例 ······186
三、跨公司信息比对识别死亡赔偿欺诈案例 ······187
四、车联网技术反欺诈应用案例 ······188
五、应用大数据打击职业团伙欺诈案例 ······189
第五节　车险反欺诈未来趋势 ······190

附　录

附录 1　汽车相关基础知识 ······194
一、常见车型及分类 ······194
二、汽车铭牌及车辆识别代码（VIN） ······197
三、汽车架构及常见定损零部件 ······200
附录 2　保险相关基础知识 ······205
一、保险的含义及保险合同 ······205
二、保险的要素与特征 ······207
三、保险的分类 ······209
四、保险的基本原则 ······212
附录 3　相关法律法规 ······223
一、《中华人民共和国民法通则》 ······224
二、《中华人民共和国资产评估法》 ······228

三、《中华人民共和国消费者权益保护法》……232
四、《中华人民共和国合同法》……234
五、《中华人民共和国侵权责任法》及其司法解释……236
六、《中华人民共和国道路交通安全法》及实施条例……240
七、《道路交通事故处理程序规定》……248
八、其他相关法规……256

参考文献……269

后记……271

第一章　汽车保险概述

第一节　车险的发展与现状

随着汽车这一交通工具的出现，120 多年前保险公司开始研发、销售车险商品。据文献记载，第一份车险保单是由美国的一家保险公司签发的。第二次世界大战以后，车险业务迅速发展，特别是随着家用汽车的普及，主要发达国家车险的发展都超越了其他险种，成为财产保险的第一大险种，车险险种占比最少都在 50% 以上。

统计数据显示，截至 2018 年底，我国新注册机动车辆 3172 万辆，机动车保有量达到 3.27 亿辆，其中汽车占 2.40 亿辆。机动车驾驶员达到 4.09 亿人，其中汽车驾驶员达 3.09 亿人。车险保费从 2008 年的 1702 亿元，至 2018 年达到 7834.02 亿元，近 10 年来平均每年增长超过 600 亿元，保费规模增长了近 4 倍。

过去十几年，伴随着车险业务的发展，车险业务经营主体也在迅猛增加。2003 年国内仅有 10 家财产保险公司经营车险，外资保险公司基本上不经营车险。2018 年国内财产保险公司达到 88 家，其中外资 22 家。88 家财产保险公司中有 67 家财产保险总公司、992 家财产保险省级分公司经营车险。与此同时，从事车险中介服务的各类机构和人员也在不断增加，2003 年 6 月全国保险专业中介机构为 249 家，其中保险代理 183 家、经纪公司 24 家、公估公司 42 家；2008 年 6 月，保险专业中介机构为 778

家，其中保险代理 178 家、经纪公司 333 家、公估公司 267 家。现如今，保险中介市场主体框架基本形成，各类专业机构数量稳步增长。截至 2018 年，全国保险专业中介机构已达 2642 家，其中专业代理 1790 家、经纪公司 499 家、公估公司 353 家。车险公估、车险专业代理、车险兼业代理不断发展壮大，事故车咨询、事故车专修、全损车拍卖等相关行业也应运而生。

如此规模巨大的车险市场让无数保险机构看到了商机，排队等候批准的保险经营申请者还有上百家，无论国内和国外保险机构都想顺势进入中国巨大的保险市场，特别是想分得车险市场的一杯羹。

由于车险业务规模占比大，绝对量也大。因此，车险经营的盈亏结果，不仅左右着整个车险市场，也影响着整个财产保险市场。车险业务盈利，整体经营结果就盈利；车险经营亏损，整体经营结果就亏损。据统计，2018 年全国财产保险的总体保费收入为 10770.08 亿元，其中，车险保费收入达到 7834 亿元，险种结构占比高达 72.73%，呈现车险独大的结构，有些财产保险公司甚至可以称为车险公司。

在保险行业里，大型财产保险公司 CEO 任职所必须经历的部门，由最早的水险部门转到非水险部门，风水轮流转终于到了车险部门，这一升迁规则变化也恰好说明了车险在财产保险公司经营中的重要性。车险是财产保险业发展的骨干险种，在财产保险经营中占有非常重要的位置。正所谓“成也车险，败也车险。”

我国车险市场的大发展，车险保费的迅猛增长，带动了车险行业的繁荣。但是，当前车险业发展存在诸多不规范、不平衡等问题，与消费者日益迸发、不断升级的车险需求仍存在一定矛盾。突出表现为八个方面：一是在近 20 年的时间里，消费者车险需求集中爆发式出现，车险的供需矛盾突出，产品单一且保障不全面；二是为了抢占市场份额，车险市场恶性竞争现象突出，行业服务成本逐年增加；三是监管部门的监管政策、手段与技术严重缺位，规范与处罚薄弱，造成无规可循，有规不循，违规成本太低；四是现阶段，我国家用汽车还是每 10 人不到 1 台车，美国大概是每 2 人 3 台车，日本约为每 3 人 2 台车，说明我国家用汽车及汽车的数量还有较大的增长空间；五是目前国内经济面临下行压力，车险存在“车增费减”的状况，保费收入增长同样下行，车险仍处在大发展与大调整的阶段；六是根据 2018 年数据，虽然车险经营状况略有盈余，但是，综合成本率依然居高不下，约为 98.5%，对于财产保险公司来说，控制赔付和成本依然是非常重要的课题；七是车险经营的潜在风险与日俱增，车险服务的质量和消费者的满意度十分令人担忧，车险经营效益与规模是否成正比值得车险经营者深刻思考；八是部分中小型财产保险公司生存压力增大，车险的保费收入向前三家大型财产保险公司集中，保险市场形成寡头垄断的趋势十分明显。人保财险、平安产险与太保产险三家大型财产保险公司的保险市场的占有份额达到 64.03%，前十名财产保险公司的市场占有份额高达 85.19%（见表 1-1）。

表 1–1　2018 年财产保险公司保费收入前十名

排名	公司名称	资本结构	保费收入（亿元）	市场份额（%）
1	中国人民财产保险股份有限公司	中资	3880	33.00
2	中国平安财产保险股份有限公司	中资	2474	21.05
3	中国太平洋财产保险股份有限公司	中资	1173	9.98
4	中国人寿财产保险股份有限公司	中资	691	5.88
5	中国大地财产保险股份有限公司	中资	424	3.61
6	中华联合财产保险股份有限公司	中资	422	3.59
7	阳光财产保险股份有限公司	中资	362	3.08
8	太平财产保险有限公司	中资	242	2.06
9	中国出口信用保险公司	中资	195	1.66
10	天安财产保险股份有限公司	中资	151	1.28
合计			10014	85.19

注：根据 2018 年中国银保监会网站公布的数据，国内 88 家中外资财产保险公司原保费收入为 11755 亿元，表中的市场份额以 11755 亿元为基数算得。

2012年保险监管部门召开“加强和改进车险理赔服务质量”的专题会议，研究并规划用2~3年的时间解决车险理赔难的问题，使车险理赔服务质量明显提高，社会形象显著改善，公众满意度进一步提升。这些举措深受消费者的欢迎和期待。经过近些年的整治，车险服务的确有了很大的改观，取得了一定的成效，各家财产保险公司都注重了改善服务态度，提升服务技能，提高服务品质。

综上所述，如此巨大的车险市场对于保险经营者来说是机遇与挑战并存，如何更好地规范车险行业市场、经营车险业务、解决车险市场存在的问题，是保险经营者、消费者与监管者应当共同研究的课题。

解决上述问题的方案有很多，不同财产保险公司都视资源情况制定了经营模式与相应方案。解决问题的核心离不开业绩目标、经营成本、核心领衔、担纲人才、先进技术、机构网络、售后服务、“互联网+”等诸多要素。具体来说：一是大型财产保险公司要整合自身资源，在车险经营上体现专业化、一揽子、全方位、一站式的服务特色；二是中小型财产保险公司要实现合纵连横、社会资源共享、专业外包服务，用专业化手段解决发展中的短板问题；三是转型升级，解决整体服务能力不足问题。可以实行两头在外的经营模式，即不管保险公司规模大小，紧抓经营的核心主线。保险核心主线，通过IT系统由保险公司管控，其他业务委托专业、兼业代理公司，理赔委托公估专业公司等完成。不断完善保险经营的进口（销售）、出口（理赔）、管控（经营）链条，共享信息，无缝链接，发挥各自的经营优势，实现资源共享、提高效率与效益。

总而言之，大型财产保险公司要有全球市场的大格局、公司发展的大战略，要在“减员”上下功夫，在基础、规模、稳定的骨干车险业务上精耕细作，为消费者提供全覆盖、全方位、高质量、综合型服务方案，积极探索在减员、降本、增效方面的经营新模式。同时，在保险主要险种上做足功课，充分发挥大型保险公司的规模优势，有效调动客户的资源，融通行业间隙，以与消费者互动为抓手，尝试创新保险产品，专用产品，推出品质与价格匹配的产品，突出资源特色，有效进行多方面联动尝试。在与企业和行业互动方面，保险公司要发挥自身优势，在联动方面有所突破。

第二节　车险的经营与管理

财产保险公司想要整体经营盈利，最重要的是看该公司对车险经营的重视程度与车险业绩的管控是否到位。首先，必须要正视车险举足轻重的地位；其次，经营车险要有科学前端的管控手段，利用大数据、云计算、IT&AI 应用技术等开展车险经营；最后，要深入了解车险相较于其他险种的不同特点。面对市场不能束手无策，对基层销售提出的问题不能没有解决方案。如果将占整体经营 50% 以上的车险经营好，那么，公司就不会经营不好。

一、车险的特点

提到什么是车险，现在几乎没有人不知道。如果搞个问卷测试的话，刨除机动车保有量超过 100 万台以上的 58 个大城市不讲，就连开农用车的农民兄弟也知道车险的用途。车险就是以机动车及其相关责任为保险标的的保险。其主要特点有以下三个：

第一，机动车保有数量巨大。据统计，仅美国、中国、日本三个国家就有7亿多辆机动车辆。因此，车险业务规模巨大。在大型财产保险公司中，车险占比超过了60%，有的公司占比高达近80%。无论大型财产保险公司还是中小型财产保险公司，要做强、做大就离不开经营车险，中小型财产保险公司亏损的居多，多数原因是车险亏损。因此，不能拿车险当充数的险种，那样打肿脸充胖子的做法不仅不可取，还有满盘皆输的风险。

第二，保险标的非常分散。车险最符合保险大数法则原理，而且，风险分散，风险的发生有一定的规律可循。

第三，车险出险率高。车险的出险率相对较高，根据20世纪90年代某保险公司车险部门的统计分析，车险事故率达近50%，平均每两辆车就有一辆出事故。近几年，虽然车辆换代较快，人员素质提高，安全意识增加，但仍不乏酒驾、醉驾、野蛮驾驶、不遵守交通法规的行为发生，车险事故率较90年代还有增加。分析原因，很多司机刚拿到驾照就上路，技术潮，剐蹭事故较多，案均车险赔款2000元以下赔案占80%以上。而在发达国家，如日本车险事故率在7%~8%，韩国车险事故率在13%~15%。由于车险及车险经营的特殊性，车险经营本身可以形成规模效益，也可以造成规模亏损。

二、车险的经营特点

第一，车险经营属于劳动力密集型行业，投入大，成本高，特别是人力成本、技术工具、IT 系统等因素均会拉高整体经营成本。

第二，车险专业人员培养、人员管理难度大，特别是车险销售与理赔人员基本是单兵作战。过去还曾经有过双人查勘定损的规定，随着现代化管理工具的使用，人力占主导的局面不会有根本改变。

第三，管理设备技术要求高，管理系统复杂。由于车险业务量庞大，车险经营要以数据为管理依据，因此，必须实现 IT 技术管理、监控经营数据变化。可以说，当前阶段没有 IT 系统就难以实现对车险经营的管理。此外，根据监管、市场、消费者等经营环境的变化，IT 管理系统要不断更新和升级，其成本也不可小觑。

第四，长期以来，保险行业的经营者与相关人员对我国车险经营的认识存在误区或偏差。一种观点认为，车险是吃饭险种，不靠车险赚钱，只挣取费用就行。通俗地讲，这些人主观上就认为车险不赚钱，因此，没有在盈利经营上下功夫。另一种观点认为，车险是规模效益险种，规模小了效益就不好，规模大了效益就能上去，但是车险可以有规模效益，也可以有规模亏损。所以，盲目对车险下定论有失偏颇。

综上所述，车险是一个劳动密集型、管理精细高效型的险种，如果管理得当、经营合理有序，车险就是一个财产保险公司规模稳定、效益稳定的最佳险种。过去，国内曾一度把车险作为辛苦不赚钱的险种，其实，车险的经营管理体现了一家财产保险公司的最高管理境界和水平。

保险是一种特殊商品，同其他商品不同。保险企业的利润核算与一般企业有较大的区别，如负债经营、利润滞后计算等，但普通经营者认识不到这些特点，错误的经营思路给车险经营带来严重的影响。在过去几十年的车险经营中，车险经营经历过很多偏差，从经营模式上看，曾经有过无保有赔（宽进宽出）模式，也曾经有过重赔轻保（宽进严出）模式，还有过经营意识超前（严进严出）模式，最后一种模式是保险的理想境界。车险市场发展比较成熟之后，在保险人、被保险人、投保人及相关人员比较理性且做到诚信的情况下，应该能够达到“承保（进口）赔款（出口）”合理适度。

此外，监管者和经营者的个人思路会影响部门、公司乃至行业的走向。例如，经营思路有时引导注重规模，有时引导注重效益，经营忽左忽右、顾此失彼，给车险经营带来很多经营障碍。车险经营者在决策上的随意性和随机性是造成保险公司车险经营亏损的主要原因之一。从管理方式上看，之前，保险公司大多采用层层授权，分级管理，这样不仅工作效率低下，而且岗位不明、职责不清、运作流程关键环节落实不力。后来，多数保险公司虽然改为流程管理、两核管理，但是，高度集中与权限下放同样是缺少连续性、稳定性，忽左忽右。为什么经营上会出现这样的局面呢？其实，这不仅是不成熟的市场上财产保险公司经营乏力的表现，更是由于各家财产保险公司始终没有确立一套完整的车险经营模式和管理方式所致。更致命的是，经营者对车险经营缺乏真正意义上的理解和认识。

三、车险的经营模式

所谓经营模式就是企业通过一定的实践所形成的能够适应自身生存与发展需要的系统性经营管理方式。对于任何企业来说，追求效益是其生存和发展的前提，保险企业也不例外。什么是车险的经营模式呢？

承保的“保”与理赔的“赔”是保险的两个方面（这里暂不涉及投资与管理成本）。“保”和“赔”对财产保险经营所起的作用及如何发挥各自的作用，是各家保险公司必须深刻研究的课题。但是，在研究核保、核赔（两核）的同时，决不能忽视销售。在核保、核赔和销售中，两核属于管理范畴，在制定两核政策时，既要考虑公司利益，又要以满足客户需求为尺度；而销售则着眼于市场，在考虑公司利益的同时，把客户放在第一位。对于车险经营来说，合理且有效的经营模式就是核保、核赔、销售三位一体的经营模式。

核保是通过风险查勘、风险评估和风险识别进行风险控制，选择优质客户群；核赔是通过理赔履行契约责任，通过售后服务，进而塑造企业品牌，培育忠诚客户群；销售是保险业务计划的推进、销售渠道的开拓与管理及市场的研发过程，旨在维系与发展优质客户群。

在核保、核赔和销售中，两核的作用很明确——在保险企业的风险控制能力、盈利能力的提高和企业信誉的建立等方面起着关键作用。销售的作用是拓展市场、增大公司业务规模，但是，一家保险公司销售能力或强或弱均会受到两核管控的制约，两核管控强，销售能力就强；两核管控弱，原本强大的销售也会逐渐变弱。销售发展必须有两核的支持，离开两核的支持，销售就会盲目发展。两核影响、制约并最终决定了销售业务规模。

精确地说，车险经营绩效的平衡受车险经营能力的制约。一家经营有道的保险公司，车险销售应该能够做到收放自如。在市场经营环境允许的情况下，保险公司可以全力出击，率先开拓市场；在市场经营环境发生不利变化的情况下，保险公司可以迅速收缩，巩固业务稳步前进。不论是在任何市场经营环境下，应该不踏盈亏点红线，做到经营可控，这也许就是车险经营的根本。

第三节　车险代理与公估

一、保险代理

（一）保险代理的发展与作用

保险代理人（Insurance Agent）是指根据保险人的委托，在保险人授权的范围内代为办理保险业务，并依法向保险人收取代理手续费业务的单位和个人。

在全球保险市场上，保险代理渠道（含经纪人）已成为各国保险公司开拓保险市场、销售保险业务的主要渠道之一。有的国家甚至是主要的销售渠道，占比超过了整体保险业务的90%。保险代理人的展业活动渗透到各行各业，覆盖了城市乡村的各个角落，为社会各层次的保险需求，提供了最方便、最快捷、最直接的保险服务，发挥了巨大的社会效益。

保险代理制度的实施及专业与兼业保险代理人的出现，为完善保险市场、构建保险供需关系、促进保险业发展发挥了重要作用。

第一，保险代理作为一个新兴的行业，它的发展能解决大批人员的就业问题。在日本，从事财产保险代理的机构有近20万家，保险代理人有近210万人，约占国民总数的1.6%。随着我国保险事业的不断发展，保险代理人的队伍将日益扩大，在安置就业方面将发挥一定的积极作用。

第二，保险代理直接为各家保险公司收取了大量的保险费，据有关资料介绍，截至2018年，通过各种保险代理所获得的保险业务收入占保险业务总收入的80%以上。

第三，保险代理人的运行机制，对保险公司尤其是对大型保险公司的机制转换，有着直接和间接的推动作用。

第四，保险代理人直接、有效地宣传和普及保险知识，对提高和增强整个社会的保险意识起到了不可替代的作用，进一步促进了我国保险事业的普及与发展。

除了专业保险代理机构外，兼业保险代理机构在普及保险意识及销售保险产品方面也发挥了重要的作用。截至2018年，兼业保险代理机构达3.2万家，代理网点达22万家，成为构成保险中介市场的“三大主体”之一，在保险市场体系中发挥着不可或缺的作用。

（二）车险兼业代理

企业在经营主业的同时，从事与主业相关的保险销售，称为保险兼业代理。如汽车修理厂、汽车销售行、汽车厂家、汽车零部件企业、洗车行等和汽车有关的企业，都可能成为车险兼业代理人。因此，要以车险为核心和抓手，开拓车险链接，同时以车险为媒介，形成跨行业的产业链格局，拓展全方位的保险业务。

（三）可借鉴的保险代理管控模式

由于各国的实际情况及国家的发展阶段不同，决定了各国的消费者的偏好不同，例如，中国及东北亚国家的消费者偏好储蓄，因此，理财产品就做得有规模。这些业务都是通过专业或兼业保险代理店销售的，因此，无论是专业还是兼业保险代理机构都受到多方面的监控与监管。因此，好的保险代理公司只有保证与保险公司销售同质，甚至销售水平高于被代理保险公司的水平，才会有长足的发展。

国外保险代理监管有以下三个特点：

1. 监管严格。金融监管部门赋予保险公司的三大职责：一是指导，二是管理，三是监督。首先，自己的孩子自己管，即定期与不定期、通知与不通知相结合，保险公司的销售、管理与稽核部门要分别负责落实保险代理的业务检查，分梯队加重检查的权重。其次，金融监管部门越过保险公司直接进入保险代理机构进行检查，检查包括机构资格、人员资格、销售产品、承保规范、个人信息保护及投诉率等。在国外，要在市场上规范运作一家保险代理机构绝不是一件容易的事。

2. 代理人的权限与管控相关联。无论是哪种性质的保险代理、经纪机构，其规模、赔付率、手续费与权限都是联动的。原则上，规模大、业务品质高、损失赔付率低，其权限就相应大些；反之，就会影响权限。因此，保险代理管控水平越高，被赋予的权限就越大。

3. 建立长期稳定合作的机制。国外的保险公司一般是采取“销售”与“理赔”两头外包的经营模式，如日本保险市场规模代理销售的占比超过 90%，其他渠道占比共计 8% 左右。两头外包的主要优势：

（1）可以大大降低人力资源成本，并使之变为相对稳定的支出，减少了大型保险公司销售吃大锅饭、理赔跑冒滴漏的现象。

（2）实现了保险赔付率的可控。在日本，除了特殊自然灾害与重大事故年份外，一般风险赔付率必须控制在 60% 以内，这样才有利于实现经营整体盈利的目标，同时也大大减少了消费者对保险公司的投诉。

（3）内设部门划分细致、人员专业性强。在保险公司的指导、检查和监督下，保险代理机构正常运营的手段就是将代理机构细致划分，包括基础板块（承保规模）、赔付板块（赔付率）、险种板块、技术板块等。而且，保险代理人就业必须具备综合资质，而各类专业资质也是为保险代理机构费用率加分的。由此，形成一套完整的发展保险代理业务的管理制度。

（4）保险公司严格监督指导。保险公司营业职员对保险代理机构背负着三大职责，最重要的职责是帮助保险代理机构制定发展目标、业务规划，协助实施规划，及时发现销售偏差，指正并监督整改。例如，专业代理机构自身业务占比不能超过 30%，关联机构业务占比不能够超过 50%。此外，保险公司还实施年度检查，对保险代理机构进行评级，所评结果与手续费挂钩，为保险代理机构创造条件并提供技术支持。

总之，保险代理机构的规范行为均与手续费点位挂钩，不管经营者想与不想、愿意与不愿意，只要经营保险代理业务，每项业务都会与回报挂钩。

二、保险公估与车险公估

（一）保险公估的基本概念

在我国，保险公估机构是指符合中国银保监会规定的资格条件，经中国银保监会批准取得经营保险公估业务资质，接受保险当事人委托，从事保险标的评估、勘验、鉴定、估损、理算等业务的单位。

保险公估完全独立于保险人或者被保险人，它和保险代理、保险经纪一起构成了保险中介体系的三大支柱。保险公估可以是合伙企业、有限责任公司或者股份有限公司，其收入来源主要是委托人提供的服务费。

第一，保险公估需具备特许资格。保险公估从事特殊性质的业务，必须满足特许的资格条件。在我国，保险公估人需要具备中国银保监会规定的资格条件，并经中国银保监会批准取得经营保险公估业务资质方可营业。保险公估机构及其分支机构的从业人员应当符合中国银保监会规定的条件，持有行业规定的职业证书方可执业。

第二，保险公估的服务对象较为广泛。保险公估是服务于保险合同当事人，可以接受保险人、被保险人或保险双方的委托，提供保险公估服务。

第三，保险公估提供的服务产品是具有公信力的独立的第三方公估报告。保险公估是受保险当事人委托而提供的服务，是一种市场化的保险中介服务。保险公估机构应当遵守国家法律、行政法规和中国银保监会的有关规定；遵循独立、客观、公平、公正的原则；以科学技术为手段，以客观事实为依据，对委托业务进行公正、公开、合理的评估。保险公估提供的最终服务产品通常为公估报告，公估报告中公估结论或公估意见对保险当事人并不具备法律效力，保险当事人仍可以通过法律途径解决分歧。

第四，保险公估的职能更加偏重评估职能和公正职能。保险公估的业务范围通常包括保险标的承保前和承保后的检验、估价及风险评估；保险标的出险后的查勘、检验、估损理算及出险保险标的的残值处理；风险管理咨询；中国银保监会批准的其他业务。这与为被保险人提供专业服务的保险经纪及在保险人授权范围内代为办理保险业务的保险代理业务范围完全不同，这也决定了保险公估的职能更偏重专业评估职能和公证职能。

（二）保险公估的起源和发展

现代保险公估业起源于 17 世纪至 18 世纪的英国，保险理赔工作的高技术含量使保险机构内部理赔人员难以应付，需要从外部寻求具备相应专业知识与技能且对保险理赔知识较为熟悉的专业人员或机构予以协助。19 世纪中叶，英国防火保险委员会提出，应由独立的、具备相应法律地位的估价人负责各种赔案损失的独立调查，使保险赔偿的结果更具客观公正性。随着保险业的不断发展，聘请独立公估人已经成为保险行业的惯例，保险公估业逐渐成为保险市场的重要组成部分。

中华人民共和国成立前，中国保险公估业主要被外商公证行垄断；20 世纪 50~80 年代，保险公估在国内基本消失。20 世纪 90 年代以后，为了赢得竞争的主动权，各家保险公司都开始重视保险服务，尤其是理赔服务。保险公司在遇到复杂的理赔案件时，开始注意聘请相关技术专家、工程技术人员、品质鉴定机构、律师等参与保险理赔的检验、定损、追偿工作，以便取得公平、合理的理赔结果，取信于客户。部分被保险人也开始寻求专业的理赔中介机构来获取公正、公平的保险赔付，维护自身正当的权益。自 2001 年起，中国保监会开始陆续批复保险公估公司筹建，一些外资公估公司也陆续进入中国的保险公估市场。截至 2018 年底，全国共有保险公估公司 353 家，保险公估公司实现业务收入 15.68 亿元。中国保险公估业以公正、专业的形象，高效率的办案能力和协调能力，以及较高的服务水平，逐步树立起专业和高效的信誉，得到社会的接受和认可。

（三）保险公估的特点

保险公估业务遵循独立性、客观性、科学性、全面性、合作性等公估原则，具体来说，具有如下五个方面的特点。

1. 地位的独立性。公估是“公”和“估”两种行为的集合，“公”是公正、公平、公道的行为准则的表示；“估”是指估计、估价、估量的行为。保险公估人是以法律法规和相关技术规范和标准为准则，以科学技术为手段，以客观事实和有效证据为依据，进行科学、严谨、客观、公正的估测。

2. 立场的中立性。保险公估通常不代表保险合同任何当事人的利益，仅从公正的角度进行公估活动。保险公估依靠本身所掌握的专业知识与技能，根据《保险法》和保险合同的规定，在公平、公正、公开的基础上，进行公估工作。同时，也会考虑保险双方的正当权益，协调保险双方当事人的关系，推动保险承保和理赔的进程。

3. 业务的广泛性。保险公估业务涵盖了保险业务承保、理赔、追偿的整个过程，保险公估涉及的行业包括土建工程、石油化工、机械制造、电力、汽车、通信、电子、能源、航天、国际贸易等各类行业，涉及的损失类型包括直接经济损失、间接利润损失、赔偿责任类损失等各种损失类型，保险公估的业务范围是非常广泛的。

4. 技能的专业性。保险公估面向众多的委托人处理不同类型的保险承保、理赔、评估业务，因此保险公估机构拥有各种专业技术背景并熟悉保险业务的专业技术人员，保险公估从业人员具备的专业技术知识及保险知识可以为保险双方提供专业的公估服务。

5. 结论的客观性。保险公估业务中分析和理算采用的数据、资料必须是在现场勘查的基础上得到的客观、真实、可靠的第一手资料，必须通过调查了解、综合分析，实事求是地进行清点、勘验、鉴定，不得有丝毫的主观隐瞒或串通行为，出具的公估报告具有公信力。

（四）车险公估

车险公估是保险公估的重要组成部分，随着我国车险公估的不断增加，车险公估占保险公估的比重逐年加大。我国的车险公估大体是从 2005 年开始起步，主要是协助保险公司进行车险理赔查勘定损，作为保险公司服务力量的补充。由于车险公估的业务量大，2005 年也成为我国公估行业开始扭亏为赢的一年。

现在的车险公估多数属于雇用公估，将来要向独立公估的方向发展，真正体现公估的客观、公正、专业和独立，这也是我国保险发展的必然趋势。

此外，专业化也是车险公估发展的必然趋势。2014 年底，我国已有的 65 家财产保险公司大多数以经营车险为主，除少数几大保险公司外，大部分保险公司查勘定损的服务网络与人员严重不足，而车险公估恰恰弥补了这一缺位。车险公估的发展壮大，不仅促使保险行业效率提高，也必然促进车险的进一步发展，它能够把保险公司从矛盾的纠纷中解脱出来，使其向条款的制定、优化转变、提高承保效益和人均绩效，走向承保专业化的道路。

第四节　主要发达国家车险发展现状

根据瑞士再保险 Sigma No.3/2016 统计，2015 年包括主要发达国家在内的 167 个国家（地区）的保险市场保费收入数据显示，全球总保费收入约为 2 万亿美元。其中，美国市场保费收入占全球的 37.81%，份额最大；中国占 8.7%，位居第二；德国、日本与英国市场占有份额均在 5% 以上。排名前 20 位的国家的保费总收入占比为 88.26%，从全球角度看，保险也是一个寡头垄断行业。其中，在排名前 10 位的国家中，有 7 个国家是发达国家（见表 1-2）。

表 1-2　2015 年全球财产保险保费收入前十名国家

序号	国家	原保费收入			GDP 占比		人均保费	
		（百万美元）	排名	占有率（%）	（%）	排名	（美元）	排名
1	美国	763766	1	37.81	4.22	5	2377	4
2	中国	175737	2	8.70	1.63	53	128	56
3	德国	116538	3	5.77	3.36	10	1381	10
4	日本	105890	4	5.24	2.55	20	837	22
5	英国	105685	5	5.23	2.44	22	1067	16
6	法国	80402	6	3.98	3.09	13	1129	13
7	加拿大	66184	7	3.25	4.23	4	1832	6

续表

序号	国家	原保费收入（百万美元）	排名	占有率（%）	GDP 占比（%）	排名	人均保费（美元）	排名
8	荷兰	62810	8	3.11	8.35	2	3712	2
9	韩国	55402	9	2.74	4.12	6	1094	15
10	意大利	40189	10	1.99	2.06	32	612	29
合计		1507590						

资料来源：瑞士再保险 Sigma No.3/2016。

从发达国家的分布情况来分析，成熟保险市场国家主要分布在美洲、欧洲、亚洲的东南亚及东北亚，中国市场规模近年来呈现“井喷式”发展，规模上已经超越了除美国以外的所有发达国家。但是，保险深度、保险密度仍与发达国家差距较大。例如，中国的保险深度为 1.63%，列第 53 位；保险密度为 127.60 美元 / 人，列第 56 位。由于欧美保险市场比较成熟，且竞争非常激烈，处于发展中的中国和印度成为发达国家保险公司竞相争夺的市场。现在，“一带一路”沿线国家及非洲也将成为发达国家争夺的市场。

第五节　车险产业链及未来发展

车险产业链的前端是汽车的生产，中端是汽车销售，后端是汽车的维修、保养、救援、配件、装饰美容、代驾等一系列的相关生产和服务企业。车险从汽车的销售开始就同整个产业链高度融合，并影响着整个产业链的规范发展和服务的完善。车险的规范和健康发展会影响和引导整个汽车产业链的健康有序发展。车险在整个汽车金融里面是很重要的环节，车险的合理定价会影响某款汽车的生产和销售，车险理赔的规范会影响汽车修理厂的规范发展和汽车配件的合理配套及完善。救援代驾更是与保险息息相关。车险在车险产业链中是否可以助推车险理赔的标准维修企业或专修企业的产生？是否可以助推国际上知名的中国配件企业的产生？是否可以节省广大车主的车险费用，便利车主的维修与换件，让车主不再为维修的修换所发愁？当前车险竞争混乱，行业缺乏引领和凝聚力，将保险承保、理赔的主权过多地交给了维修行业，造成车险围着修理厂转的尴尬局面。车险相关资源如何整合与共享、提升产业链的效率与效益是一个重要课题，需要各方共同研究，提出解决方案，形成有效机制，产生跨行业的社会整体效益。车险的健康发展需要保险行业的努力，需要车险企业放开眼界，联合整个行业并跨行业形成合力，不再错过下一个发展的关键期，为国家的金融稳定、社会的安宁、人民生活的便利作出更多的贡献。

社会环境发生变化后，保险行业技术、服务跟进不及时，首先就会影响民生。IT 与 AI 技术的发展将要使车险发生翻天覆地的变革。汽车行业的技术创新，产品的升级换代、转型转产已经成为汽车及相关企业的生存考验。社会大环境在改变，国内汽车研发不断加速，保险技术必须跟进并提供与之相适应的服务。

车险行业面对新形势，如当电动车形成规模，车险如何应对？智能驾驶普及时车险如何应对？相关电动智能维修配件行业的及早联合和扶持要不要提前布局？当车险保费减少 50% 之时，保险需求发生了哪些变化？保险公司研发产品如何跟进？承保理赔两核如何变化？保险产品如何定价？理赔部门如何理赔？车险市场业务规模用什么置换？都是未来给车险提出的问题，也是车险必然要面对的变化。

第一，车辆技术创新促进各项法规制度的变化。当今，美国、中国、日本三个国家的汽车保有量约有 7 亿辆，各家保险公司的车险经营者乐不思蜀，从而降低了对风险的关注。随着社会环保的要求不断提高，政府管控也越来越严，给汽车行业的生存环境带来了很大的影响。政府要管控、要限制，还要发展汽车行业，这就推动了新能源、环保、节能、减排等各种功能性车辆应运而生，特别是 AI 汽车的出现，给汽车生态带来了巨大变化。在这种环境下，国家会修订各项相关制度，完善有关立法。因此，保险公司要研发新产品，既要满足法律规范，也要满足社会环境与消费者的需求。

第二，消费者需求、法律制度的修改完善，对车险产品带来了诸多影响。汽车行业生存的环境发生了历史性的变化，我们就要研究消费者的新需求，分析并加以应对，从源头推动法律制度更加规范，推动新产品研发，推动更加明晰的责任划分，推动车险产品结构性变革。此外，还要考虑新形势下消失了哪些风险，再生了哪些风险，如何保障新发生的风险损失，以及事故率降低导致的业务规模降低等情况。

第三，应对新形势、新变化，研发新产品与解决新问题。无人驾驶车辆已经上路，但与之匹配的保险产品尚未成型，消费者的需求尚不明朗，新损失需要何种险种对应还没有明确的法律规定，再加上现有的相关数据少得可怜，在数据有限的情况下，精算师如何给新的车险商品定价都是需要研究的问题。此外，汽车行业新技术的引进导致事故造成的原因更加多元化，是控制系统的问题、电子元件本身的问题，还是 AI 系统的问题都需要深入研究。

无人驾驶技术迅速发展，预计 2020 年东京奥运会会出现无人驾驶驶入普通道路的场景，这将导致车险事故率大幅度下降。据推测，车辆事故率至少可降低 50% 以上，车险保费也将减少 50%。关于自动驾驶车险，国外已经研究了近 20 年，这对保险公司整体经营将会产生何种影响？车险经营如何再平衡？车险将不再是趋之若鹜的香饽饽，有实力经营车险，无实力也经营车险，结果可想而知。因此，车险行业不仅要研究消费者需求，还要研究相关法律法规，更要研究自身的经营，解决保费规模缺失的新问题。

第二章　汽车保险条款

第一节　车险的改革历程

一、车险条款的历史变迁

我国车险条款变革发展大致可以分为四个阶段：20 世纪 50 年代至 1980 年、1983 年至 1995 年、1999 年至 2015 年、2015 年至今。

第一阶段，20 世纪 50 年代至 1980 年。这一阶段我国只有一家国有保险公司，即中国人民保险公司。当时的车险条款是一切险条款，负责除外责任以外的所有责任，没有附加险。以车辆投保时的实际价值确定保险金额，同时，出险时不分全损或部分损失，均以保险金额为限，低于保险金额的，按照实际损失赔偿；高于保险金额的，按照保险金额和出险时的市价比例确定赔偿，奠定了车损险如按照实际价值投保、出险时需按比例赔偿的基础。这一阶段虽未在条款中明确，但实际体现了车损险作为不定值保险的特征。

第二阶段，1983 年至 1995 年。这一阶段先后出现了平安产险、太平洋保险，呈现了中国保险走向市场化的雏形。由于当时公有车辆占比很大，私家车很少，因此，条款规定带有鲜明的时代特征，即投保时按照车辆的公有、私有属性进行区分，公有车辆可以按照新车购置价（1995 年之前使用重置价值的概念）或协商价确定保额，而私有车辆则按照实际价值确定。

第三阶段，1999 年至 2015 年。这一阶段明确保险金额的确定方式分为三种：新车购置价、实际价值和新车购置价内协商确定。其中，2000 年首次在条款中以法定条文的形式明确机动车保险合同为不定值保险合同，确定了车险的所属类型。

同时，第二、第三阶段的赔偿中均规定：对于全部损失，保险金额高于实际价值时，以出险当时的实际价值计算赔偿；保险金额等于或低于实际价值时，按照保险金额计算赔偿。部分损失，对于投保时以新车购置价确定保险金额的车辆，按实际修理费用计算赔偿；投保时保险金额低于新车购置价的车辆，按保险金额与新车购置价的比例计算赔偿修理费用。

第四阶段，2015 年至今。2015 年启用的示范条款规定，保险金额按投保时被保险机动车的实际价值确定。

二、商业车险的改革历程

从车险行业改革历程看，从 2003 年首次尝试“费率市场化”，到 2012 年以来的第二轮商业车险改革，改革不断向市场化方向发展。

（一）第一次商业车险改革（2003 年至 2006 年）

2003年以前，我国车险市场长期以来实行较为严格的监管制度，依据1991年中国人民银行《关于对保险业务和机构进一步清理整顿和加强管理的通知》、1995年《保险法》及2000年《财产保险条款费率管理暂行办法》的相关要求，未经中国保监会批准，任何保险机构不得变更主要险种的基本条款和费率。产品、费率的产生及历次变革也均由监管机构发起、推动，以期通过统一的产品实现市场的稳定并保护被保险人的利益。但是，随着市场经济在其他领域的不断深入，通过市场供需调节车险费率价格的呼声逐渐高涨。在此背景下，车险费率市场化改革于2003年正式启动。

2001 年从深圳开始，在广东启动第一轮车险改革试点。自当年 10 月起，广东省内各保险公司不必执行统一制定的固定费率，而可以根据市场情况自主制定和调整，报监管部门审查备案，为费率改革全面推行进行“预热”。2002 年 8 月，中国保监会下发了《关于改革机动车辆保险条款费率管理制度的通知》（保监发〔2002〕87 号），其中规定：自 2003 年 1 月

1日起，在全国范围内实行新的车险条款费率管理制度。同时，在《机动车辆保险条款费率管理制度改革指引》中规定：车险条款及费率由保险公司制定，报送保监会审批。上述两个文件的出台标志着车险改革的正式启动。随后，各家保险主体纷纷"背靠背"制定产品、费率，迅速引起了全国范围的车险产品价格战：一方面，费率较2003年快速下调；另一方面，折扣率、手续费迅猛上涨，市场各家保险主体都想在改革开始之初就占领优势地位。费率市场化形成了行业的价格战，结果导致了全行业的亏损。根据《中国保险年鉴》的统计，2003年中资财产保险公司（不含出口信用险）共有10家，其中有4家业务亏损；2004年共有14家，其中有8家业务亏损；2005年共有18家，其中有7家业务亏损；2006年各家财产保险公司整体综合成本率达102%。

但应当看到，竞争也带来一些积极因素：一是产品、费率的自主制定使保险公司初步感受到了市场竞争的残酷性，并纷纷改善服务质量以吸引客户；二是开始树立并强化经营效益理念，提高了自身管理水平；三是定价环节引入了"从人"因素，形成了"从车+从人"的费率形成机制；四是保费的下降确实给消费者带来了实惠。

（二）费率条款相对统一期（2006年至2010年）

2006年中国保监会在《关于进一步加强机动车辆保险监管有关问题的通知》（保监发〔2006〕19号）文件中要求："自2006年6月1日起，各家公司通过无赔款优待、随人因素、随车因素等方式给予投保人的所有优惠总和不得超过车险产品基准费率的30%。"即最高折扣为七折。

2006年7月，为配合交强险实施，由中国保险行业协会（以下简称中保协）推出了A、B、C三款商业车险行业条款及费率（条款内容相近、费率水平基本一致）；中国保监会发布《关于规范商业机动车辆保险条款费率管理的通知》（保监发〔2006〕75号），其中要求保险公司"选择使用中保协条款费率或自主开发"，"选择使用中保协条款费率的，不得对其进行任何修改，也不得对各套中保协条款费率随意进行组合，但可在中保协条款费率基础上开发补充性机动车辆保险产品"，而在实际执行中，仅有天平汽车保险有限公司获批使用自主开发的条款、费率。在执行上述规定后，车险产品、费率再次回到相对统一的模式。2009年根据修订的《保险法》，以加强对被保险人利益的保护为出发点，对行业协会商业车险基本条款进行了修订。

（三）费率改革的突破尝试（2010年至2012年）

2010年6月，中国保监会下发《关于在深圳开展商业车险定价机制改革试点的通知》（保监产险〔2010〕619号），在深圳开展商业车险定价机制改革试点。紧随其后北京、厦门试点开始。虽然各家保险公司仍使用A、B、C三款产品，仍以行业统一的商业车险基本费率为基础，执行统一的费率浮动方案，并统一从信息平台提取理赔数据，但上述三地的车险费改方案均允许突破上述“七折令”的限制，赋予了保险公司在更大范围内实施价格浮动的权利。

以北京地区的《北京地区机动车商业保险费率浮动方案（征求意见稿）》为例，其最大特点就是将保费与索赔次数紧密联系起来，即国际汽车保险中普遍采用的“无赔款优待”（No Claim Discount）。实际上，在2003年启动车险费率市场化改革之初，部分保险公司就已经在费率中引入了上述系统，但由于各家保险公司奖励系统的等级之间数量少、差距不明显，缺乏统一的数据平台，限制了对被保险人的激励作用，反而加剧了违规竞争。而此次北京实施的费率浮动方案则立足于统一的行业平台，各家保险公司均从平台提取被保险人的出险数据，并设计了相对合理的奖励差距，有效避免了上述问题。

（四）第二次商业车险改革（2012年至今）

从2011年初，以央视对国内车险“无责不赔”“高保低赔”事件进行了连续报道为导火索，促使车险业对费率放开的结果进行了反思。2012年，车险业开始了新一轮产品费率管理制度改革，完成了《中国保险行业协会机动车辆商业保险示范条款》（以下简称《协会条款》）的发布。

2015年2月，中国保监会印发《关于深化商业车险条款费率管理制度改革的意见》（保监发〔2015〕18号）再次启动商业车险改革工作。从

2015年6月至2016年6月，商业车险改革分三个批次在全国陆续实施。改革以保护消费者利益为出发点，稳步建立市场化的商业车险条款费率形成机制。改革主要包括如下两个方面。

一是修订商业车险示范条款。新的商业车险综合示范条款扩大了保险范围，将原条款中的5个附加险责任、家庭成员人身伤害和台风冰雹等自然灾害责任并入主险责任范围。新条款简化了理赔流程，增加了车损险代位追偿等约定，强化了保险公司的说明义务，减少了后期理赔争议与诉讼纠纷。

新制度鼓励保险公司创新条款。目前，已经批准“机动车钥匙丢失或损失费用补偿保险”和“机动车油污责任险”等创新型条款。此外，还发布了“机动车出境综合商业保险示范条款”“机动车第三者责任保险法定节假日限额翻倍条款”等新的行业示范性条款，丰富了商业车险条款内容，让消费者有更多的产品种类可选择。

二是完善商业车险定价方式。将车损险保费由原来单一的保额或新车购置价决定转变为车辆实际价值投保。建立车险费率与风险水平挂钩的“奖优罚劣”机制，促使车主谨慎驾驶，提升交通安全水平。赋予保险公司自主定价权，促进了商业车险费率的市场竞争，提高了车险市场活跃度。

2016年，商业车险改革全面实施一年时，车均保费较改革前下降5.3%，显著提高了消费者的获得感。车险市场稳中向好，行业经营管理能力有所提升，车险的社会管理功能有所增强。

2018年，商业车险改革持续深化，稳步扩大保险公司自主定价权范围，加强多层次车险产品体系建设。

第二节　现行商业车险条款介绍

中保协现行汽车商业保险示范条款包括机动车损失保险、机动车第三者责任保险、机动车车上人员责任保险、机动车全车盗抢保险四大独立险种，投保人可以根据自己的实际情况，选择组合险种进行投保。

一、机动车损失保险

（一）保险责任

机动车损失保险用于保障在保险期间内，被保险人或其允许的驾驶人在使用被保险机动车过程中，因意外事故和自然灾害造成被保险机动车的直接损失，以及必要合理的施救费用，最高不超过保险金额的数额。

1. 意外事故主要包括：

（1）碰撞、倾覆、坠落；

（2）火灾、爆炸；

（3）外界物体坠落、倒塌；

（4）受到被保险机动车所载货物、车上人员意外撞击。

2. 自然灾害主要包括：

（1）雷击、暴风、暴雨、洪水、龙卷风、冰雹、台风、热带风暴；

（2）地陷、崖崩、滑坡、泥石流、雪崩、冰陷、暴雪、冰凌、沙尘暴；

（3）载运被保险机动车的渡船遭受自然灾害（只限于驾驶人随船的情形）。

（二）责任免除

1. 人为原因或车辆自身原因。

下列情况下，不论任何原因造成被保险机动车的任何损失和费用，保险人均不负责赔偿：

（1）事故发生后，被保险人或其允许的驾驶人故意破坏、伪造现场、毁灭证据；

（2）驾驶人有下列情形之一者：

① 事故发生后，在未依法采取措施的情况下驾驶被保险机动车或者遗弃被保险机动车离开事故现场；

② 饮酒、吸食或注射毒品、服用国家管制的精神药品或者麻醉药品；

③ 无驾驶证，驾驶证被依法扣留、暂扣、吊销、注销期间；

④ 驾驶与驾驶证载明的准驾车型不相符合的机动车；

⑤ 实习期内驾驶公共汽车、营运客车或者执行任务的警车、载有危险物品的机动车或牵引挂车的机动车；

⑥ 驾驶出租机动车或营业性机动车无交通运输管理部门核发的许可证书或其他必备证书；

⑦ 学习驾驶时无合法教练员随车指导；

⑧ 非被保险人允许的驾驶人；

（3）被保险机动车有下列情形之一者：

① 发生保险事故时被保险机动车行驶证、号牌被注销的，或未按规定检验或检验不合格；

② 被扣押、收缴、没收、政府征用期间；

③ 在竞赛、测试期间，在营业性场所维修、保养、改装期间；

④ 被保险人或其允许的驾驶人故意或重大过失，导致被保险机动车被利用从事犯罪行为。

2. 客观因素或违反相关规定。

下列原因导致的被保险机动车的损失和费用，保险人不负责赔偿：

（1）地震及其次生灾害；

（2）战争、军事冲突、恐怖活动、暴乱、污染（含放射性污染）、核反应、核辐射；

（3）人工直接供油、高温烘烤、自燃、不明原因火灾；

（4）违反安全装载规定；

（5）被保险机动车被转让、改装、加装或改变使用性质等，被保险人、受让人未及时通知保险人，且因转让、改装、加装或改变使用性质等导致被保险机动车危险程度显著增加；

（6）被保险人或其允许的驾驶人的故意行为。

3. 其他费用。

下列损失和费用，保险人不负责赔偿：

（1）因市场价格变动造成的贬值、修理后因价值降低引起的减值损失；

（2）自然磨损、朽蚀、腐蚀、故障、本身质量缺陷；

（3）遭受保险责任范围内的损失后，未经必要修理并检验合格继续使用，致使损失扩大的部分；

（4）投保人、被保险人或其允许的驾驶人知道保险事故发生后，故意或者因重大过失未及时通知，致使保险事故的性质、原因、损失程度等难以确定的，保险人对无法确定的部分，不承担赔偿责任，但保险人通过其他途径已经及时知道或者应当及时知道保险事故发生的除外；

（5）因被保险人违反协商修理约定，导致无法确定的损失；

（6）被保险机动车全车被盗窃、被抢劫、被抢夺、下落不明，以及在此期间受到的损坏，或被盗窃、被抢劫、被抢夺未遂受到的损坏，或车上零部件、附属设备丢失；

（7）车轮单独损坏，玻璃单独破碎，无明显碰撞痕迹的车身划痕，以及新增设备的损失；

（8）发动机进水后导致的发动机损坏。

4. 免赔率。

保险人在依据保险合同约定计算赔款的基础上，按照表2-1的方式免赔：

表2-1　责任类型及免赔率

责任类型		免赔率（%）
事故责任	全部责任	20
	主要责任	15
	同等责任	10
	次要责任	5
第三方造成的损失找不到第三方		30
自行协商方式处理交通事故，不能证明事故原因		20
违反安全装载规定但不是事故发生的直接原因的		10
投保时协商确定绝对免赔额的		免赔率的基础上增加每次事故绝对免赔额

（三）保险金额

保险金额按投保时被保险机动车的实际价值确定。

投保时被保险机动车的实际价值由投保人与保险人根据投保时的新车购置价减去折旧金额后的价格协商确定或其他市场公允价值协商确定。

二、机动车第三者责任保险

（一）保险责任

机动车第三者责任保险主要是为了保障在保险期间内，被保险人或其允许的驾驶人在使用被保险机动车过程中发生意外事故，致使第三者遭受人身伤亡或财产直接损毁，依法应当对第三者承担的损害赔偿责任。

第三者是指因被保险机动车发生意外事故遭受人身伤亡或者财产损失的人，但不包括被保险机动车本车车上人员、被保险人。

（二）责任免除

1. 人为原因或车辆自身原因。

下列情况下，不论任何原因造成的人身伤亡、财产损失和费用，保险人均不负责赔偿：

（1）事故发生后，被保险人或其允许的驾驶人故意破坏、伪造现场、毁灭证据。

（2）驾驶人有下列情形之一者：

① 事故发生后，在未依法采取措施的情况下驾驶被保险机动车或者遗弃被保险机动车离开事故现场；

② 饮酒、吸食或注射毒品、服用国家管制的精神药品或者麻醉药品；

③ 无驾驶证，驾驶证被依法扣留、暂扣、吊销、注销期间；

④ 驾驶与驾驶证载明的准驾车型不相符合的机动车；

⑤ 实习期内驾驶公共汽车、营运客车或者执行任务的警车、载有危险物品的机动车或牵引挂车的机动车；

⑥ 驾驶出租机动车或营业性机动车无交通运输管理部门核发的许可证书或其他必备证书；

⑦ 学习驾驶时无合法教练员随车指导；

⑧ 非被保险人允许的驾驶人。

（3）被保险机动车有下列情形之一者：

① 发生保险事故时被保险机动车行驶证、号牌被注销的，或未按规定检验或检验不合格；

② 被扣押、收缴、没收、政府征用期间；

③ 在竞赛、测试期间，在营业性场所维修、保养、改装期间；

④ 全车被盗窃、被抢劫、被抢夺、下落不明期间。

2. 客观因素或违反相关规定。

下列原因导致的人身伤亡、财产损失和费用，保险人不负责赔偿：

（1）地震及其次生灾害、战争、军事冲突、恐怖活动、暴乱、污染（含放射性污染）、核反应、核辐射；

（2）被保险机动车在行驶过程中翻斗突然升起，或没有放下翻斗，或自卸系统（含机件）失灵；

（3）第三者、被保险人或其允许的驾驶人的故意行为、犯罪行为，第三者与被保险人或其他致害人恶意串通的行为；

（4）被保险机动车被转让、改装、加装或改变使用性质等，被保险人、受让人未及时通知保险人，且因转让、改装、加装或改变使用性质等导致被保险机动车危险程度显著增加。

3. 其他费用。

下列人身伤亡、财产损失和费用，保险人不负责赔偿：

（1）被保险机动车发生意外事故，致使任何单位或个人停业、停驶、停电、停水、停气、停产、通信或网络中断、电压变化、数据丢失造成的损失及其他各种间接损失；

（2）第三者财产因市场价格变动造成的贬值，修理后因价值降低引起的减值损失；

（3）被保险人及其家庭成员、被保险人允许的驾驶人及其家庭成员所有、承租、使用、管理、运输或代管的财产的损失，以及本车上财产的损失；

（4）被保险人、被保险人允许的驾驶人、本车车上人员的人身伤亡；

（5）停车费、保管费、扣车费、罚款、罚金或惩罚性赔款；

（6）超出《道路交通事故受伤人员临床诊疗指南》和国家基本医疗保险同类医疗费用标准的费用部分；

（7）律师费，未经保险人事先书面同意的诉讼费、仲裁费；

（8）投保人、被保险人或其允许的驾驶人知道保险事故发生后，故意或者因重大过失未及时通知，致使保险事故的性质、原因、损失程度等难以确定的，保险人对无法确定的部分，不承担赔偿责任，但保险人通过其他途径已经及时知道或者应当及时知道保险事故发生的除外；

（9）因被保险人违反协商修理约定，导致无法确定的损失；

（10）精神损害抚慰金；

（11）应当由机动车交通事故责任强制保险赔偿的损失和费用。

保险事故发生时，被保险机动车未投保机动车交通事故责任强制保险或机动车交通事故责任强制保险合同已经失效的，对于机动车交通事故责任强制保险责任限额以内的损失和费用，保险人不负责赔偿。

4. 免赔率。

表 2–2　责任类型及免赔率

<table>
<tr><th colspan="2">责任类型</th><th>免赔率（%）</th></tr>
<tr><td rowspan="4">事故责任</td><td>全部责任</td><td>20</td></tr>
<tr><td>主要责任</td><td>15</td></tr>
<tr><td>同等责任</td><td>10</td></tr>
<tr><td>次要责任</td><td>5</td></tr>
<tr><td colspan="2">违反安全装载规定的，增加免赔率</td><td>10</td></tr>
</table>

（三）责任限额

每次事故的责任限额，由投保人和保险人在保险监管部门批准的限额档次（5 万元、10 万元、15 万元、20 万元、30 万元、50 万元、100 万元及以上限额）中选择确定。

主车和挂车连接使用时视为一体，发生保险事故时，由主车保险人和挂车保险人按照保险单上载明的机动车第三者责任保险责任限额的比例，在各自的责任限额内承担赔偿责任，但赔偿金额总和以主车的责任限额为限。

三、机动车车上人员责任保险

（一）保险责任

机动车车上人员责任保险主要保障在保险期间内，被保险人或其允许的驾驶人在使用被保险机动车过程中发生意外事故，致使车上人员遭受人身伤亡，依法应当对车上人员承担的损害赔偿责任。

车上人员是指发生意外事故的瞬间，在被保险机动车车体内或车体上的人员，包括正在上下车的人员。

（二）责任免除

1. 人为原因或车辆自身原因。

下列情况下，不论任何原因造成的人身伤亡，保险人均不负责赔偿：

（1）事故发生后，被保险人或其允许的驾驶人故意破坏、伪造现场、毁灭证据。

（2）驾驶人有下列情形之一者：

① 事故发生后，在未依法采取措施的情况下驾驶被保险机动车或者遗弃被保险机动车离开事故现场；

② 饮酒、吸食或注射毒品、服用国家管制的精神药品或者麻醉药品；

③ 无驾驶证，驾驶证被依法扣留、暂扣、吊销、注销期间；

④ 驾驶与驾驶证载明的准驾车型不相符合的机动车；

⑤ 实习期内驾驶公共汽车、营运客车或者执行任务的警车、载有危险物品的机动车或牵引挂车的机动车；

⑥ 驾驶出租机动车或营业性机动车无交通运输管理部门核发的许可证书或其他必备证书；

⑦ 学习驾驶时无合法教练员随车指导；

⑧ 非被保险人允许的驾驶人。

（3）被保险机动车有下列情形之一者：

① 发生保险事故时被保险机动车行驶证、号牌被注销的，或未按规定检验或检验不合格；

② 被扣押、收缴、没收、政府征用期间；

③ 在竞赛、测试期间，在营业性场所维修、保养、改装期间；

④ 全车被盗窃、被抢劫、被抢夺、下落不明期间。

2. 客观因素或违反相关规定。

下列原因导致的人身伤亡，保险人不负责赔偿：

（1）地震及其次生灾害、战争、军事冲突、恐怖活动、暴乱、污染（含放射性污染）、核反应、核辐射；

（2）被保险机动车被转让、改装、加装或改变使用性质等，被保险人、受让人未及时通知保险人，且因转让、改装、加装或改变使用性质等导致被保险机动车危险程度显著增加；

（3）被保险人或驾驶人的故意行为。

3. 其他费用。

下列人身伤亡、损失和费用，保险人不负责赔偿：

（1）被保险人及驾驶人以外的其他车上人员的故意行为造成的自身伤亡；

（2）车上人员因疾病、分娩、自残、斗殴、自杀、犯罪行为造成的自身伤亡；

（3）违法、违章搭乘人员的人身伤亡；

（4）罚款、罚金或惩罚性赔款；

（5）超出《道路交通事故受伤人员临床诊疗指南》和国家基本医疗保险同类医疗费用标准的费用部分；

（6）律师费，未经保险人事先书面同意的诉讼费、仲裁费；

（7）投保人、被保险人或其允许的驾驶人知道保险事故发生后，故意或者因重大过失未及时通知，致使保险事故的性质、原因、损失程度等难以确定的，保险人对无法确定的部分，不承担赔偿责任，但保险人通过其他途径已经及时知道或者应当及时知道保险事故发生的除外；

（8）精神损害抚慰金；

（9）应当由机动车交通事故责任强制保险赔付的损失和费用。

4. 免赔率。

表 2–3　责任类型及免赔率

责任类型		免赔率（%）
事故责任	全部责任	20
	主要责任	15
	同等责任	10
	次要责任	5

（三）责任限额

驾驶人每次事故责任限额和乘客每次事故每人责任限额由投保人和保险人在投保时协商确定。投保乘客座位数按照被保险机动车的核定载客数（驾驶人座位除外）确定。

四、机动车全车盗抢保险

（一）保险责任

机动车全车盗抢保险主要保障车辆可能遭遇的以下三种情况的损失：

一是被保险机动车被盗窃、被抢劫、被抢夺，经出险当地县级以上公安刑侦部门立案证明，满 60 天未查明下落的全车损失。

二是被保险机动车全车被盗窃、被抢劫、被抢夺后，受到损坏或车上零部件、附属设备丢失需要修复的合理费用。

三是被保险机动车在被抢劫、被抢夺过程中，受到损坏需要修复的合理费用。

（二）责任免除

1. 人为原因或车辆自身原因。

下列情况下，不论任何原因造成被保险机动车的任何损失和费用，保险人均不负责赔偿：

（1）被保险人索赔时未能提供出险当地县级以上公安刑侦部门出具的盗抢立案证明；

（2）驾驶人、被保险人、投保人故意破坏现场、伪造现场、毁灭证据；

（3）被保险机动车被扣押、罚没、查封、政府征用期间；

（4）被保险机动车在竞赛、测试期间，在营业性场所维修、保养、改装期间，被运输期间。

2. 客观因素或违反相关规定。

下列损失和费用，保险人不负责赔偿：

（1）地震及其次生灾害导致的损失和费用；

（2）战争、军事冲突、恐怖活动、暴乱导致的损失和费用；

（3）因诈骗引起的任何损失，因投保人、被保险人与他人的民事、经济纠纷导致的任何损失；

（4）被保险人或其允许的驾驶人的故意行为、犯罪行为导致的损失和费用；

（5）非全车遭盗窃，仅车上零部件或附属设备被盗窃或损坏；

（6）新增设备的损失；

（7）遭受保险责任范围内的损失后，未经必要修理并检验合格继续使用，致使损失扩大的部分；

（8）被保险机动车被转让、改装、加装或改变使用性质等，被保险人、受让人未及时通知保险人，且因转让、改装、加装或改变使用性质等导致被保险机动车危险程度显著增加而发生保险事故；

（9）投保人、被保险人或其允许的驾驶人知道保险事故发生后，故意或者因重大过失未及时通知，致使保险事故的性质、原因、损失程度等难以确定的，保险人对无法确定的部分，不承担赔偿责任，但保险人通过其他途径已经及时知道或者应当及时知道保险事故发生的除外；

（10）因被保险人违反协商修理约定，导致无法确定的损失。

3. 免赔率。

表 2–4　免赔事项及免赔率

免赔事项	免赔率（%）
发生全车损失	20
发生全车损失，被保险人未能提供机动车登记证书、机动车来历凭证的，每缺少一项，增加绝对免赔率	1

（三）保险金额

保险金额在投保时被保险机动车的实际价值内协商确定。

投保时被保险机动车的实际价值由投保人与保险人根据投保时的新车购置价减去折旧金额后的价格协商确定或其他市场公允价值协商确定。

五、十二个附加险

附加险不能独立投保。附加险条款与主险条款相抵触之处，以附加险条款为准，附加险条款未尽之处，以主险条款为准。

（一）玻璃单独破碎险

投保了机动车损失保险的机动车，可投保本附加险。

1. 保险责任：保险期间内，被保险机动车风挡玻璃或车窗玻璃的单独破碎，保险人按实际损失金额赔偿。

2. 投保方式：投保人与保险人可协商选择按进口或国产玻璃投保。保险人根据协商选择的投保方式承担相应的赔偿责任。

3. 责任免除：安装、维修机动车过程中造成的玻璃单独破碎。

（二）自燃损失险

投保了机动车损失保险的机动车，可投保本附加险。

1. 保险责任：主要保障在保险期间内，没有外界火源的情况下由于本车电器、线路、供油系统、供气系统等被保险机动车自身原因或所载货物自身原因起火燃烧造成本车的损失及必要合理的施救费用；施救费用数额在被保险机动车损失赔偿金额以外另行计算，最高不超过本附加险保险金额的数额。

2. 责任免除：

（1）自燃仅造成电器、线路、油路、供油系统、供气系统的损失；

（2）由于擅自改装、加装电器及设备导致被保险机动车起火造成的损失；

（3）被保险人在使用被保险机动车过程中，因人工直接供油、高温烘烤等违反车辆安全操作规则造成的损失；

（4）本附加险每次赔偿实行 20% 的绝对免赔率，不适用主险中的各项免赔率、免赔额约定。

3. 保险金额：保险金额由投保人和保险人在投保时被保险机动车的实际价值内协商确定。

（三）新增加设备损失险

投保了机动车损失保险的机动车，可投保本附加险。

1. 保险责任：保险期间内，投保了本附加险的被保险机动车因发生机动车损失保险责任范围内的事故，造成车上新增加设备的直接损毁，保险人在保险单载明的本附加险的保险金额内，按照实际损失计算赔偿。

2. 责任免除：本附加险每次赔偿的免赔约定以机动车损失保险条款约定为准。

3. 保险金额：保险金额根据新增加设备投保时的实际价值确定。新增加设备的实际价值是指新增加设备的购置价减去折旧金额后的金额。

（四）车身划痕损失险

投保了机动车损失保险的机动车，可投保本附加险。

1. 保险责任：保险期间内，投保了本附加险的机动车在被保险人或其允许的驾驶人使用过程中，发生无明显碰撞痕迹的车身划痕损失，保险人按照保险合同约定负责赔偿。

2. 责任免除：

（1）被保险人及其家庭成员、驾驶人及其家庭成员的故意行为造成的损失；

（2）因投保人、被保险人与他人的民事、经济纠纷导致的任何损失；

（3）车身表面自然老化、损坏，腐蚀造成的任何损失；

（4）本附加险每次赔偿实行 15% 的绝对免赔率，不适用主险中的各项免赔率、免赔额约定。

3. 保险金额：保险金额为 2000 元、5000 元、10000 元或 20000 元，由投保人和保险人在投保时协商确定。

（五）发动机涉水损失险

本附加险仅适用于家庭自用汽车、党政机关、事业团体用车、企业非营业用车，且只有在投保了机动车损失保险后，方可投保本附加险。

1. 保险责任：保险期间内，投保了本附加险的被保险机动车在使用过程中，因发动机进水后导致的发动机的直接损毁及必要的、合理的施救费用；施救费用数额在被保险机动车损失赔偿金额以外另行计算，最高不超过保险金额的数额。

2. 责任免除：本附加险每次赔偿均是新手实行 15% 的绝对免赔率，不适用主险中的各项免赔率、免赔额约定。

（六）修理期间费用补偿保险

只有在投保了机动车损失保险的基础上方可投保本附加险，机动车损失保险责任终止时，本保险责任同时终止。

1. 保险责任。

保险期间内，投保了本条款的机动车在使用过程中，发生机动车损失保险责任范围内的事故，造成车身损毁，致使被保险机动车停驶，保险人按保险合同约定，在保险金额内向被保险人补偿修理期间费用，作为代步车费用或弥补停驶损失。

2. 责任免除。

下列情况下，保险人不承担修理期间费用补偿：

（1）因机动车损失保险责任范围以外的事故而致被保险机动车的损

毁或修理；

（2）非在保险人指定的修理厂修理时，因车辆修理质量不合要求造成返修；

（3）被保险人或驾驶人拖延车辆送修期间；

（4）本保险每次事故的绝对免赔额为 1 天的赔偿金额，不适用主险中的各项免赔率、免赔额约定。

3. 保险金额：本附加险保险金额 = 补偿天数 × 日补偿金额。补偿天数及日补偿金额由投保人与保险人协商确定并在保险合同中载明，保险期间内约定的补偿天数最高不超过 90 天。

（七）车上货物责任险

投保了机动车第三者责任保险的机动车，可投保本附加险。

1. 保险责任：保险期间内，发生意外事故致使被保险机动车所载货物遭受直接损毁，依法应由被保险人承担的损害赔偿责任，保险人负责赔偿。

2. 责任免除：

（1）偷盗、哄抢、自然损耗、本身缺陷、短少、死亡、腐烂、变质、串味、生锈、动物走失、动物飞失、货物自身起火燃烧或爆炸造成的货物损失；

（2）违法、违章载运造成的损失；

（3）因包装、紧固不善，装载、遮盖不当导致的任何损失；

（4）车上人员携带的私人物品的损失；

（5）保险事故导致的货物减值、运输延迟、营业损失及其他各种间接损失；

（6）法律、行政法规禁止运输的货物的损失；

（7）本附加险每次赔偿实行 20% 的绝对免赔率，不适用主险中的各项免赔率、免赔额约定。

3. 责任限额：由投保人和保险人在投保时协商确定。

（八）精神损害抚慰金责任险

只有在投保了机动车第三者责任保险或机动车车上人员责任保险的基

础上方可投保本附加险。

在投保人仅投保机动车第三者责任保险的基础上附加本附加险时，保险人只负责赔偿第三者的精神损害抚慰金；在投保人仅投保机动车车上人员责任保险的基础上附加本附加险时，保险人只负责赔偿车上人员的精神损害抚慰金。

1. 保险责任。

保险期间内，被保险人或其允许的驾驶人在使用被保险机动车的过程中，发生投保的主险约定的保险责任内的事故，造成第三者或车上人员的人身伤亡，受害人据此提出精神损害赔偿请求，保险人依据法院判决及保险合同约定，对应由被保险人或被保险机动车驾驶人支付的精神损害抚慰金，在扣除机动车交通事故责任强制保险应当支付的赔款后，在本保险赔偿限额内负责赔偿。

2. 责任免除：

（1）根据被保险人与他人的合同协议，应由他人承担的精神损害抚慰金；

（2）未发生交通事故，仅因第三者或本车人员的惊恐而引起的损害；

（3）怀孕妇女的流产发生在交通事故发生之日起 30 天以外的；

（4）本附加险每次赔偿实行 20% 的绝对免赔率，不适用主险中的各项免赔率、免赔额约定。

3. 赔偿限额：本保险每次事故赔偿限额由保险人和投保人在投保时协商确定。

（九）不计免赔率险

投保了任何一项主险及其他设置了免赔率的附加险后，均可投保本附加险。

1. 保险责任：保险事故发生后，按照对应投保的险种约定的免赔率计算的、应当由被保险人自行承担的免赔金额部分，保险人负责赔偿。

2. 责任免除。

下列情况下，应当由被保险人自行承担的免赔金额，保险人不负责赔偿：

（1）机动车损失保险中应当由第三方负责赔偿而无法找到第三方的；

（2）因违反安全装载规定而增加的；

（3）发生机动车全车盗抢保险约定的全车损失保险事故时，被保险人未能提供机动车登记证书、机动车来历凭证的，每缺少一项而增加的；

（4）机动车损失保险中约定的每次事故绝对免赔额；

（5）可附加本条款但未选择附加本条款的险种约定的；

（6）不可附加本条款的险种约定的。

（十）机动车无法找到第三方特约险

投保了机动车损失保险后，可投保本附加险。

投保了本附加险后，被保险机动车损失应当由第三方负责赔偿，但因无法找到第三方而增加的由被保险人自行承担的免赔金额，保险人负责赔偿。

（十一）指定修理厂险

投保了机动车损失保险的机动车，可投保本附加险。

投保了本附加险后，机动车损失保险事故发生后，被保险人可指定修理厂进行修理。

（十二）机动车第三者责任保险附加节假日限额翻倍险

投保了机动车第三者责任保险的家庭自用汽车，方可投保本附加险。

保险期间内，被保险人或其允许的驾驶人在法定节假日期间使用被保险机动车发生机动车第三者责任保险范围内的事故，并经公安部门或保险人查勘确认的，被保险机动车第三者责任保险所适用的责任限额在保险单载明的基础上增加 1 倍。

六、个性化条款

（一）机动车损失保险全面型条款

该条款的保障范围在原车损险的基础上有所扩展，主要体现在：

一是在传统车损险主险上增加了 7 个常用附加险，包括不计免赔险、自燃损失险、发动机涉水损失险、车身划痕险、玻璃单独破碎险、无法找到第三方特约险和新增设备险。

二是减少了原车损险的部分责任免除事项，包括车轮单独损坏、地震、战争、恐怖活动、核辐射等造成的损失，都属于保险责任范围。

该条款目前仅在湖北、江西、宁波、深圳四地试点。

（二）附加法定节假日限额翻倍险条款

投保了机动车第三者责任保险的家庭自用汽车，方可投保本附加险。

1. 保险责任：保险期间内，被保险人或其允许的驾驶人在法定节假日期间使用被保险机动车发生机动车第三者责任保险范围内的事故，并经公安部门或保险人查勘确认的，被保险机动车第三者责任保险所适用的责任限额在保险单载明的基础上增加1倍。

法定节假日包括：中华人民共和国国务院规定的元旦、春节、清明节、劳动节、端午节、中秋节和国庆节放假调休日期，以及星期六、星期日，具体以国务院公布的文件为准。

法定节假日不包括：（1）因国务院安排调休形成的工作日；（2）国务院规定的一次性全国假日；（3）地方性假日。

2. 其他：本附加险条款未尽事宜，以机动车第三者责任保险为准。除本附加险条款另有约定外，机动车第三者责任保险中的责任免除、双方义务同样适用于本附加险。

第三节　机动车交通事故责任强制保险

我国机动车交通事故责任强制保险（以下简称交强险）制度至今为止已经顺利运行了10多年。2006年3月21日，国务院颁布《机动车交通事故责任强制保险条例》（以下简称《交强险条例》），于2006年7月1日起施行，标志着我国交强险制度进入正式实施阶段。交强险自实施以来，显著提高了居民的风险防范意识，促进了社会保障体系的完善，其保障水平、保障程度不断提高，交强险的“稳定器”作用不断凸显。

一、《道路交通安全法》产生的背景

机动车作为便捷的交通工具，随经济的发展而日渐增多，道路交通事故也随之更加频繁。自 20 世纪 90 年代起，为分担事故风险，在国家的倡导下，机动车车主或管理人开始投保第三者责任保险。然而，受经济条件的制约，车主或管理人保险意识弱，投保率比较低；同时，一些机动车车主或管理人面对高额的赔偿款，得到保险金后拒不转付赔偿款，或干脆不向保险公司索赔。因此，很多交通事故发生后，因侵权人没有保险保障或者经济能力有限，致使许多受害人因不能获得足额赔偿而得不到及时的救治，导致交通事故方面的民事纠纷增多，社会反响强烈。

在交强险制度正式诞生以前，我国主要是以部门规章、地方性法规等形式对交强险制度进行初步的推行和实践。比如，1981 年 7 月 31 日，公安部发布《城市轻便摩托车和轻便摩托车驾驶员管理的暂行规定》；1982 年 6 月 3 日，广东省公安厅、交通厅、中国人民保险公司广东分公司联合发布《关于实行机动车辆第三者责任保险的试行办法》；1988 年 6 月，建设部、公安部、国家旅游局联合发布《关于印发〈城市出租汽车管理暂行办法〉的通知》；1989 年 5 月，公安部颁布《临时入境机动车辆与驾驶员管理办法》；1991 年 9 月，国务院颁布实施《道路交通事故处理办法》；1992 年 2 月，中国人民保险公司、公安部联合发布的《关于贯彻实施〈道路交通事故处理办法〉有关保险问题的通知》；1992 年 9 月，国务院办公厅发布《关于加强对拖拉机运输交通管理的通知》；1995 年 4 月，中国残疾人联合会、公安部、建设部、劳动部、民政部、国家工商行政管理局联合发布《关于加强对残疾人专用机动车运营管理的通知》等。

但是这些规定零星分布，且主要是强制某一类机动车投保第三者责任保险，对强制机动车第三者责任保险的投保、续保、保费、理赔等实施细则缺乏统一的规定。

为解决道路交通事故的损害责任赔偿问题，建立有效的风险防范机制和安全保障机制，保障道路通行者的人身安全和财产安全，我国于2003年针对交通事故第三者责任强制保险制度正式着手立法。

中国道路交通机动车第三者强制责任保险于2003年正式被提出。2003年10月28日，第十届全国人民代表大会常务委员会第五次会议通过《中华人民共和国道路交通安全法》（以下简称《道交法》），第十七条规定："国家实行机动车第三者责任强制保险制度，设立道路交通事故社会救助基金"，该法自2004年5月1日起施行。该法为我国交强险制度的实行奠定了法律基础。

二、交强险的制度构成

（一）法律制度

2006年3月21日，国务院根据《道交法》和《保险法》制定了《交强险条例》，于2006年7月1日起施行，标志着我国交强险制度进入正式实施阶段。

《交强险条例》包含总则、投保、赔偿、罚则、附则五个部分，共四十六条。其中，总则（《交强险条例》第一条至第四条）强调了该条例的适用范围、交强险的定义、监管机构（原中国保监会）及监督检查机构（公安机关交通管理部门）等。投保（《交强险条例》第五条至第二十条）规范了可从事交强险业务的机构（保险公司），并对于保险合同规格、签订、保费和合同解除等相关问题作出了规定。赔偿（《交强险条例》第二十一条至第三十五条）主要说明了交强险的理赔机制，着重强调由保险公司或道路交通事故救助基金（以下简称救助基金）垫付的机制。罚则（《交强险条例》第三十六条至第四十条）对违反《交强险条例》行为的处罚办法给出了解释。附则（《交强险条例》第四十一条至第四十六条）对一些特殊问题和用语含义进行了说明。

从法律体系上看，《交强险条例》属于行政法规，是在《道交法》和《保险法》等上位法的基础上制定的，《道交法》《保险法》和《交强险条例》共同构成了我国交强险制度法律体系。

2006 年 6 月 28 日，中国保监会发布了《关于机动车交通事故责任强制保险条款和保险费率的批复》。2007 年 6 月 27 日，中国保监会发布了《机动车交通事故责任强制保险费率浮动暂行办法》，规定自 7 月 1 日起实行。2008 年 1 月 11 日，中国保监会还下发了《关于加强交强险管理有关工作的通知》，对改善交强险理赔服务、加强交强险核算管理、完善交强险信息披露制度、加大交强险成本控制力度、做好新旧交强险切换等方面工作做了具体部署和要求。这些规范性文件大大提高了我国交强险制度的可操作性，更标志着我国交强险制度正式走上了规范性发展的道路。

2012 年 3 月 30 日，《国务院关于修改〈机动车交通事故责任强制保险条例〉的决定》修改了《交强险条例》部分内容，允许经中国保监会批准的保险公司（包含合资和外资保险公司）从事交强险业务，将交强险业务对外资保险公司开放。

2012 年 12 月 17 日，国务院作出增加《交强险条例》第四十三条的决定，解决了挂车投保交强险的相关问题。第四十三条规定，挂车的责任由牵引车投保的保险公司在交强险责任限额范围内予以赔偿；不足的部分由牵引车方和挂车方依照法律规定承担赔偿责任。

2012 年 12 月 21 日，针对一直以来交强险法律纠纷判决标准不一的情况，最高人民法院出台《关于审理道路交通事故损害赔偿案件适用法律若干问题的解释》，对没有驾驶人、无证驾驶、醉酒驾驶等情况下发生交通事故，受害人请求交强险赔偿的情况做出了支持其请求的规定。

2016 年 3 月 1 日，国务院发布《关于修改部分行政法规的决定》的规定，删去《交强险条例》第五条第一款中的“经保监会批准”；第三款中的“未经保监会批准”修改为“除保险公司外”；删去第十条中的“具备”和“资格”；第三十六条中的“未经保监会批准”修改为“保险公司以外的单位或者个人”；删去第三十七条。这意味着保险公司从事交强险业务无须经过保监会批准。

（二）相关配套制度

1. 救助基金。

《道交法》第七十五条规定："医疗机构对交通事故中的受伤人员应当及时抢救，不得因抢救费用未及时支付而拖延救治。肇事车辆参加机动车第三者责任强制保险的，由保险公司在责任限额范围内支付抢救费用；抢救费用超过责任限额的，未参加机动车第三者责任强制保险或者肇事后逃逸的，由道路交通事故社会救助基金先行垫付部分或者全部抢救费用，道路交通事故社会救助基金管理机构有权向交通事故责任人追偿。"

2009年10月30日，中国保监会与财政部、公安部、卫生部等联合出台了《道路交通事故社会救助基金管理试行办法》对基金的筹集、垫付、管理和相应的法律监管做出了严格规定。该办法自2010年1月1日起施行。救助基金来源于五个渠道：（1）按照交强险保费的一定比例提取的资金；（2）对未按照规定投保交强险的机动车所有人、管理人的罚款；（3）救助基金管理机构依法向道路交通事故责任人追偿的资金、救助基金孳息和其他资金；（4）地方政府按照保险公司经营交强险缴纳营业税数额给予的财政补助；（5）社会捐款。救助基金的救助范围包括：抢救费用超过交强险责任限额的、肇事机动车未参加交强险的和机动车肇事后逃逸的。救助基金在完成垫付后有权向事故责任人追偿。该办法还对申请救助基金的流程和地方政府对基金的管理办法等做出了相关规定。

在道路交通事故受害人不能按照强制交通事故和侵权人的制度得到赔偿时，他们能够通过交强险的救助基金得到一定的补偿。救助基金制度是完全符合党的十九大精神的，它是一种新型的社会保障制度，充分体现了以人为本的人文关怀精神。在制度设计上，它充分体现国家对公民安全和健康的关爱和帮助，对建设和谐社会具有深远的历史意义和非常重要的现实意义。

2. 车船税。

2011年12月19日，中国保监会联合国家税务总局发布了《关于机动车车船税代收代缴有关事项的公告》，规定自2012年1月1日起，保险机构在销售交强险时，要严格按照有关规定代收代缴车船税，并将相关信息据实录入交强险业务系统中，确保实现新旧车船税的顺利切换和有序征收。

三、交强险条款简介

交强险是指由保险公司对被保险机动车发生道路交通事故造成本车人员、被保险人以外的受害人的人身伤亡、财产损失，在责任限额内予以赔偿的强制性责任保险。交强险是由国家法律、法规规定强制投保的法定险种，其产品开发和管理由国家有关部门按照法律规定执行。

（一）保险责任

被保险人在使用被保险机动车过程中发生交通事故，致使受害人遭受人身伤亡或者财产损失，依法应当由被保险人承担的损害赔偿责任，保险人按照交强险合同的约定对每次事故在下列赔偿限额内负责赔偿：

1. 死亡伤残赔偿限额为 110000 元。

2. 医疗费用赔偿限额为 10000 元。

3. 财产损失赔偿限额为 2000 元。

4. 被保险人无责任时，无责任死亡伤残赔偿限额为 11000 元；无责任医疗费用赔偿限额为 1000 元；无责任财产损失赔偿限额为 100 元。

死亡伤残赔偿限额和无责任死亡伤残赔偿限额项下负责赔偿丧葬费、死亡补偿费、受害人亲属办理丧葬事宜支出的交通费用、残疾赔偿金、残疾辅助器具费、护理费、康复费、交通费、被扶养人生活费、住宿费、误工费，被保险人依照法院判决或者调解承担的精神损害抚慰金。

医疗费用赔偿限额和无责任医疗费用赔偿限额项下负责赔偿医药费、诊疗费、住院费、住院伙食补助费，必要的、合理的后续治疗费、整容费、营养费。

（二）责任免除

1. 完全不保的情况。

对于下列损失和费用，交强险不负责赔偿和垫付：

（1）因受害人故意造成的交通事故的损失；

（2）被保险人所有的财产及被保险机动车上的财产遭受的损失；

（3）被保险机动车发生交通事故，致使受害人停业、停驶、停电、停水、停气、停产、通信或者网络中断、数据丢失、电压变化等造成的损失及受害人财产因市场价格变动造成的贬值、修理后因价值降低造成的损失等其他各种间接损失；

（4）因交通事故产生的仲裁或者诉讼费用及其他相关费用。

2. 可以先由交强险垫付抢救费用再追偿的情况：

（1）驾驶人未取得驾驶资格的；

（2）驾驶人醉酒的；

（3）被保险机动车被盗抢期间肇事的；

（4）被保险人故意制造交通事故的。

（三）投保事项

1. 交强险合同的保险期间为一年，不允许重复投保。

2. 投保人投保时，应当如实填写投保单，向保险人如实告知重要事项，并提供被保险机动车的行驶证和驾驶证复印件。

3. 投保人未如实告知重要事项，对保险费计算有影响的，保险人按照保单年度重新核定保险费计收。

（四）理赔事项

1. 分有无责实行分项限额。交强险根据交通事故有责、无责进行赔偿，并在分项的责任限额内分别计算赔偿金额。

2. 被保险人索赔时，应当向保险人提供以下材料：

（1）交强险的保险单；

（2）被保险人出具的索赔申请书；

（3）被保险人和受害人的有效身份证明、被保险机动车行驶证和驾驶人的驾驶证；

（4）公安机关交通管理部门出具的事故证明，或者人民法院等机构出具的有关法律文书及其他证明；

（5）被保险人根据有关法律法规规定选择自行协商方式处理交通事故的，应当提供依照《交通事故处理程序规定》规定的记录交通事故情况的协议书；

（6）受害人财产损失程度证明、人身伤残程度证明、相关医疗证明及有关损失清单和费用单据；

（7）其他与确认保险事故的性质、原因、损失程度等有关的证明和资料。

3. 支付抢救费用。被保险机动车发生涉及受害人受伤的交通事故，因抢救受害人需要保险人支付抢救费用的，保险人在接到公安机关交通管理部门的书面通知和医疗机构出具的抢救费用清单后，按照国务院卫生主管部门组织制定的交通事故人员创伤临床诊疗指南和国家基本医疗保险标准进行核实。对于符合规定的抢救费用，保险人在医疗费用赔偿限额内支付。被保险人在交通事故中无责任的，保险人在无责任医疗费用赔偿限额内支付。

4. 无责代赔。在无责的情况下，不仅要赔人，而且对于对方的车的损失，也要在 100 元限额内赔偿。目前简化处理时采用无责代赔，投保交强险的双方车辆发生交通事故，都有损失，一方全责，一方无责，无责方不用向自身的保险公司报案、索赔，直接由无责方通过自己的保险公司在自身的交强险项下赔偿无责方应该赔给自己的 100 元以内的损失。

5. 互碰自赔。投保交强险两车发生轻微互碰交通事故，如果满足以下条件，各方车主可以采取互碰自赔的方式快速索赔：

（1）两车或多车互碰；

（2）事故各方都有交强险且还未到期；

（3）事故只导致各方车辆损失，没有发生人员伤亡和车外财产损失；

（4）各方车损都不超过 2000 元；

（5）交警裁定或事故各方自行协商确定为各方都有责任（同等或主次）；

（6）事故各方都同意采取“互碰自赔”。

四、交强险与商业第三者责任险的区别

交强险与商业第三者责任险（以下简称三者险）极为相似，两者又存在较大的差别。首先，这两种保险在风险因素上具有一致性，即触发两种保险出险的责任事件相同，即造成本车人员、被保险人以外的受害人的人身伤亡、财产损失的。其次，两者都属于责任保险，《保险法》第六十五条第四款规定："责任保险是指以被保险人对第三者依法应负的赔偿责任为保险标的的保险。"由于相似的风险因素和赔付机制，两者的定价和考量因素也具有一定的相似性。根据保险学原理和中国保监会的相关说明，交强险在以下七个方面区分于三者险。

（一）实行强制性投保和强制性承保

强制保险是通过国家立法强制实施的险种，交强险的强制性不仅体现在所有上道路行驶的机动车所有人或管理人必须投保，同时也要求具有经营该险种资格的保险公司不能拒绝承保、不得拖延承保和不得随意解除合同。即机动车必须要投保交强险才可以拥有上路资格，而保险公司也不得以法规外的理由拒绝投保人的投保。相对而言，三者险的投保基于自愿原则，机动车拥有者可以自愿选择投保或者不投保，保险公司也有权拒绝不符合其筛选规则的投保人的保险申请。

（二）设立目的是填补受害人损害

交强险依据《道交法》第十七条设立，目的在于有效、快捷地填补受害人的损害。三者险依据新《保险法》第六十五条，功能在于分散被保险人事故风险，由所有参与保险的人承担，保护被保险人。

（三）赔偿标准高

与三者险人身伤亡的赔偿标准相比，交强险的赔偿项目有所增加。三者险的赔偿项目有 11 项，交强险的赔偿项目有 16 项，新增加了必要的营养费、康复费、后续治疗费、精神损害抚慰金、整容费 5 项。此外，与同等保费三者险相比，交强险的死亡补偿费、丧葬费、残疾赔偿金、被扶养人生活费、护理费、误工费等的赔偿标准较高。

（四）保险责任范围宽

为有效控制风险，减少损失，三者险规定了责任免除事项和免赔率（额）。交强险仅设定了极少的责任免除事项，同时也没有任何免赔率和免赔额，几乎涵盖所有道路交通风险。同时，系统的垫付机制（由保险公司或救助基金垫付）也保证了交通事故受害人可以得到及时的救治。

（五）“不盈不亏”的经营原则

保险公司经营交强险不以盈利为目的，是指监管机构在审批保险公司交强险费率时遵循不盈利、不亏损原则，要求保险公司按照成本因素确定费率，不含盈利因素。在费率测算时不考虑保险公司的利润因素。交强险必须与保险公司经营的其他业务分开管理，实行单独核算。三者险和其他商业性险种是以盈利为目的的产品，在模型定价的基础上，盈利性会影响产品的价格。

（六）责任限额低

交强险在全国范围内实行统一的责任限额，责任限额分为死亡伤残赔偿限额、医疗费用赔偿限额、财产损失赔偿限额及被保险人在道路交通事故中无责任的赔偿限额。前三项责任限额是被保险人在交通事故中有责任的情况下，对受害人死亡伤残、医疗费用及财产损失等不同类型的赔付项目分别设置的最高赔偿金额。第四项责任限额是对于被保险机动车在交通事故中无责任的情况下，对受害人设置的赔偿限额。各保险公司交强险保险条款和赔付额度是无差异的。2008 年 2 月 1 日以后，交强险有责任的最高赔付限额：死亡伤残赔偿限额为 110000 元；医疗费用赔偿限额为 10000 元；财产损失赔偿限额为 2000 元。没有责任的最高赔付限额：死亡伤残赔偿限额为 11000 元；医疗费用赔偿限额为 1000 元；财产损失赔偿限额为 100 元。各保险公司三者险合同条款和赔付额度差异则较大，赔偿限额通常为 5 万元、10 万元、20 万元或 100 万元以上。此外，三者险的赔付比率通常与驾驶人所负责任比例相关，而交强险则要求保险公司在赔偿限额内按照责任情况进行赔付，超出保险限额部分的赔偿按照事故责任承担。

（七）费率与交通违章挂钩

交强险的费率水平与驾驶者的道路交通安全违法行为和道路交通事故频率相关，实行“奖优罚劣”的浮动费率机制。一方面，可以利用费率杠杆调节机制，提高驾驶人的道路交通安全法律意识，督促驾驶人安全行驶，有效预防和减少道路交通事故的发生；另一方面，政府通过市场机制的辅助手段来进行道路交通安全管理，有利于政府职能的转变，提高道路交通安全管理效率。

第三章　汽车保险承保管理

第一节　车险承保流程

车险承保是车险管理的开始，也是和客户建立合同关系的开始，所以在开始阶段就应该让客户得到满意的服务，预见将来双方会有一个良好的合作。

车险承保流程如下：指导客户填写投保申请书（或批单申请书）—请客户在投保申请书（批单申请书）签名处签字确认—出单员审核验证后输入计算机—申请核保—根据核保意见进行验车或复审或拒保—核保通过后缮制保险单—复核保险单—收取保险费—签发保险单—请客户签收并签字确认。

一、指导客户填写投保单

不论是车险销售人员，还是出单人员都有责任给客户讲解清楚车险条款及相关的内容，在客户自愿的情况下，投保汽车保险的各相关险种。

1. 投保人及被保险人信息，个人车辆按照车主身份证信息填写，单位车辆按照单位公章名称填写，被保险人与车辆行驶证应相符。有特殊要求应事先向保险公司核保人员询问。

2. 汽车相关信息按照汽车行驶证填写即可。

3. 投保险种尊重客户意见，但应提示客户尽量保全保足，以免万一出现事故时保障不充分。但是，必须在办理交强险后才能办理其他商业保险险种。

4. 交强险的赔偿限额是固定的，商业险保险金额一般是按照新车购置价确定，但对希望协商保险金额的客户，一定要讲清楚以后赔付是按照比例赔付，在新车购置价的 20% 以上确认即可。

5. 和客户讲明保险公司代收车船使用税，以及客户有无其他要求，以便在特别约定中体现。

二、请客户签字确认

在投保单上，一般都有保险人提示和投保人声明等内容，目的是让客户一定清楚地知道商业保险是自愿行为，是自己真实的意愿选择，避免以后发生不必要的纠纷。所以投保单上签字确认是不可缺少的重要环节，一定不能省略或代签。

三、出单员审核

1. 书面审核，主要是查看投保内容是否全面完整、数值是否正确，有无疏漏。

2. 内容审核，从投保人资质、保险金额、险种数量、保费计算、特别约定等内容，审核投保单是否签字确认。

3. 审核无误后，输入计算机生成保险单。

4. 标注一些特殊情况以供核保人员参考。

5. 上传保单，申请核保。

四、核保

1. 书面审核，出单人员有无疏漏之处。

2. 根据公司的核保政策，从车型、人员、险种、保险金额、业务来源等多方面审核，严格按照核保政策执行。

3. 符合承保政策规定的及时审核通过，给出单人员提供承保便利。

4. 对于不符合要求的，明确提出验车或拒保的答复。

五、出单、收费、签字确认

通过核保后，出单人员尽快出具保险单，请复核人员复核后，打印正式保单；请客户交付保险费，付款后向客户发放保险单及保险凭证，原则是一车一单、一车一证；向客户说明清楚、明确无误后，请客户在领取保险单登记表上签字确认。

第二节　车险承保管理的关键环节和方法

一、车险承保的关键环节——核保

车险承保是保险双方达成签署车险合同的过程，由客户填写投保单，由保险公司审核、出单、收费。

保险公司是经营风险的特殊企业，识别、控制和把握公司的风险，无疑是保险公司的核心问题。在保险公司里，由谁来把握和控制风险呢？俗话说，病从口入，承保的过程就是把关的过程，所以车险承保最重要的环节很显然是核保。

核保是对标的进行风险评估、风险选择和选择客户的过程。核保部门通过数据的积累、分析、判断，根据公司自身经营能力、经营状况及市场情况，制定公司的核保政策，这也是保险公司的经营策略。保险销售人员或业务人员从市场上获取的业务，是否属于公司的可保风险，是否适应公司的承保能力，核保人员将按照核保政策来审定，筛选出公司能接受的业务。如果发现了风险的必然，需要终止风险，如现在一些公司所做垃圾业务的清理，也是由核保部门根据经营情况随时发现和处理的。由此可见，核保对标的的选择过程直接影响车险业务质量的高低，它是保险公司防范经营风险的第一关，也是最重要的一关。

核保的目的在于提高承保质量，降低事故率，获取合理的经济效益；核保的原则是效益性和可控性；核保的特点是，对于事故率是主动把控的，选择承保的质量高，事故率就低，反之则高，核保选择行为的准确性和科学性决定了事故率的高低。

再来看看什么是核赔。核赔是对保险事故查勘、责任判定、损失确定和支付赔款的过程；核赔的目的在于履行条款，保障合同双方的权益；核赔的原则是不惜赔和不错赔；核赔的特点是，对事故率的把控是被动的，先有事故，然后才有理赔，理赔工作做好了，只是保险合同正常履行、增加保险公司的信誉度，事故率并不能降低。

从以上对比分析可以看出，事故率的高低，关键取决于核保。所以，只有做好核保，降低事故率，才能提高承保质量，从而获取经济效益。

二、核保的方法

对任何一家企业来说，效益是生存和发展的前提，保险企业也不例外。但是，由于行业不同、运作规律不同，追求效益的方法也不同。那么，如何选择呢？为了便于理解和把握，我们把核保的方法简单归纳为一个链条：选择—比较—数据—报表—政策—选择。也就是核保的要领是从选择到选择。

1. 链条的第一环——选择。保险选择客户，客户选择产品，因此先从选择谈起。核保强调的选择是根据自身承保能力进行的选择，只要超过了承保能力，就不是我们要选的目标客户。过去的保险经营长期没有选择，表现为要么没有核保，要么核保有名无实，核保政策可操作性差，核保岗位和人员形同虚设。造成这种现象的原因在于不知道如何去选择。

2. 链条的第二环——比较。何谓比较？就是对同质事物的长短、大小、优劣进行对比，通过比较，选优弃劣。有比较才有选择，有选择才有竞争。竞争是市场经济的主题，也就是说，反复比较、反复竞争将贯穿整个保险经营活动的始终。对于保险企业来说，经营能力的高低表现为选择能力的高低，保险企业要想适应市场，提高经营能力和竞争能力，就需要不断提高自己的选择能力。

3. 链条的第三环——数据。我们要用数据量化事物的过程及结果，并通过报表的组合进行分析，继而寻找事物发生和发展的规律。过去没有比较，或者说不知道怎么做比较，一是因为不知从何做起，二是因为没有完整的数据基础。长期以来，保险经营在没有完整数据的情况下运作，管理者做任何决策大多是凭经验、想当然，按主观意志而不是按经济规律来运作。这是计划经济体制在数据管理与理解上的体现。其实，任何一种科学都要以数据为基础，自古以来莫不如此，没有数据，保险的经营管理将寸步难行。

4. 链条的第四环——报表。数据的强大作用要想得到充分发挥离不开报表，数据是基础，而报表是核心。只有通过报表中数据的分析、统计、罗列，才能找到规律，成为企业制定战略方向和策略方式的基础。这里所谈的报表，不仅包含财务报表，还包含更多的业务报表。报表应该是各级经营管理者形影不离的重要工具，学会用数据说话、用报表作为经营决策的工具，是保险企业经营得法的必由之路。

5. 链条的第五环——政策。通过报表的组合找到规律后，应该以此制定行为规则，即政策。政策就是不同情况的有所区别，有区别才有政策。根据报表的分析，找到其中数据的规律；根据数据的不同，找到区别的依据，从而制定适合规律的政策。

核保政策的制定，关键在于其可操作性。当前国内部分保险公司的核保政策由于缺少数据基础，制定得比较粗放，内容以讲原则为主，缺乏可操作性。

6. 链条的第六环——选择。贯彻与落实政策的行为是选择。应该根据核保政策，对客户或标的进行科学、准确的选择，从选择开始，到选择结束。

三、落实核保的重要原则

落实核保政策应把握两个重要原则：

一是效益性。保险企业追求效益的内因决定了这是核保的出发点和落脚点，企业的经营要对员工和股东负责，更要对客户和社会负责，没有效益，一切都是空谈。因此，核保政策的制定和政策行为的落实都要以效益为原则。

二是可控性。选择了什么样的客户，就选择了什么样的风险，因此，一定要量力而行，以自身承担风险的能力为标准和尺度，不能不计后果地盲目选择。对可控性把握的程度集中体现了一个公司的核保能力，体现了其经营管理的水平。因此，保险的经营过程，就是不断满足客户需求、不断提高核保可控性、不断提高经营能力的过程。

四、如何发挥核保的作用

在实践中如何发挥核保的作用呢？除了要有一套顺畅的核保流程外，还必须具备以下条件：

一是要有准确、完整、及时的数据信息系统。汽车保险标的数量多、种类繁杂，事故频繁，大量的、每天不断变化的承保理赔数据需要汇总统计和分析处理，作为经营决策的依据。如此巨量数据的处理离开具有强大计算和统计分析功能的信息系统支持是难以实现的。同时，完整、科学、严谨的核心业务管理系统也是公司经营模式的具体体现。因此，对任何一家财产保险公司来说，建立一套优秀的核心业务系统，不仅是核保工作开展的前提，也是保险经营由初级向高级发展的必然要求。同时，信息系统的不断改进也是保险经营管理水平不断提升的标志。

二是要有可操作性强的核保政策。通过数据分析找到规律性后，应该将其反映在核保政策中，从而根据不同的标的确定不同的承保条件。这就要求核保政策应该严格依据规律，针对性要强，并且制定核保政策时还应该考虑市场环境因素，要切合实际，否则，制定出来的政策要么只是讲原则，满篇都是空话套话，实际无法操作；要么随意性很大，核保人怎么做都可以，因此往往流于形式，不能发挥其应有的作用。

三是要有一支具有一定专业技能和高度责任心的核保人队伍。方法再好，最终要由人来实施，因此，核保人队伍建设很重要。一名合格的核保人应该具备以下能力：一是对数据的理解和把握；二是要熟悉当地甚至全国的汽车保险市场情况及其运作规律。同时，还应该具有高度的责任心和敬业精神，可见对核保人的要求是非常高的。

只有掌握了正确的核保方法和原则，并且具备了以上条件，才能充分发挥核保的作用，保险人才能主动选择风险低的标的，从而有效降低事故率和赔付率，获取更大的经济效益。

第三节 车险承保管控

车险和其他财产保险，如建安工险等险种相比承保相对简单。但因其量大，管理难度也大，必须抓住规律，做到规范、统一、严格，才能管理到位。汽车承保管控的核心内容有两个方面：一是承保内务管理，二是承保政策的制定，这两个方面是相互联系、相互影响的。只有严格、实际的承保政策和严细的内务管理相结合，才能产生管理的预期效果。

承保内务管控主要有以下几个环节：一是单证管理环节。保险单证是有价证券，应按流水号和保单号严格管理，杜绝外流和丢失现象。做到保管有要求，领用有登记，核销有检查。虽然现在无纸化办公已经成为趋势，但重要单证的纸质备份管理仍然不可缺少。二是出单管理环节。这是涉及保单质量及承保质量的关键环节。保险公司作为一个企业，保单就是它的产品，产品的质量绝不仅仅体现在保单的打印及版面上。三是收费管理环节。产品售出要收钱，这是常识，能不能收回钱是大事。但在2008年以前，各家保险公司常常出现相当多的车险欠费现象，这是不正常的，因汽车保险原则上是不准欠费的。2008 年在保险监管部门的指导下，保险行业出台了“见费出单”政策，才从根本上解决了出单欠费问题。

承保政策的制定主要来源于车险经营的历年数据，这些数据必须真实可靠。经营者通过对车险经营的赔付率、出险率、案均赔款、已决未决等数据的分析，提炼出经营的思路和策略。具体步骤有数据的收集、整理、分析和判断。具体内容有鼓励承保的车种、车型，限制承保的车种、车型，禁止承保的车种、车型，保前验车及亏损客户清理等。在今后的承保政策中，将越来越多地增加人的因素，根据驾驶人的性别、年龄、职业、驾龄和行驶公里数及安全记录来确定保费的高低。

对于不同机构的不同部门，管理的侧重点是不同的，采取的措施也是不同的。承保的每一个环节都存在出问题的可能性，哪一个环节最薄弱、最容易出问题，自然就成为管理的重点环节。管理基础差的单位应将重点放在承保内务管理上，如果保单都出不好，就谈不上什么承保政策。管理基础好的单位应将重点放在承保政策的制定和执行上。

一般而言，以下环节要重点管控：一是核保出单环节。该环节应从投保单的填写完整规范抓起，这是服务客户的基本资料，一定要保证完整准确。投保单应经责任人审核后出单，出立的保单应与投保单一致。所采取的措施就是严格责任、严格政策、令行禁止。二是出单收费环节。在“见费出单”政策出台之后，这个环节基本没有什么问题了。三是验车承保环节。根据验车规定，对需要验车才能承保的车辆一定要坚持先验车后承保的原则，这个环节对减少发生道德风险有相当大的作用。验车也要实行责任人制度。四是清理亏损客户环节。对赔付率长期高居不下、频繁出险的客户应定期进行清理。采取不给优惠、加大免赔、提高费率，甚至禁止承保的措施。

应定期修订承保政策，不同的时期应有不同的承保政策。承保政策应按照国家政策、经济发展状况、市场情况实事求是地制定。制定核保政策的原则是有利可图，制定政策的基础是经营数据。所以经营车险必须有良好的经营数据支持，翔实的数据是车险管理的基本保证。

第四节　车险承保指标与考核

车险承保指标主要有总保费、分险种保费（附加险种保费）、承保费用率、车均保费、事故率、续保率、清理亏损客户、验车承保率。

一、保费

保费是保险公司业务单位最头痛的指标，因为年年要求业务增长，保费指标压力非常大。一些保险公司以为经营亏损是车险业务规模不够大，拼命地要求增长保费，其实这是有偏差和误区的。许多新成立的保险公司因为保费指标而陷入无法自拔的窘况。本书在第一章中明确指出：车险是靠精细化管理才能出效益的险种，不是规模大了就有效益，规模大了仅仅是摊薄了管理成本。如果车险业务本身是亏损的，规模越大，亏损越多。

那么，什么样的保费指标是合理的呢？合理的保费指标应该和自身经营的能力和条件相匹配。公司下达的保费指标应该以不亏损为最低目标。新公司因为各项成本摊销的存在，当年经营可以亏损，但当年保单必须盈利。保费指标不可以仅仅下达到业务单位，要和公司车险核保管理部门紧密挂钩，管理部门有下达保费任务指标的权利，同时也要承担完成任务的责任。过多地注重保费指标，会相对降低管理的要求，不仅会对自己公司产生严重的后果，而且给同行业造成竞争的混乱和秩序的失控，也给国家和社会造成损失。保费指标一定要下达，但永远不应该是最重要的指标，而应该是合理的指标。

二、分险种保费

不同的地区各险种的赔付率是不一样的。有的地区三者险赔付率特别低，公司就会要求多上一些三者险；有些地区盗抢险赔付率比较高，可以使用浮动费率；有些附加险的确是很好的盈利险种，如附加车上人员险、玻璃险，为推动整体车险的盈利，可以适当加大推销附加险的力度。保险公司统计保费时要把各险种保费非常精确清晰地统计出来，为业务服务所用。

三、承保费用率

承保费用率是一个重要的指标。承保费用率 = 承保费用 / 保单保费 × 100%，它包括承保人员的工资、办公职场费用、业务承揽费用或业务手续费等。按照国外通行做法，承保费用率一般不应该超过 35%，否则，就无法保障后续的服务及赔款需求。而我们国内有些公司用 50% 甚至以上的费用率去争抢业务，无疑会造成严重的经营苦果。不是不能抢，而是该不该抢？抢到了是什么结果？

四、车均保费

车均保费也是一个重要的指标。车均保费 = 总保费 / 承保车辆总数，它代表承保车辆的价值高低和附加险的多少，承保的群体不同，服务处理的方式也有所不同。有的群体看重节省；有的群体看重服务，只要服务好了，价格高点就没有什么事。

五、事故率

事故率是承保最重要的一个指标，是承保质量的体现。事故率可以分为当年保单事故率和综合事故率。事故率指标是考核车险核保管理部门的。车险高度依赖统计和大数法则，有规律可循。核保政策要求业务人员按照公司的核保政策去开展业务和争取业务。车险投保客户中相当一部分是基本不出险的，占比接近50%，维护和争取这些客户是核保和业务的责任。

六、续保率

续保率是仅次于事故率的重要指标。判断一个财产保险公司是否管理完善、制度健全、经营有序，车险续保率是一个非常有效的指标。国际上经营好的财产保险公司，车险续保率都在 90% 以上，甚至是 95% 以上。而国内的财产保险公司车险续保率较低，这虽然和国内大环境有关，但不能不说明国内财产保险公司的经营理念是存在很多问题的。比如，客户购买了车险，交纳了保费，很多保险公司就认为万事大吉了，认为后续的服务是理赔时的事。

七、清理亏损客户

清理亏损客户是国内相当长一段时期内不可缺少的车险承保管理内容。保险公司承保的客户多数是好的，但也有一些是不良客户，甚至是垃圾客户和欺诈专业户。对于不良客户，要通过提高费率减少亏损；对垃圾客户和欺诈专业户要坚决清退直至追究其违法犯罪行为。现在已经有些保险公司积累了一些很好的清理亏损客户的经验，值得学习和推广。

八、验车承保率

验车承保率是考核承保管理的一项指标。在一定的统计期间内，验车承保率 = 已验车辆 / 应该验车的数量。验车承保是把住承保风险进口的一道关，很多国内保险公司都曾经做过，但坚持得不好，或虽然有要求但没有实际操作，或让业务人员代为验车，形同不验。严格来讲，转保、脱保的车辆都应该验车承保。

第四章　汽车保险承保实务

第一节　车险出单实务

一、车险合同双方的如实告知义务及关键要素

诚信原则是保险最重要的原则之一。为了确保投保单的内容真实、可靠，投保人在申请投保时，应按保险人的要求提供资料。同时，双方应履行如实告知义务。

（一）保险人须履行的告知义务

1. 商业险保险人应履行的告知义务。

（1）向投保人提供投保单并附条款，向投保人介绍条款，主要包括保险责任、保险金额、保险价值、责任免除、投保人义务、被保险人义务、赔偿处理等内容。

（2）关于免除保险人责任的条款内容必须在投保单上作出足以引起投保人注意的提示，并对该条款的内容以免责事项说明书（根据机动车综合商业保险，特种车综合商业保险，摩托车、拖拉机综合商业保险，机动车单程提车保险分别制定）的形式向投保人作出明确说明。

（3）保险人在履行如实告知义务时应客观、准确、全面，实事求是，不能故意隐瞒关键信息误导客户。

2. 交强险保险人应履行的告知义务。

（1）向投保人提供投保单并附《机动车交通事故责任强制保险条款》

（以下简称《交强险条款》），向投保人介绍《交强险条款》，主要包括保险责任、各项赔偿限额、责任免除、投保人义务、被保险人义务、赔偿处理等内容。其中，关于免除保险人责任的条款内容必须在投保单上作出足以引起投保人注意的提示，并对该条款的内容以“机动车交通事故责任强制保险投保提示书”等形式向投保人作出明确说明。

（2）向投保人明确说明，保险公司按照《交强险费率浮动暂行办法》的有关规定实行交强险的费率浮动。

（3）向投保人明确说明，保险人按照国务院卫生主管部门组织制定交通事故人员创伤临床诊疗指南和国家基本医疗保险标准审核医疗费用。

（4）告知投保人不要重复投保交强险，即使多份投保也只能获得一份保险保障。

（5）告知有挡风玻璃的车辆投保人应将保险标志贴在车内挡风玻璃右上角；告知无挡风玻璃的车辆驾驶人应将保险标志随车携带。

（6）有条件的地区，可告知投保人如何查询交通安全违法行为、交通事故记录。

（7）告知投保人应按《中华人民共和国车船税暂行条例》的规定，在投保交强险的同时缴纳车船税，法定免税或有完税、免税证明的除外。

（二）保险人应提示投保人履行告知义务

1. 商业险保险人应提示投保人履行的告知义务。

（1）业务人员须提示投保人阅读条款，尤其是责任免除部分，并在免责事项说明书的“投保人声明”一页上手书：“保险人已明确说明免除保险人责任条款的内容及法律后果”的内容并签名（或盖章）。随后，保险公司需收回“投保人声明”页，与其他投保资料一并存档。同一客户只需保存一份客户手书签字的“投保人声明”页，即客户在同一公司续保或者团体车队客户在同一公司投保第二辆车起，无须重复手书、签字（或盖章）“投保人声明”页。

（2）提示投保人如实、准确提供如下信息，并对投保人告知的信息进行核对：

① 投保人和被保险人的名称、身份证明、组织机构代码证（标有统一社会信用代码营业执照）、联系电话等相关信息。

② 被保险车辆种类、厂牌型号、识别代码、发动机号、号牌号码、使用性质等车辆信息及投保的险种、保额信息。

③ 协助投保人通过填写投保单并以签字/签章确认的形式履行书面告知义务，通过网络渠道承保的，应提示投保人通过点击相关网页网络链接，确认已履行如实告知义务。

（3）提示投保人不履行如实告知义务可能导致的以下法律后果：

① 投保人故意或因重大过失未履行如实告知义务，足以影响保险人决定是否同意承保或提高保险费率的，保险人有权解除合同。

② 投保人故意不履行如实告知义务的，保险人对于合同解除前发生的保险事故，不承担赔偿保险金的责任，并不退还保险费。

③ 投保人因重大过失未履行如实告知义务，对保险事故的发生有严重影响的，保险人对于合同解除前发生的保险事故，不承担赔偿保险金的责任，但退还保费。

④ 在合同有效期内，保险车辆进行过改装、变更过车辆用途、保险机动车转让或其他情形，导致保险车辆危险程度显著增加时，投保人或被保险人应当及时通知保险人，保险人有权要求增加保险费或者解除合同，否则对因保险标的危险程度显著增加而发生的保险事故保险人不承担赔偿责任。

（4）提示投保人提供准确、便捷的联系方式。提示投保人准确提供联系电话、通信地址、邮政编码、邮箱等联系方式，便于保险人提供保险服务。

（5）提示投保人未到期解除合同时及时交还相关单证。提示投保人商业险合同未到期需要解除时，应将保险单正本、保费发票交还保险人进行归档、核销。

2. 交强险保险人还应提示投保人提供的告知材料。

（1）已经建立车险信息平台的地区，提示投保人按当地保监局及行业协会制定的单证简化方法提交相关单证。

（2）对于尚未建立车险信息平台的地区：

① 提示首次投保交强险的投保人提供行驶证复印件。新车尚未取得行驶证的，提供新车购置发票复印件或出厂合格证复印件，待车辆获得牌照号码办理批改手续时，再提供行驶证复印件。

② 在原承保公司续保交强险的业务，投保人不需再提供资料。

③ 对于从其他保险公司转保的业务，提示投保人应提供行驶证复印件、上期交强险保险单原件或其他能证明上年已投保交强险的书面文件。

（三）免责事项说明书

1. 保险人可通过随投保单附送或在营业场所张贴等方式，向投保人提供免责事项说明书。

2. 具备条件的地区和公司，可采取一式两份的方式，一份交投保人，一份经投保人签字 / 签章确认后留存。

3. 当地保监局或保险行业协会另有规定的，按照其规定执行。

（四）验车、验证

验车、验证工作由保险公司业务人员负责。信誉良好的代理机构，经考核可授权其负责验车、验证工作。

1. 验车。

（1）验车的内容。验车人员应检验车辆号牌号码、发动机及车架号码等是否与机动车行驶证记录一致；机动车技术状况是否符合运行条件；是否配备消防设备；机动车内外有无破损。

（2）拖拉机的验车。除以上验车内容外，拖拉机还须参照《拖拉机分类标准》中承保拖拉机验车方式加验其他有助于确定拖拉机类型和费率标准的方法，如查验喷油嘴数量、车轮数量等，以更准确地确认拖拉机的分类与行车证是否相符。

（3）符合以下条件的机动车可以免验，免验范围以外的机动车均需验车承保：

① 仅投保交强险的机动车（拖拉机除外）；

② 购置时间一个月以内的新车；

③ 按期续保且续保时未加保机动车损失保险及其附加险、盗抢险及其附加险的机动车；

④ 新保商业第三者责任保险及其附加险的机动车；

⑤ 人员素质、风险管理等情况自行确定。

（4）核保人认为有必要验车的，必须按照核保人的要求执行验车。以下情况应严格检验：

① 第一次投保机动车损失保险及其附加险、盗抢险及其附加险的机动车；

② 未按期续保的机动车；

③ 续保时增加投保机动车损失保险及其附加险、盗抢险及其附加险的机动车；

④ 中途申请增加投保机动车损失保险及其附加险、盗抢险及其附加险的机动车。

2. 验证。

（1）验证的内容。验车人员应检验机动车行驶证、有效移动证（临时号牌）是否真实、有效；是否经公安车辆管理机关或农机安全监理机构办理年检；投保人身份证、驾驶证等相关证件是否与投保标的相符，核实投保机动车的合法性，并确定使用性质和车辆初次登记日期、已使用年限、已行驶里程。

（2）新保车辆的验证。新保车辆均应验证后承保。对于未上牌照的机动车（包括新购置的尚未取得农机安全监理机构颁发行驶证的拖拉机）可以通过购车发票、车辆合格证等进行检验，用发动机号或车辆识别代码代替号牌号码先行承保，待车辆获得牌照号码办理批改手续时，再提供行驶证。

3. 注意事项。

（1）验车、验证后，负责验车、验证的人员在投保单“验车验证情况”栏内签字确认。验车、验证合格的方可承保。

（2）第一次投保的机动车必须复印机动车行驶证，对于未上牌照的车辆，复印购车发票或机动车合格证。

（3）第一次投保或加保机动车损失保险或全车盗抢险或自燃损失险及第一次投保的异地牌照车辆，验车人员必须将发动机号、车架号拓印或拍摄照片（免验车辆除外）。拓印件、照片应附贴于投保单背面留存。

（4）对电销、网销等特殊业务，必须根据投保人提交的信息，先完成验车、验证工作，收取保费后，再出具保险单并送达投保人。

（5）因验车、验证失误给公司造成损失的，由负责验车、验证的人员或代理机构承担相应的责任。

（6）对于在验车过程中发现投保车辆存在损坏的，应该对损坏部位进行拍照，并在投保单中注明，并向投保人申明对已存在的车辆损坏部分免责。

二、主要险种的承保规则

（一）主险

1. 机动车损失保险：本险为主险，可以单独投保。保险金额按投保时被保险机动车的实际价值确定。投保时被保险机动车的实际价值由投保人与保险人根据投保时的新车购置价减去折旧金额后的价格协商确定或其他市场公允价值协商确定。

车辆的实际价值按以下计算方式确定：

（1）实际价值 = 被保险机动车的新车购置价 ×（1 – 折旧率）。

（2）折旧率 = 月折旧率 × 已使用月份。

折旧按月计算，不足一月的，不计折旧。折旧率最高不超过投保时被保险机动车新车购置价的 80%。其中，新车购置价以车型库数据为准，新车购置价不包括车辆购置附加税费。

车辆发生全损时，按照保险金额赔付。若车损险保额远高于实际价值，车辆发生全损时的不当得利会触发客户的逆选择风险；若车损险保额远低于实际价值，车辆发生全损时易引发客户投诉。因此，在与客户协商确定车损险保额时，应尽量与实际价值一致，原则上不能超过上下浮动30%的区间。

为减少与客户协商确定的车损险保额与实际价值偏差带来的影响，引入全损概率进行保费的修正。全损概率由中保协统一制定。

2. 商业第三者责任保险：本险为主险，可以单独投保。根据费率表的限额档次选择一种责任限额填写：5万元、10万元、15万元、20万元、30万元、50万元、100万元、150万元、200万元、300万元、500万元及500万元以上，选择200万元以上的限额档次，必须是50万元的整倍数。

3. 车上人员责任保险：本险为主险，可以单独投保。按驾驶人每次事故责任限额和乘客每次事故每人责任限额分别填写。投保人可以只投保驾驶人或乘客，也可以同时投保驾驶人和乘客，投保乘客座位数按照被保险机动车的核定载客数（驾驶人座位除外）确定。每次事故每人责任限额最低为1000元，以1000元的整倍数增加。

4. 机动车盗抢险：本险为主险，可以单独投保。保险金额不得超过投保时车辆的实际价值。

（二）附加险

根据各条款与险种的对应关系，由投保人自主选择。

1. 玻璃单独破碎险。附加本险时要约定是按国产玻璃还是进口玻璃投保，选择国产玻璃则赔偿时按国产玻璃标准赔付；选择进口玻璃则赔偿时按进口玻璃标准赔付。本附加险无保险金额 / 责任限额。

2. 车身划痕损失险（不包含特种车）。保险金额为2000元、5000元、10000元、20000元，由投保人和保险人在投保时协商确定。

3. 不计免赔率险。投保了主险之一及设置了免赔率的附加险后，均可投保本附加险。在投保本险种时应注明投保所覆盖主险及附加险。本特约条款无保险金额 / 责任限额。

4. 自燃损失险。本附加险为机动车损失保险的附加险。附加自燃损失险的保险金额在投保时被保险机动车的实际价值内协商确定，但不能大于车损险保额。

5. 新增设备损失保险。保险金额按所投保新增设备的实际价值确定，如投保的新增设备不止一件，保险金额按累计实际价值确定。

（1）新增设备累计实际价值 = 新增设备累计新件购置价值 ×（1 – 折旧率）。

（2）折旧率 = 月折旧率 × 已使用月份。

折旧按月计算，不足一月的，不计折旧。折旧率最高不超过投保时被保险机动车新件购置价的 80%。新件购置价值是指，保险合同签订时，在签订地购置同类型新增设备的价格。

承保多项新增设备，应分项列明每项新增设备的实际价值。对于前后保险杠、大包围等新增设备，应谨慎承保。

6. 发动机涉水损失险（不包含特种车）。本附加险是机动车损失险的附加险，仅适用于家庭自用汽车、党政机关、事业团体用车、企业非营业用车。

7. 修理期间费用补偿险。本附加险为机动车损失险的附加险。本附加险的保险金额 = 补偿天数 × 日补偿金额。补偿天数及日补偿金额由投保人与保险人协商确定并在保险合同中载明。保险期限内约定的最高补偿天数不得超过 90 天。

8. 机动车损失保险无法找到第三方特约险。本附加险为机动车损失险的附加险。本附加险无保险金额。

9. 车上货物责任险。本附加险仅适用于投保了第三者责任险的营业货车、非营业货车和特种车。车上货物责任险的责任限额由投保人和保险人在投保时协商确定。

10. 精神损害抚慰金责任保险。本附加险是第三者责任险及车上人员责任险的附加险。每次事故责任限额由投保人和保险人在投保时协商确定。

11. 指定修理厂险。本附加险是机动车损失险的附加险。本险种无保险金额 / 责任限额。

12. 起重、装卸、挖掘车辆损失扩展条款。本附加险是特种车车损险的附加险。

13. 特种车辆固定设备、仪器损坏扩展条款。本附加险是特种车车损险的附加险。

（三）交强险

交强险是由保险公司对被保险机动车发生道路交通事故造成受害人（不包括本车人员和被保险人）的人身伤亡、财产损失，在责任限额内予以赔偿的强制性责任保险。交强险是法定强制投保险种，机动车上路必须投保交强险。其保费是实行全国统一收费标准的，由国家统一规定的，但是不同的汽车型号的交强险价格也不同。

机动车在道路交通事故中根据有责或无责或享有不同的赔偿限额。有责任的赔偿限额：死亡伤残赔偿限额为 110000 元人民币，医疗费用赔偿限额为 10000 元人民币，财产损失赔偿限额为 2000 元人民币。无责任的赔偿限额：死亡伤残赔偿限额为 11000 元人民币，医疗费用赔偿限额为 1000 元人民币，财产损失赔偿限额为 100 元人民币。

三、保费计算

机动车保险的保险费依据被保险机动车的使用性质、车辆种类、保险金额（责任限额）等因素确定，且须严格按照保监会批复的费率规章计算。除保监会审批的费率规定的优惠外，不得给予任何返还、折扣和额外优惠。

以下提到的纯风险保费、附加费用率、标准保费、应交保费具体含义是：

纯风险保费：根据行业信息平台返回或“中国保险行业协会机动车综合商业保险示范产品基准费率表”直接查出或计算得到的保费。

附加费用率：财产保险公司原则上根据本公司最近三年商业车险实际费用水平，测算本公司商业车险保费的附加费用率。由各保险公司自行申报，经保监会审批同意后方可使用。基于阶段性的市场经营策略，也可参考行业平均费用水平测算本公司商业车险保费附加费用率。该值为唯一确定值，不应设定区间。若保险公司设定的附加费用率水平与上一年度公司实际费用率水平差异较大，须给予充分说明。

标准保费：用纯风险保费除以 1 减附加费用率后的保费。

应交保费：在标准保费的基础上，使用了费率调整系数后的保费；是投保人实际需要向保险人支付的保险费，也就是签单保费。

保险费的具体确定方法包括以下六种。

（一）选用费率表

根据投保车辆种类和业务类型选择所对应的费率表类别。分别包括机动车商业综合保险费率表，特种车保险费率表，摩托车、拖拉机保费费率表，机动车单程提车保险费率表。

（二）通用客户群分类方法

客户群根据车辆使用性质、被保险人单位性质和车辆种类分为 11 大类。车辆使用性质分为家用车、非营业用车和营业用车。被保险人单位性质分为非营业机关、事业团体，企业，出租、租赁单位，城市公交和公路客运。车辆种类分为客车、货车、特种车、摩托车和拖拉机。

1. 家庭自用车类适用于被保险人为自然人，机动车行驶证载明的车主为自然人，车辆使用性质为非营业用的客车，按照 6 座以下、6~10 座和 10 座以上分为三小类。

2. 党政机关、事业团体非营业用客车类适用于被保险人单位性质为党政机关、团体，事业单位，军队（武警），使（领）馆，机动车行驶证载明的车主必须为党政机关、事业团体、军队（武警）、使（领）馆，车辆使用性质为非营业用的客车，按照 6 座以下、6~10 座、10~20 座和 20 座以上分为四小类。警车、普通囚车按照其行驶证上载明的核定载客数，适用对应的机关非营业客车的费率。

3. 企业非营业用客车类适用于被保险人为法人或其他组织，被保险人单位性质为个体、私营企业、其他企业，其他，车辆使用性质为非营业用的客车，按照 6 座以下、6~10 座、10~20 座和 20 座以上分为四小类。

4. 出租、租赁单位营业用客车类适用于使用性质为出租、租赁的各类客车，按照6座以下、6~10座、10~20座、20~36座和36座以上分为五小类，以下营业用客车也按此划分。

5. 城市公交营业用客车类适用于使用性质为城市公交的各类客车。

6. 公路客车营业用客车类适用于使用性质为公路客运的各类客车。

7. 非营业用货车类适用于使用性质为非营业用（不含家庭自用）的各类货车、客货两用车。货车按2吨以下、2~5吨、5~10吨、10吨以上和低速载货汽车分为五小类，挂车按2吨以下、2~5吨、5~10吨、10吨以上分为四小类，营业用货车也按此划分。

8. 营业用货车类适用于使用性质为营业性货运的各类货车和客货两用车。

9. 摩托车类按照排气量分为50毫升及以下、50~250毫升（含）、250毫升以上及侧三轮三小类，不分营业、非营业。

10. 拖拉机类按照功率和使用性质分为兼用型拖拉机14.7千瓦及以下、兼用型拖拉机14.7千瓦以上、运输型拖拉机14.7千瓦及以下、运输型拖拉机14.7千瓦以上四类，不分营业、非营业。兼用型拖拉机包括各种收割机。

11. 特种车类适用于各类特殊用途车辆，按其用途分成四类，不同类型车辆采用收费标准不同，不分营业、非营业。

特种车一：油罐车、汽罐车、液罐车。

特种车二：专用净水车、特种车一以外的罐式货车，以及用于清障、清扫、清洁、起重、装卸（不含自卸车）、升降、搅拌、挖掘、推土、冷藏、保温等的各种专用机动车。

特种车三：装有固定专用仪器设备从事专业工作的监测、消防、运钞、医疗、电视转播等的各种专用机动车。

特种车四：集装箱拖头。

其中，座位是指核定载客人数。吨位是指核定载质量，1000千克=1吨。车辆座位/吨位的确定标准：6座以下（不含6座）、6~10座（含6座）、不含10座；2吨以下（不含2吨）、2~5吨（含2吨、不含5吨）；以此类推。

半挂牵引车的吨位按下列规则确定：

（1）机动车行驶证中记载有核定载质量的，以核定载质量为准；

（2）机动车行驶证中没有记载核定载质量的，以该车准牵引总质量作为吨位；

（3）通过上述两种方式仍无法确定吨位的，视为 10 吨以上货车。

（三）商业险各险种保费计算

对于商业险保费整体的计算方法：商业车险保险费 = 标准保费 × 费率调整系数。其中：

标准保费 = 基准纯风险保费 /（1– 附加费用率）；费率调整系数 = 无赔款优待系数 × 交通违法系数 × 自主核保系数 × 自主渠道系数

基准纯风险保费反映了市场平均赔付成本，由中保协统一制定、颁布并定期更新。

保险人须按照银保监会审批的商业车险费率方案和费率浮动办法计算并收取保险费。

费率调整系数适用于机动车综合商业保险、特种车商业保险、单程提车保险，不适用于摩托车和拖拉机商业保险。

投保人投保短期险的，保费计算公式：

短期保费 = 年保费 ×n/365（n 为投保人的投保天数）

保险费必须一次全部收取，不得分期收费。

分险种看，商业险各险种基准纯风险保费计算方法如下：

1. 第三者责任保险。

（1）当责任限额为 5 万元、10 万元、15 万元、20 万元、30 万元、50 万元、100 万元、150 万元、200 万元、300 万元、500 万元时应按照车辆使用性质、车辆种类、责任限额，根据费率表的限额档次直接查找基准纯风险保费。

当责任限额在200万元以上且不能直接从费率表中查找到基准纯风险保费时，则基准纯风险保费=（N–4）×（A–B）×（1–N×0.005）+A。

式中，A指同档次限额为200万元时的基准纯风险保费；B指同档次限额为150万元时的基准纯风险保费；N=限额/50万元，限额必须是50万元的整数倍。

投保人和保险人在签订保险合同时，投保责任限额在保险监管部门批准的限额档次内协商确定，对没有的责任限额档次不能协商承保。

（2）一般挂车根据实际使用性质并按照对应吨位货车的 30% 计算；装置有油罐、汽罐、液罐的挂车按特种车一费率的 30% 计算；装置有油罐、汽罐、液罐以外罐体的挂车，以及装置有冷藏、保温等设备的挂车按特种车二费率的 30% 计算；装置有固定专业仪器设备从事专业工作的挂车，按特种车三费率的 30% 计算。

2. 车辆损失保险。

机动车及特种车的车辆损失保险基准纯风险保费 = 平台返回机动车及特种车基准纯风险保费 +（协商实际价值 − 参考实际价值）× 0.09%

其中，平台返回机动车及特种车基准纯风险保费已经考虑车型系数的影响，在客户投保时直接由中国保信车险信息平台（以下简称车险信息平台或平台）返回，保险公司获取后据实使用，不允许修改以调整保费。

摩托车及拖拉机、单程提车保险的保费无须查询平台，直接由导入保险公司系统中的费率表进行计算，其车损险的基准纯保费计算公式为

基准纯保费 = 基础纯风险保费 + 保险金额 × 纯风险费率

（1）车型系数。

车型系数综合考虑不同车型的车损险赔付率、出险频度、零整比等风险要素来厘定，该系数由中保协统一制定。

（2）车损险保额确定。为减少车辆协商实际价值与参考实际价值偏差带来的影响，引入全损概率进行保费的修正。全损概率由中保协统一制定，暂定为 0.09%。

（3）车龄的确定标准：家庭自用汽车、非营业客车及非营业货车车损险费率表车龄分类为（所有分类均遵从含起点、不含终点的原则，以下同）：1 年以下、1~2 年、2~6 年、6 年以上；营业用客车、营业用货车及

特种车车损险费率表车龄分类为：2 年以下、2~3 年、3~4 年、4 年以上。摩托车和拖拉机、单程提车保险不按车龄做进一步分类。

（4）车辆损失保险可选绝对免赔额系数。如投保时约定绝对免赔额，可按照选择的免赔额、车辆使用年限和实际价值查找费率折扣系数，约定免赔额之后的车辆损失保险基准纯风险保费按下列公式计算：

约定免赔额之后的车辆损失保险基准纯风险保费 = 考虑实际价值差异的车辆损失保险基准纯风险保费 × 绝对免赔费率折扣系数

3. 车上人员责任险。

（1）由公司承保系统根据车辆使用性质、车辆种类、驾驶人 / 乘客查询计算基准纯风险费率。

（2）计算公式：

驾驶人基准纯风险保费 = 每次事故责任限额 × 纯风险费率

乘客基准纯风险保费 = 每次事故每人责任限额 × 纯风险费率 × 投保乘客座位数

4. 全车盗抢保险。

（1）由公司承保系统根据车辆使用性质、车辆种类查询基础纯风险保费和纯风险费率。

（2）计算公式：

基准纯风险保费 = 基础纯风险保费 + 保险金额 × 纯风险费率

5. 机动车单程提车保险。

保险期间分为 6 个区间。保险期间为（25，30] 天时，按照费率表对应险种直接查询纯风险费率；保险期间为其他情况时，基准纯风险费率为基准纯风险费率表对应险种基准纯风险费率乘以短期比例表中对应比例。其中：

（1）第三者责任保险基准纯风险保险费按照三者险责任限额直接查找；

（2）机动车损失保险基准纯风险保险费按照新车购置价直接查找；

（3）车上人员责任保险按照责任限额查找每座基准纯风险保费，计算公式：

基准纯风险保费 = 每座基准纯风险保费 × 投保座位数

表 4–1　保险期间及短期比例

保险期间（天）	短期比例（%）
（0，5]	60
（5，10]	70
（10，15]	80
（15，20]	85
（20，25]	90
（25，30]	100

6. 不计免赔率险。

（1）根据适用的险种查找费率。

（2）计算公式：

基准纯风险保费 = 适用本条款的险种基准纯风险保费 × 费率

（3）不计免赔率险费率表适用险种一栏中未列明的险种，不可投保不计免赔率险。

适用本附加险的险种标准保费指机动车损失保险、第三者责任险、车上人员责任险、全车盗抢保险、自燃损失险、新增加设备损失险、车身划痕险、发动机特别损失险、车上货物责任险、精神损害抚慰金责任险 10 个险种的标准保费。

7. 玻璃单独破碎险。

（1）根据车辆使用性质、车辆种类、投保国产 / 进口玻璃查询纯风险费率。

（2）计算公式：

基准纯风险保费 = 新车购置价 × 纯风险费率

对于特种车，防弹玻璃等特殊材质玻璃基准纯风险保费上浮 10%。

8. 机动车车身划痕损失险。根据新车购置价分为30万元以下、30万~50

万元、50万元以上三个档次。按车龄、新车购置价、保额所属档次直接查找纯风险保费。

9. 自燃损失险。

（1）根据车辆使用性质、车辆使用年限查找纯风险费率。

（2）计算公式：

基准纯风险保费 = 保险金额 × 纯风险费率

10. 机动车发动机涉水损失险。

计算公式：

基准纯风险保费 = 机动车损失保险基准纯风险保费 × 费率

11. 精神损害抚慰金责任险。

计算公式：

基准纯风险保费 = 每次事故责任限额 × 纯风险费率

12. 新增加设备损失保险。

计算公式：

基准纯风险保费 = 保险金额 × 机动车损失保险基础纯风险保费 / 机动车损失保险金额

13. 车上货物责任险。

（1）根据营业货车、非营业货车查询纯风险费率。

（2）计算公式：

基准纯风险保费 = 责任限额 × 纯风险费率

14. 指定修理厂险。

（1）由保险公司承保系统根据国产 / 进口车，对机动车损失保险基准纯风险保费进行相应的调整。

（2）计算公式：

基准纯风险保费 = 机动车损失保险基准纯风险保费 × 费率

省公司或地市公司可事先在程序中分国产或进口车型，在费率区间内设定该险种费率值（国产车：10%~30%；进口车：15%~60%），一旦设定，全省或全地市该条款费率值就唯一确定。

15. 损失保险无法找到第三方特约险。

计算公式：

基准纯风险保费 = 机动车 / 特种车损失保险基准纯风险保费 × 费率

16. 修理期间费用补偿险。

计算公式：

基准纯风险保费 = 约定的最高赔偿天数 × 约定的最高日责任限额 × 纯风险费率

17. 特种车保险起重、装卸、挖掘车辆损失扩展条款。

计算公式：

基准纯风险保费 = 机动车损失保险基准纯风险保费 ×10%

18. 特种车保险特种车辆固定设备，仪器损坏扩展条款。

计算公式：

基准纯风险保费 = 机动车损失保险基准纯风险保费 ×10%

（四）使用费率调整系数表进行费率调整

费率调整是通过费率调整系数表进行的，摩托车和拖拉机保险产品不进行费率调整。

1. 无赔款优待系数。无赔款优待系数（以下简称 NCD 系数）是根据客户所投保车辆上一年或上几年的出险情况进行浮动费率的系数，由中保协定期制定并颁布，并通过平台统一查询使用。保险公司严格按照从平台获取的 NCD 系数值进行费率的浮动，严禁上浮或者下调 NCD 系数值来调整保费。不同出险情况对应的 NCD 系数值如表 4-2 所示：

表 4–2 不同出险情况对应的 NCD 系数值

（全国推广版）	
上年出险情况	NCD 系数值
连续 3 年没有发生赔款	0.60
连续 2 年没有发生赔款	0.70
上年没有发生赔款	0.85
新保或上年发生 1 次赔款	1.00

续表

上年发生 2 次赔款	1.25
上年发生 3 次赔款	1.50
上年发生 4 次赔款	1.75
上年发生 5 次及以上赔款	2.00
（北京和厦门适用）	
上年出险情况	NCD 系数值
连续 5 年没有发生赔款	0.40
连续 4 年没有发生赔款	0.50
连续 3 年没有发生赔款	0.60
连续 2 年没有发生赔款	0.70
上年没有发生赔款	0.85
上年发生 1 次赔款	1.00
上年发生 2 次赔款	1.25
上年发生 3 次赔款	1.50
上年发生 4 次赔款	1.75
上年发生 5 次赔款	2.00
上年发生 6 次赔款	2.15
上年发生 7 次赔款	2.30
上年发生 8 次赔款	2.45
上年发生 9 次赔款	2.60
上年发生 10 次赔款	2.75
上年发生 10 次以上赔款	3.00
本年承保新购置车辆	1.00
本年首次投保	1.00

2. 交通违法系数。对于平台已经与交通管理平台对接的地区，可以使用该系数进行费率的浮动，交通违法系数由平台返回保险公司，保险公

司据实使用，不得调整。对于平台未与交通管理平台对接的地区，交通违法系数由平台返回保险公司系数值1.0，保险公司不得调整。

3. 自主核保系数。系统会根据保单风险要素填写情况自动匹配每单的自主核保系数。

4. 渠道系数。

（1）渠道分类。依据各个渠道在风险成本上的差异，结合费用成本差异、保险公司的战略定位、公司对各渠道的掌控能力进行区分。

（2）渠道系数的确定。渠道系数确定的主要依据是各渠道保单获取成本的差异及保险公司对各渠道的战略定位。

5. 使用规则。

（1）费率调整系数采用系数连乘的方式：

$$费率调整系数 = 系数1 \times 系数2 \times 系数3 \times \cdots$$

（2）费率调整系数适用于机动车综合商业保险、特种车商业保险、单程提车保险，不适用于摩托车和拖拉机商业保险。

（五）各险别应交保费计算方法

$$每车应交保费 = \sum 每一险种应交保费$$

$$车队应交保费 = \sum 每车应交保费$$

保费以元为单位，计算到小数点后两位。例如，某车应交保费1200.58元。

（六）交强险保费计算方法

1. 保险人须按照保监会审批的《交强险费率方案》和《交强险费率浮动暂行办法》计算并收取保险费。交强险费率浮动因素及比率如表4-3所示：

表 4–3　交强险费率浮动因素及比率

浮动因素			浮动比率（%）
与道路交通事故相联系的浮动 A	A1	上一个年度未发生有责任道路交通事故	–10
	A2	上两个年度未发生有责任道路交通事故	–20
	A3	上三个及以上年度未发生有责任道路交通事故	–30
	A4	上一个年度发生一次有责任不涉及死亡的道路交通事故	0
	A5	上一个年度发生两次及两次以上有责任道路交通事故	10
	A6	上一个年度发生有责任道路交通死亡事故	30

交强险最终保险费计算方法：交强险最终保险费 = 交强险基础保险费 ×（1+ 与道路交通事故相联系的浮动比率 A）。

2. 投保人投保保险期间小于 7 日短期险的，计算公式：

短期费率 = 基础保险费 ×7/365

投保人投保保险期间大于或等于 7 日短期险的，计算公式：

短期费率 = 基础保险费 ×n/365（n 为投保人的投保天数）

上述公式的最终计算结果如为小数，则四舍五入取整为元。

机动车临时上道路行驶或境外机动车临时入境投保短期交强险的，交强险费率不浮动。机动车距报废期限不足一年的，根据交强险短期基准保险费并按照《交强险费率浮动暂行办法》浮动。短期险保险期限内未发生道路交通事故的，投保下一完整年度交强险时，交强险费率不下浮。

3. 保险费必须一次全部收取，不得分期收费。

4. 警车、普通囚车按照其行驶证上载明的核定载客数，适用对应的机关非营业客车的费率。

5. “半挂牵引车”的吨位按下列规则确定：

（1）机动车行驶证中记载有核定载质量的，以核定载质量为准；

（2）机动车行驶证中没有记载核定载质量的，以该车准牵引总质量作为吨位；

（3）通过上述两种方式仍无法确定吨位的，视为 10 吨以上货车。

6. 低速载货汽车与三轮汽车不执行费率浮动。

7. 除保监会审批的《交强险费率浮动暂行办法》中规定的费率优惠外，保险人不得给予投保人任何返还、折扣和额外优惠。

8. 保险公司在签发保险单以前，应当向投保人出具“交强险费率浮动告知单”，经投保人签章（个人车辆签字即可）确认后，再出具保险单、保险标志。对于首次投保交强险的车辆，保险人不需要出具“交强险费率浮动告知单”。

四、核保规则

核保规则分为四类，分别为自动打回规则、自动核保通过规则、人工核保规则和自动校验规则。核保方式分为两类，分别为人工核保和自动核保。

在标准核保流程中，核保任务提交后，首先执行自动打回规则，满足此类规则的任务，将被打回出单员并提示原因；其次执行自动核保通过规则，满足此类规则的任务，将自动核保通过，不再执行后续规则；再次执行人工核保规则，满足此类规则的任务，将提交人工核保并提示原因；最后执行自动校验规则，满足此类规则的任务，将自动核保通过，不满足的将提交人工核保。

核保规则的制定首先确定核保要素，再编写核保规则。

五、缴费处理

（一）“见费出单”规定的缴费方式

按照保费是否实时到账为标准可以分为实时到账类支付方式和非实时到账类支付方式两大类。具体到投保人或代理机构这两类保费结算方式的操作标准如下：

1. 实时到账类支付方式。

（1）划卡收费方式。公司核心业务系统以投保时系统生成的唯一业务代码向银联公司（或银行）发送待收费信息，待获取银联公司（或银行）

返回的缴费成功信息后，商业车险、交强险方可向车险信息平台进行投保确认，并打印保单。

（2）现金收费方式。被保险人或投保人在代理机构或保险公司柜台以现金方式支付保费时，代理机构或公司柜台应在收取保费后，通过刷卡将等额保费划入公司的收入户，待获取银联公司（或银行）返回的缴费成功信息后，商业车险、交强险方可向车险信息平台进行投保确认，并打印保单。

（3）对于网上银行、电话银行、银行柜台及网上电子支付等经监管机关或行业协会认可的实时到账类支付方式，若支付系统能够实现与保险公司核心业务系统实时对接，则可视同划卡支付方式处理，即待获取保费缴费成功信息后，商业车险、交强险方可向车险信息平台进行投保确认，并打印保单，否则视为非实时到账类支付方式。

2. 非实时到账类支付方式：

（1）支票收费方式：被保险人或投保人以支票支付保费的，公司可正常进行投保操作，待支票到达保险公司的收入户后，指定专人在系统进行人工收费确认后，商业车险、交强险方可向车险信息平台进行投保确认，并打印保单。

（2）其他非实时到账类支付方式：如被保险人或投保人采取其他非实时到账类支付方式，也应参照支票收费方式的要求，即必须确认保费收费信息后，方可进行下一步操作。

（二）有关注意事项

为降低公司经营风险，避免出现“倒签单”的情况，保费收费确认日期应早于保单起保日期。

对于实时到账类支付方式，保单的保险起期必须要在保费入账信息确认之后。

对于非实时到账类支付方式，第一，必须在投保人转账支票到账之后，方可生成有效保单，承担保险责任。第二，业务系统可对以转账支票缴纳保费的保单的保险起期进行限制，即保险起期不得早于收取转账支票后的第三个工作日（节假日顺延）。保险公司收取转账支票后，应向投保人出具转账支票收讫暂（或代）收据，收据应包括投保人名称、支票号、支票金额、保费金额、业务凭证号（保单号、批单号、投保单号等）、车牌号、保险公司电话、签章、收票日期等内容。如果为团单业务，可包括缴费分项明细，包括交强险保单张数、交强险合计保费金额、商业险保单张数、商业险合计保费金额、代收车船税辆数、合计税款金额及总计金额等内容。

六、合同变更与终止

（一）商业保险合同变更事项

1. 批改事项。发生以下变更事项时，保险人应对保险单进行批改，并根据变更事项增加或减少保险费：

（1）保险关系人变更：被保险机动车转卖、转让、赠送他人；

（2）被保险机动车增、减危险程度；

（3）被保险机动车变更使用性质；

（4）调整保险金额或责任限额；

（5）所有险种提前退保；

（6）加保或退保部分险种；

（7）顺延保险期限；

（8）终止保险合同；

（9）变更其他事项。

2. 保险期限批改规定。顺延保险期限的批改，要求投保人提供车辆管理部门出具的“车辆报停证明”；对当地交通运输管理部门不出具合法停驶证明的，投保人应提交“交强险合同解除申请书”或“停驶机动车保险期间顺延申请书”，并将复印件附贴在批改申请书的背面。要求所有批改都必须人工核保。

（二）变更申请

被保险机动车在保险期间内，发生上述变更事项，投保人应提出书面申请，填写“批改申请书”并签名，法人或其他组织加盖公章。新车上牌批改牌照，经过身份确认核对后可直接受理批改申请，但需保存必要影音资料或电子记录。

如果非投保人办理，应由投保人出具“办理批改委托书”。投保人为法人或其他组织时，在委托书上加盖单位公章；投保人为自然人时，由投保人签名并提供身份证原件。办理批改经办人应同时提供本人身份证原件。

（三）办理批改

1. 批改流程。投保人将批改申请书及相关资料递交保险人，由出单员核对资料的真实性与完整性后录入业务处理系统→提交核批→自动核批或核保人员审核签署意见→核批通过后，涉及收费的，进行收付费处理→出单人员缮制批单、保险卡等。并按照规定加盖印章、清分单证、将批单正本交批改申请人，需要重新打印保险卡应收回原保险卡。

2. 新车上牌批改。办理新车批改牌照业务，客户可采用便捷方式提交批改申请，办理除此之外的批改业务均需到柜台办理。

3. 办理收费、退费。

（四）商业保险各类型批改规定

1. 普通批改事项规定。

普通批改为除顺延保险期限、冲减保额 / 恢复保额、终止保险合同之外的对保单进行的批改事项。所有涉及保费变化的批改使用以下计算公式：

某险别批改后的保费变化 = 批改后的标准保费 × 日费率 × 批改后的未了责任天数 × 批改后的折扣率 − 批改前的标准保费 × 日费率 × 批改前的未了责任天数 × 批改后的折扣率

其中，对于每条主险和附加险逐条计算批改后的保费，并计算总和，作为批改后的应交保费。

由于批改使用性质等情况导致标准保费可能会发生变化，因此需要区分批改前后的标准保费。批改前的最新标准保费和最新折扣率是为了防止多次批改发生保费错乱，此处特指最近一次批改后的年化标准保费和折扣率。

现举例说明：某一险别的保险期限批改前后均为 100 天，批改前的最新标准保费为 100 元，批改前的最新折扣率为七折，批改后的标准保费为 200 元，批改后的折扣率为八折，客户在第 50 天的时候提出批改申请，保险天数为保险期间的实际天数。问保费变化是多少？

保费变化 =200 × 1/365 × 50 × 0.8-100 × 1/365 × 50 × 0.7=12.32 元

2. 特殊批改事项规定。

（1）保险责任开始前，终止保险合同。保险责任开始前，投保人要求解除合同时，保险人可以按照实交保费的 3% 收取手续费。计算公式：

应退还保费 = 原实收保费 – 原应交保费 × 3%

（2）投保人、被保险人或其受益人违反《保险法》的有关规定，终止保险合同。

适用情况包括：

① 未发生保险事故谎称发生了保险事故的；

② 故意制造保险事故；

③ 其他违约行为。

根据《保险法》的规定，保险人可以终止保险合同，但不退还保险费。

（3）机动车损失保险或自燃损失险发生全损后，终止保险合同。机动车损失保险或自燃损失险发生全部损失时，保险合同终止，机动车损失保险及附加险不退还保费。其他险种及附加险按照普通规定进行退保处理。

（4）机动车全车盗抢保险发生盗抢赔付后，终止保险合同。机动车全车盗抢险发生全车被盗抢赔付时，保险合同终止，机动车全车盗抢保险及其附加险不退还保费。其他险种及附加险按照普通批改规定进行退保处理。

（5）机动车损失险或自燃损失险发生推定全损赔付后，标的未灭失情况下的终止保险合同。车辆发生推定全损赔付（机动车损失险或自燃损失险一次赔款金额与免赔金额之和等于保险金额）时，车辆损失保险责任终止，机动车损失保险及附加险不退还保费。

（五）交强险批改

1. 除下列情况外，保险人不得接受投保人解除合同的申请：

（1）被保险机动车被依法注销登记的；

（2）被保险机动车办理停驶的；

（3）被保险机动车经公安机关证实丢失的；

（4）投保人重复投保交强险的；

（5）被保险机动车被转卖、转让、赠送至车籍所在地以外的地方（车籍所在地按地市级行政区划划分）；

（6）新车因质量问题被销售商收回或因相关技术参数不符合国家规定交管部门不予上户的。

办理合同解除手续时，投保人应提供相应的证明材料。

投保人因重复投保解除交强险合同的，只能解除保险起期在后面的保险合同，保险人全额退还起期在后面的保险合同的保险费，出险时由起期在前的保险合同负责赔偿。

被保险机动车被转卖、转让、赠送至车籍所在省（自治区、直辖市）以外的地方，如不解除原交强险合同，机动车受让人承继原被保险人的权利和义务；投保人或受让人要求解除原交强险合同的，须持机动车所有权转移证明和原交强险保单原件办理原交强险合同的退保手续，受让人应在机动车新入户地区重新投保交强险，新投保的交强险费率不浮动。

新车因质量问题或相关技术参数不符合国家规定导致投保人放弃购买车辆或交管部门不予上户的，投保人能提供产品质量缺陷证明、销售商退车证明或交管部门的不予上户证明的，保险人可在收回交强险保单和保险标志情况下解除保险合同。

2. 发生以下变更事项时，保险人应对保险单进行批改，并根据变更事项增加或减少保险费：

（1）被保险机动车转卖、转让、赠送他人（指本地过户）；

（2）被保险机动车变更使用性质；

（3）变更其他事项。

禁止批改交强险的保险期间，营业性机动车按《停驶机动车交强险业务处理暂行办法》（中保协发〔2009〕68号）办理保险期间顺延的除外。

上述批改按照日费率增加或减少保险费。

3. 发生下列情形时，保险人应对保险单进行批改，并按照保单年度重新核定保险费计收：

（1）投保人未如实告知重要事项，对保险费计算有影响的，并造成按照保单年度重新核定保险费上升的；

（2）在保险合同有效期限内，被保险机动车因改装、加装、使用性质改变等导致危险程度增加，未及时通知保险人，且未办理批改手续的。

4. 交强险合同有效期内停驶的营业性机动车可以办理保险期间顺延，停驶机动车在交强险合同有效期内只能办理1次保险期间顺延，顺延期间最短不低于1个月，最长不超过4个月。具体操作办法按照《停驶机动车交强险业务处理暂行办法》执行。

第二节　车险承保出单分类管理

车险业务的管理是不断追求精细化、差异化的过程，需要建立一套不断深化、细化的监控分析体系，达到及时、准确、全面提供业务信息，把握业务变化趋势，准确评估车险盈利能力的目的，并据此有针对性地制定业务发展政策、提升车险经营质量。

一、新保、续保、转保业务分类及管理

按保单上年的投保情况划分的业务来源可分为新保、续保、转保。分不同的业务来源制定不同的指标进行业务监控管理，能够衡量公司在细分来源上的业务竞争能力，达到诊断业务发展问题的目的。

新保是指车龄为0（通过使用年限判断），即承保日期－初登日期的

区间在 [0，9] 个月之内的车辆业务。新保业务主要来源于车商渠道。

续保是指上一年在本公司承保，本年仍在本公司续保的车辆业务。

转保是指本公司从同业公司获取的车辆业务，非新保、非续保则为转保。

二、单保交强险、单保商业险、混保分类

根据投保车辆是否同时投保交强险、商业险可划分为单保交强险、单保商业险、混保。不仅可以监控各类投保方案下业务的质量情况，也可衡量公司的保全保足情况。

单保交强险是指仅投保了交强险的车辆业务；单保商业险是指仅投保了商业险的车辆业务；混保是指同时投保了交强险和商业险的车辆业务。

三、承保出单管理中的考核指标

承保出单管理中的考核指标主要包括出单差错率、投诉率、及时性、续保率等。以下详细介绍承保类指标和盈利类指标。

（一）承保类指标

承保类指标主要反映车险产品的销售情况，观察这类指标可实现对产品价格的监控和对业务增长进行动因分析。

1. 车均保费，用于衡量平均每辆车的保费水平，公式为

$$车均保费 = 保费收入 / 承保数量$$

2. 续保率，用于衡量公司对自身业务的留存能力，公式为

$$续保率 = 续保数量 / 应续保数量$$

3. 转保率，用于衡量公司对上年非本公司业务的获取能力，公式为

$$转保率 = 转保数量 / 应续保数量$$

4. 续转率，是从数量的角度衡量公司存量业务的维护能力，当大于 1 时，公司存量业务数量没有萎缩；当小于 1 时，公司存量业务数量萎缩，公式为

$$续转率 = 续保率 + 转保率$$

（二）盈利类指标

盈利类指标主要反映车险承保业务的质量。

1. 案均赔款反映了考察期内结案的案件的平均赔付成本，是对业务历史平均赔付水平的一种展现，公式为

案均赔款 = 已结赔款 / 已结数量

2. 折扣率反映了承保业务中各种费率浮动系数的使用情况，影响着保费相对赔款是否有充足的支撑作用，公式为

折扣率 =（总折扣保费）/（总折扣保费 + 保单保费）

3. 赔付率主要用于衡量承保车辆的赔付情况，公式为

赔付率 =（已决赔款 + 未决赔款）/ 已赚保费

四、承保出单过程管理的精细化

承保出单过程管理的精细化，实际上是将保险服务贯穿于客户保险周期之中。这就要求保险公司要有为客户服务的意识和策略，在恰当的时候进行客户提醒、接触和维护，通过有效的客户保持策略，进一步提升客户满意度，加强客户黏性，尽量减少客户流失。

对于家用非新车的承保，要关注过程节点管控。在业务到期的前几个月，就可以着手准备续保客户清单，并安排人员跟踪落实业务。

1. 业务到期 ×× 个月前，可以开始联系客户，通过客户关怀建立良好印象。比如，提醒天气、保养、年检等问题，提示客户车险即将到期，建议做好续保。客户如有投诉，应及时安抚并处理解决。

2. 业务到期 ×× 个月前，继续跟踪客户，做好报价和签单准备。

3. 业务到期 ×× 个月内，尽快与客户确定收费签单。对于尚未承保的客户，着重了解原因，制定相关举措。

4. 客户承保之后到下次承保之前 ×× 个月，定期通过短信、微信、公众号等方式发送生日、节日关怀短信，行车安全须知等，加强客户情感维系。

第三节　车险承保售后服务

很多人认为，车险售后服务就是理赔服务，其实理赔虽然是汽车保险产品结果的最终体现，但不是车险售后服务的全部内容。汽车保险承保售后服务是指保险合同管理、保险合同批改、保险合同续转及附加值服务。对于出险率很低或不出险的客户，应从服务角度给予特殊的关心和服务。

承保售后服务做得如何，会对将来的合同续转、企业品牌、业务扩展、培育终身客户群体产生重要影响。例如，国外某家保险公司销售意外伤害保险，在15年间经历了五六次连续上调保费，但是，保险公司通过套餐内容免责及调整保障金额等多种措施，保留了除个别情况外的大部分客户，继续续转合同。另外，老客户按原版合同续保、保持同等条件可以不调费续转也是维系客户的主要措施之一，即新客户新条件，老客户老条件。但是，因为新客户必须按照新的合同套餐投保，因此，调整保费也必须做足功课，让客户付出的同时，还要顾及维系原合同的保险保障。新合同与旧合同相比，除了价格调整外，肯定也增加了相应的保障，基本做到物有所值。

此外，多数保险公司销售人员在引导客户购买保险时，积极性大、热情高，想尽办法推销，但是，一旦客户交纳了保险费，购买了保险产品，等待客户的就只有汽车理赔服务了。在车险服务的初期阶段，这种情况司空见惯。那么，如何才能做到让客户对保险公司满意？愿意续保？愿意成为公司长久的客户，成为保险公司的“粉丝”，成为不离不弃的忠诚客户群体呢？除了做好理赔服务外，保险公司更应该通过车险承保服务来体现保险产品的增值服务和维系客户。

车险承保售后服务主要体现在如下三个方面：

第一，售后契约服务。为客户提供保险合同常规管理（满期管理、合同管理、各项告知与通知义务的温馨提示、批改、解约与解除等手续办理），与客户保持互动，根据实际情况提出合理的解决方案，维护与提供办理稳定的续转。

第二，售后非契约服务。调动保险公司现有资源，为客户提供咨询、安全、应急、技术服务，如拖车服务、救援、安全提示、新技术的演示观展等；特别是为客户解决困惑与难题，赢得客户信赖。

第三，对长期无索赔、无赔款客户要有特殊的增值服务与回馈活动。例如，现在有些汽车修理厂及4S店会组织汽车拉练、车友会，这都是一些与客户交流的好办法。保险公司可以借鉴、创新发展交流方式，形成落实机制，通过汽车保险知识、行车安全技巧及场景体验等各类活动，不断扩大市场影响力度，拓宽市场广度，吸引获取新的客户加入。

保险公司数据统计，至少有50%以上的客户基本不出险。如果长时期疏于对客户的关注与提供有价值的服务，这部分客户就会被竞争公司挖走，有的客户会减少投保项目，或向更有服务价值的保险公司转移。目前，保险公司仅仅依靠十分有限、简单的高比例降费，不足以留住一些忠诚客户群体。例如，保险公司可以组织无索赔、无赔款的客户参加保险公司每三年或五年举行一次的场景体验活动或提供其他有价值的活动，使这些客户以参加该保险公司的保险为荣，提升与客户的信赖关系。保险公司根据自身的经营实力，向客户提供物有所值、物超所值的服务，才是做好售后保险服务的真谛。

第五章　汽车保险的统计与核算

第一节　统计核算在车险经营管理中的作用

车险的统计核算与其他行业是不一样的，因为保险是特殊商品，它的利润是滞后的，车险保单销售出去时并不知道盈利是多少，要到承保期限结束后才能知晓。车险统计核算的指标真实与否直接影响了保险公司的经营过程与结果。

举一个例子，一家新开业的保险公司，当年车险保费收入为 1000 万元人民币，当年赔款支出为 500 万元人民币，问这家公司这一年的车险经营是赚还是赔？很多人都会说："赔付率 50%，当然赚了！"许多保险从业人员甚至包括很多管理者，至今对这个问题的认识也是模糊的。那么，50% 的赔付率能不能说明该公司的经营是盈利的呢？让我们来深入分析一下。

50% 的赔付率其实是利用保险业内常用的简单会计年度赔付率的计算公式得出的：当期已决赔款 / 当期保费收入 ×100%。从公式看，它存在一些欠缺项，使其不能真实反映业务经营情况。我们可以简单估算一下。首先，它没有包含当期未决赔款，假设有 x 万元，则实际的赔款应该为（500+x）万元；其次，它的分母为全额保费，但（500+x）万元赔款都是 1000 万元保费在本年度已满期部分项下发生的，其未满期保费部分将在明年发生目前未知的新赔款，显然分母应该用已满期保费，假设为 P，从而真实的赔付率应为（500+x）/P × 100%，和上面的 50% 相比，分子增大而分母减小，赔付率显然会有显著上升。

从上面的估算可以看出简单会计年度赔付率核算方法存在的弊端，具体说明如下：

首先，核算没有考虑未决赔款。对任何一个经营车险的保险公司来说，不论其经营管理水平高低，都会存在一定数量的未决赔款。尽管目前还没有给付出去，但是这部分赔款是公司的负债，是一定要赔出去的，因此必须考虑在内。

其次，核算没有考虑未满期保费。截至统计期末，保费收入应分为两部分：已满期保费和未满期保费。目前有记录的已决和未决赔款都是已满期保费项下发生的，而目前未知的将在明年发生的赔款都将对应在未满期保费项下。但是在简单会计年度赔付率计算公式中，分子为当期已决赔款，分母为全额保费收入，不具有对应关系，显然会产生偏差。

可见，在简单会计年度赔付率计算公式中，分子上只有已决赔款，没有考虑未决赔款，即分子小；同时，分母为全年保费收入，没有剔除未满期保费，即分母大，从而计算结果比实际情况偏低，不能反映保险业务经营的真实状况，很容易造成保险经营虚盈实亏的假象。这种情况如果年复一年地积累下来，公司管理者满足于如此优秀的赔付率水平，很难看到实际存在的巨大隐患。

以上从公式的角度对简单会计年度赔付率的缺陷进行了分析。从实际业务经营的角度看，如果各级管理者把它作为考核依据的话，就会为保险经营者根据自身利益人为地在分子、分母上做文章提供方便，使个人或局部受益而使公司或全局蒙受损失。

下面是一个在简单会计年度赔付率公式的分母即保费收入上做文章的例子：某支公司全年任务是 3000 万元保费，到 10 月才完成 2000 万元，赔款 1400 万元，眼看着任务泡汤，赔付超标，经理难当，怎么办？这个支公司采用高额退费的方法，比如用 50% 退费的代价买来了 1000 万元保费，结果赔付率一下子就降下来了，任务也完成了，奖金可以照拿，经理可以照当。但是真实情况呢？这最后进账的 1000 万元保费往往是高价业务、垃圾业务，在第二年将发生大量赔款，到了年底，又面临同样的难题，唯一的办法就是继续扩大规模。如此恶性循环下去，等到规模无法再扩大、真相无法再隐藏的时候，风险已经形成。这种方式不仅破坏了保险市场，还给公司留下了巨额亏损的隐患。

在公式的分子即赔款上做文章的切入点就是未决赔款的提取。在简单会计年度赔付率核算方法中，只有在一个业务年度结束时才考虑未决赔款，因此经营者往往通过调整未决赔款来控制赔付率数值，想亏就加大未决赔款，想盈就减少未决赔款，未决赔款成为一个可以随意变动的数值。

从以上分析可以看出，由于核算方法上的缺陷，简单会计年度制赔付率确实不能反映保险的真实经营情况。那么，正确的核算方法是什么呢？

保险与其他行业核算的不同点在于保险的利润是后算的。其他商品如一台电视机、一部手机卖出去，立刻就知道是赚是赔。但保险作为一种特殊商品不是这样，一份保单卖出去，保费收进来，只是保险责任的开始，到底是赚还是赔，要等到责任期满后才见分晓。所以，财产保险业务的核算体制应该采用承保年度制，也称为业务年度制，应该用承保年度制满期赔付率来作为核算依据和监控指标。

承保年度制满期赔付率的计算公式：（统计期间内已起保保单项下的已决和未决赔款之和）/（统计期间内已起保保单连同其项下生效批单的满期保费之和）×100%。其计算方法的合理性在于分子和分母相对应，也就是赔款和保费相对应，赔款是保费项下发生的所有赔款，这样，就能真实、有效地反映任一时段保险经营业绩情况。

我们可以用上述方法来重新计算一下本节开头例子中的赔付率。假设这家公司是年初开业，1 月 1 日的一张保单到 12 月 31 日满期，这张保单到年底的满期保费就是它所收的保费，满期保费是和它的责任时间相对应的。而 12 月 31 日起期的一张保单要到明年的 12 月 30 日到期，这张保单的满期保费仅为其所收保费的 1/365。所以，在业务均匀发展（每天起保保单保费相同）的假设下，这家公司所收的 1000 万元车险保费到年底所获取的满期保费应为500万元。再来考虑未决赔款，上面例子中没有提及，假定为50万元。从而其满期赔付率为（500+50）/500×100%=110%。

上面得到的只是该公司保险业务赔付率，如果要判断公司保险经营的盈亏，还应该加上IBNR和综合费用率（包括营业费用、手续费支出、管理费、分保费用、税金及保障基金等）。如此算下来，该公司可以说亏损得一塌糊涂，这样的结果和之前得到的结论简直大相径庭。可见，保险公司赔付率核算方法的正确与否直接决定着企业经营状况的真实与否。

第二节　车险统计核算的指标

由于保险行业的特殊性，它的统计核算与其他行业有很大的不同。每个指标有多种概念和定义，这也是隔行如隔山的道理。统计核算的指标又分业务指标和财务指标。在此我们仅探讨业务指标，财务指标是从业务指标得到的，基本是相同的，有一些变动仅仅是因为财务的要求而有所不同。

一、车险统计核算的关键指标

车险统计核算有多种指标，现在并没有特别明确的规定，我们根据经验并结合监管部门的现行规定，从车险实际经营角度来阐明各种指标的定义。

从承保看，主要是保费指标，包括签单保费、实收保费、应收保费、车均保费、批单保费、批单退费。

从理赔看，主要是赔款指标，包括已决赔款、未决赔款、已发生未报告未列明的赔款（IBNR）。

从影响车险经营结果看，主要是赔付率、费用率、出险率（事故率）。

其中，赔付率可分为简单赔付率、历年制赔付率和满期赔付率，出险率又分为综合出险率和当年保单出险率。

（一）保费

签单保费：签单时间在统计期间内的车险出单保费。

实收保费：以前是签单保费减去承保手续费（或代理费）；现在车险是见费出单，所以实收保费是签单保费减去手续费或代理费。

应收保费：签单后没有收到的车险保费。从保监会责令车险见费出单后，基本上已经没有应收车险保费。

批单保费：在统计期间的车险批单出单的保费。

批单退费：在统计期间的车险批单退出的保费。

（二）赔款

已决赔款：经保险公司确认并已经赔出和将要赔出的赔款。

未决赔款：案件已经发生，但保险公司并没有确定和确认的案件赔款。保险公司要提取未决赔款准备金。

（三）赔付率

赔付率是车险统计与核算的关键指标之一，也是车险经营的重要指标。由于车险的特殊性，车险赔付率可以从几个方面来定义。赔付率是车险经营管理考核中的一项重要指标，它有多种概念：

简单会计年度制赔付率Ⅰ（也称为简单赔付率）= 当年支付的已决赔款 / 当年收取的保费。这是最简单的赔付率计算方法，也是多数外行人理解的保险赔付率。

会计年度制赔付率Ⅱ =（当年支付的已决赔款 + 所有未决赔款）/ 当年收取的保费，这是考虑了未决的会计年度赔付率。

历年制赔付率 =（当期已决 + 期末未决 – 期初未决）/（当期保费 + 期初未满期保费 – 期末未满期保费）。它反映各承保年度保单在核算期内的满期保费和赔付情况，与会计年度相配合，可以准确地核算当年度保险的经营业绩情况，国际上常用作财务考核指标。

满期赔付率 =（当年保单项下发生的已决赔款 + 未决赔款）/ 当年保单项下的满期保费。它能准确及时地反映当年保单的承保质量，国际上常用来做监控指标，计算期间也可以按需要期间随意选择。

（四）费用率

车险经营需要的职场费、人员工资、行政事务费用及销售费用除以实收保费，可以分别称作职场费用率、人员费用率和行政费用率。

综合费用率：统计期间的各项综合费用 / 统计期间的实收保费。

历年制赔付率加综合费用率就是车险综合成本率。综合成本率高于 100% 就是经营亏损，低于 100% 就是有盈利。

（五）出险率（事故率）

出险率（事故率），同样有多种解释。

按财务口径：出险率 = 当期已决赔款的件数 / 当期所收保费的车辆数。这是按财务赔款的件数和收费的车辆数得出的。

按业务口径：出险率Ⅰ =（当期已决件数 + 未决件数 / 当期承保的车辆数）。这是按统计期间承保的车辆数和出险的件数得出的。

出险率Ⅱ = 当年保单项下出险的件数 / 当年保单承保的车辆数。这是计算当年保单的出险率。

出险率Ⅲ =（当年保单项下出险的件数 + 上年保单项下出险的件数）/（当年保单承保的车辆数 + 上年保单承保的车辆数）。这是计算两年保单的出险率。

我们对车险统计的保费、赔款、赔付率、费用率、出险率（事故率）等关键指标建议是：保费指标应采用签单保费和净保费两个指标；赔款应分为已决赔款和未决赔款；赔付率应分为历年制和满期制；出险率可采用当年保单出险率和两年保单的出险率，当年保单的出险率和满期赔付率是业务管理机构用来监控业务质量的指标。

二、车险统计核算的其他指标

IBNR：已发生未报告（未报案）案件的预计赔款。监管部门规定按照已决案件的 4% 提取 IBNR。

立案结案率（当期）：立案结案率（当期）= 当期已决数量 / 当期立

案数量 ×100%。

立案结案率（存量）：立案结案率（存量）= 统计期初立案未决赔案到统计期末发展为已决赔案的数量 / 统计期初立案未决赔案的数量 ×100%。

金额结案率：金额结案率 = 当期已决赔款 /（当期已决赔款 + 期末未决估计赔款）×100%。

报案立案率：报案立案率 = 立案数量 / 有效报案数量 ×100%。

初次估损代数偏差率：初次估损代数偏差率 = ∑（赔案初次未决估计赔款 − 赔案已决赔款）/ ∑总已决赔款 ×100%。

初次估损绝对偏差率：初次估损绝对偏差率 = ∑ | 赔案初次未决估计赔款 − 赔案已决赔款 |/ ∑总已决赔款 ×100%。

案均已决金额：案均已决金额 = ∑正常结案赔款 / 正常结案数量。

案均未决金额：案均未决金额 = 未决赔款 / 未决数量。

已决案均直接理赔费用：已决案均直接理赔费用 = ∑已决直接理赔费用 / 已决数量。

第三节　关键指标与重要指标的分析与运用

之前谈到的车险的赔付率、费用率、出险率等都是车险经营的关键指标。除此之外，还有车均保费、续保率、结案率、案均赔款、赔款结案周期、已决赔案占比、未决赔案占比，这些都是车险经营管理考核中的重要指标。

车险经营赚不赚钱，主要看综合成本率。综合成本率 = 赔付率 + 费用率。综合成本率 < 100%，赚钱；综合成本率 > 100%，赔钱；综合成本率 = 100%，不赔不赚。赔付率高些，费用率可以低些；费用率高些，赔付率就必须低一些。所以新公司在初建时期，要挑选质量好的业务，因为开办初期费用率一定会高，当然有些费用可以分摊到几年内。

简单的会计赔付率是没有什么实际意义的，业务核算一定要紧紧盯住满期赔付率，满期赔付率是业务质量指标的卡尺，在业务开展的进程中可以随时把控。满期赔付率趋势向坏，就要严格把控业务进口，不允许质量不合格的业务进来。车险业务质量承保三个月到半年内就可以有明显显现，在三个月到半年内采取有效措施是完全可以避免车险经营失误的。

出险率是评判车险业务质量的关键指标，但出险率是要有一定的时间来提取的。比如，当年保单出险率的提取需要一年的时间。在各家公司的经营中，很少有注意出险率的提取时间，其实这是很重要的指标，只有精细管理才能提取和使用到位。但目前并没有建立这方面的标准，我们建议采用两个出险率指标来管理和经营车险：一个是当年保单出险率，即以当年承保的保单出险数量除以当年保单承保的车辆数；另一个是综合出险率，即以两年保单的出险数量除以保单承保的车辆数。有了真实的出险率、案均赔款及车均保费，很容易得出车险的经营成果。

车均保费是承保车辆价值及附加险种多少的体现，车均保费高，表明承保的车辆价值高及附加险种全。在车险的精细化管理中，各险种的统计是要单独计算的，一般来讲，车损险的赔付率较高，但有些附加险的赔付率很低，搭配起来一样可以有效提高车险的收益率。

续保率是承保考核的重要指标，它反映了一个公司车险经营的稳定性与信誉度，是公司管理精细化的具体体现。它对应承保要求与理赔要求都很高，不能单独用来考核承保部门。它是公司经营整体合力的体现。

结案率是公司处理案件时效的考核指标，主要是针对理赔服务部门服务及时性考核，也是反映理赔部门服务力量和反应速度的指标。它可再细分为当日结案率、五日结案率、十日结案率等。对此指标我们认为不是越快越好，而是领先同行即可。

案均赔款是理赔考核的指标，根据各家公司保险的业务质量有不同的考核。它与车均保费相联系，车均保费高，案均可能也会高一些；车均保费低，案均也会低一些；但是如果出现车均低而案均高就不正常了。当然，出现重大灾情事故情况下会有例外。

赔款结案周期有两项内容：一是结案周期，二是赔款转出的时间。如果理赔在财务的有效配合下，业务结案赔款财务也应该同步转出去。但实际上，现实还是有不少差距的。所以这是综合考核指标。周期长有两个方面的原因：业务的和财务的。首先，从业务查，其次从财务查，案子既然已经结了，赔款应立即转出。结案周期长，说明理赔服务质量、服务方法及业务来源有问题，要从源头查起。

已决赔案占比、未决赔案占比是考核案件处理时效和业务质量的综合指标，不仅仅是理赔的事。在正常情况下，案件处理时效不错，未决占比提高，往往是新增案件太快，说明业务质量下降，原来的理赔人手已经不足以承担工作负荷了，否则就是理赔出现了问题或者是数据出现了问题。未决赔案占比或未决赔款占比是保险公司重要的统计数据，它的变化应引起管理部门和监管部门的高度重视，避免有些机构或个人从改变未决入手达到改变保险经营结果的目的。当然，理赔人员素质下降、劳动效率降低或人员更替频繁、专业化水平不够、业务熟练程度不够等也会影响案件处理时效和业务质量。

第四节　车险的再保险与精算

一、车险的再保险安排

车险的再保险安排是对车险风险分散的规划方案。车险的保险责任主要包括三部分：一是车本身的损失；二是第三者的责任；三是车上人员的人身意外伤亡。

由于原保险人出示的车险通常是综合性的，因此，对于车险的再保险安排，可按每次事故安排超额赔款再保险。如果一次事故发生不止一方面的损失责任，应累计计算赔款。要预测到事故会发生责任累积风险，因此，再保险计划应分层次安排。

（一）法定再保险

再保险是保险的保险，作为风险的二次分散措施，对确保国家保险体系的安全与稳定、提高保险体系的运转效率具有重要意义。

再保险体系的构建对国家保险体系十分重要，由于我国再保险业发展的历史不长，中华人民共和国成立后一直是由中国人民保险公司独家经营国内外保险和再保险业务，到了 20 世纪 80 年代中期，国务院颁布了《保险企业管理暂行条例》，其中规定保险企业必须至少将保险经营全部业务的 30% 向中国人民保险总公司办理再保险，且禁止国内保险公司向国外分出或者接受保险业务，由中国人民保险公司再保部代行国家再保险公司的职能。

1995年国家正式颁布了第一部《保险法》，其中包括对于再保险的相关法律规定，主要包括再保险的定义原则、再保险业务经营主体、对分出公司自留额的限制、对分出公司分保计划的审查、法定分保、优先分保、对国际业务的限制等。1996年中国人民银行颁布《财产险法定分保条件》。1999年中国保监会颁发了《法定分保条件》，2000年又在此基础上制定了《财产险法定分保条件实施细则》，对法定分保的业务范围、业务申报、赔款准备金、现金赔款、再保险手续费、分保账务结算等各方面作出了详细规定。

根据《财产险法定保险条件实施细则》（保监产〔2000〕3 号）的相关规定，分出人应该按照规定将毛保费的 20% 分给接受人。车险在九类常规业务法定分保中列第二类。险种规模占比高达近 60%，因此，车险分保安排与摊回是十分重要的问题。但是，由于车险单笔金额小，保单数量多，在还没有大数据、云计算，管理不到位的年代，也确实带来了很多问题，主要是管理手段缺位，特别是没有系统运算。我们认为，车险经营者对管好 20% 的法定分保必须重视，要有摊回意识，这也是减少车险亏损重要的手段之一。

（二）车险累计风险的超赔安排

车险符合大数法则，风险单位分散，但当风险积累超过一定金额以后，一旦发生重大事故与灾害，也将严重影响一家保险公司的正常经营。不管是集装箱滚装船、港口汽车仓库、汽车生产工厂仓库还是区域性自然灾害大面积易发区，都有发生巨灾的可能性。天津港“8·12”特大火灾爆炸事故就是典型案例之一，各家保险公司共处理保险理赔案6000多件，截至2016年底，已赔付81亿元，预计赔付将超过100亿元。中进汽贸发展（天津）有限公司在爆炸中损失严重，仅全损的进口汽车就有3000多台。2016年1月6日，其作为天津港“8·12”特大火灾爆炸事故中损失最大、情况最复杂、理赔难度最大的案件结案，某家财险天津分公司向该企业支付赔款总计达17.3亿元。这种惨痛的教训让我们不得不重新认识在车险经营中的分保安排的重要性，因此，规划再保险安排凸显重要。

（三）高价车车险的临时分保安排

在中国国内有部分高收入群体购置了价值不菲的车辆，单车价值超过千万元人民币，这种高价车辆流动风险带来的损失概率就会升高，从而极不可控，特别是土豪作风更增加了风险发生概率。因此，在安排办理车辆法定分保以外，当承保车价值超过一定金额（承保规定金额）以后，特别是经营车险规模不大的财产保险公司，应该即刻安排临时分保，以避免单车一次事故给车险经营整体盈利带来巨大的负面影响。

二、车险的精算

车险的特质决定了保险特别是车险经营要不亏损出效益，这与精算师的职责和工作密不可分。精算师要根据车险经营盈亏点，及时向公司经营者及车险管理者提出费率调整方案，及时提出调整车险产品定价依据。

（一）车险精算的定义

车险精算就是把车险的经营数据分析提炼为定价的基础素材，数据经过加工成为车险定价模型数据。

（二）精算师的主要职责

简单通俗地讲，保险行业精算师最主要的职责有两点：一是决定保险产品的定价（保险费率）；二是提取未决赔款准备金及总准备金。保险公司为了抵御重大灾害事件的发生，实现收支平衡，必须提取总准备金。

精算师在保险行业中起着举足轻重的作用。为了保证公司的稳健经营，精算师必须对所有可能影响公司财务状况的因素进行细致的监控，主要包括，产品设计、营销方式、保险费率、选择权与收益保证、当前与未来可预见的费用水平、理赔情况及或有债务等。因此，精算师被视为公司经营的关键人物。

精算师除履行传统职责与非传统职责之外，在保险公司风险的管控方面还起着重要，甚至是不可替代的作用。

（三）巨灾风险模型

巨灾风险模型主要与车险的风险因素有关，有了精算师的精算结果，车险不但可以做一年期的产品，也可以做三年期的产品。然而，灾害风险发生的规律因环境变化而变化，甚至找不到规律，精算师就无法根据经验、数据、事故率及灾害率作出长期风险模型。因此，长期、超长期险种会越来越少。

（四）车险产品定价因素

汽车工业迅猛发展、转型、升级换代，在环境不断变化、技术不断发展、环保不断提高要求的情况下，对于在国土广袤、区域发展不平衡、自然灾害分布差异极大的国家，再加上驾驶员综合素质不平衡等因素的困扰，精算师仅通过经验数据、历史数据、风险数据来搭建车险风险模型与定价模式显然是不够的。

目前，从车、从人、从用因素在国内还没有完全应用到定价当中去，车辆损失、车上人员伤亡、第三者人员伤亡及第三者财产损失四大赔付率尚未体现在车险定价当中。因此，车险管控缺乏数据支持。例如，在家用汽车发展初期，从人因素（驾驶员素质）成为车险风险的主要因素；在机动车数量高速增长、道路拥挤阶段，汽车剐蹭成为风险的重要管控点。中国的车险风险模型应该按照地区数据、经验数据、风险数据搭建风险模型，逐步完成从人、从车、从用的风险模型，并兼顾到社会环境因素及科技进步因素。

车险的精算与其他险种的精算不同，它与人、车、用相关，但同时又与当地环境、人均素质、科技普及进步程度等诸多因素相关，要拿出一套包揽全国的汽车定价模式是不现实的。所以，车险定价实行地区定价更为合理，精算要跟着环境走，要深入到每一个具体地区，参考业务数据实事求是地提出车险定价依据。

第六章　汽车保险理赔管理

第一节　车险理赔模式及变革

我国车险理赔模式的发展，是从理赔模式成型到不断成熟的逐步变化的过程，即从最初的简单粗放的理赔模式到专业化、系统流程管理的规范化理赔模式。从改革开放初期到20世纪90年代中期，车险承保是以保险公司各分支机构为主，手工出单，业务人员既负责销售又负责核保，还负责理赔，一肩多挑。到20世纪90年代后期，保险公司开始按条线分工，将销售人员与理赔人员分开，各家保险公司分设了理赔部门，有些保险公司的分支机构甚至自己开汽车修理厂来做车险理赔的定损工作。实际上，到20世纪90年代后期，保险公司开始认识到粗放型的理赔管理已经不能适合保险业务发展的需要了，应该专业化、精细化、系统化经营管理车险业务。因此，各家保险公司投入人力、物力与资金，开始开发承保理赔计算机管理系统；同时，开始设置专门的接报案部门由分散式接报案变革为集中统一接报案。工作时间与工作外时间，都是由接报案部门集中统一受理接报案业务电话，再由接报案部门派遣查勘定损员去处理保险事故的查勘定损理赔工作。平安产险在车险承保理赔的专业化道路上起步是最早的，他们最先开始使用计算机承保理赔系统来管理车险的承保和理赔业务，把工业化的流程管理引入汽车保险领域。此后，各家保险公司都陆续跟进，开始了以业务管理为核心的计算机系统开发使用阶段，特别是20世纪90

年代末，保险监管部门成立后，要求各家保险公司只有实现计算机系统管理，才能够开展车险业务。这样从根本上治理了车险行业存在的出单后撕单、事故后倒签单和飞单等车险经营乱象。

从 2000 年至今，车险的理赔管理发展过程是一个不断从专业化的初级到中级再到高级的进化过程。各家保险公司计算机系统开发的进度虽有不同，但大体相仿。基本模式是以创新思路的保险公司为主，其他各家保险公司根据发展阶段与实际情况陆续跟进，但是各家保险公司在车险分散管理与集中管理模式探讨方面几乎都经历了艰难曲折发展的过程。特别是大型保险公司，由地市级公司的专业化集中管理到省级公司的专业化集中管理，最后到总公司的高度专业化集中管理，在此期间，从集中到下放，曾几经反复，走到今天。目前来看，总公司承保与理赔专业化集中管理模式基本定型。

随着计算机技术的发展、网络技术的应用、大数据的应用、智能化时代的到来，给汽车保险理赔的专业化插上了腾飞的翅膀。保险理赔可以使用更多、更好的技术与手段更方便地为客户提供周到、细致、优质、可靠、可控的全方位服务。

第二节　车险理赔流程及理赔原则

一、车险理赔流程的环节

理赔是保险人在投保人发生保险事故后，对保险事故进行处理和对所遭受损失进行补偿的全过程。理赔是一系列的工作，包括和涉及各种理赔岗位、各类理赔工作人员。

在车险中，理赔的依据是合同和法规（合同是指保险合同，法规主要包括保险法、合同法、资产评估法、民法通则等）。

保险公司内部理赔流程由接报案、调度、查勘、定损、核损、核价、立案、收集材料和缮制、核赔、通知客户、结案、付款、存档等多个环节组成。为了更好地为被保险人提供服务，各个保险公司也在满足风险控制的情况下尽量简化理赔流程，尽力做到理赔流程通畅、简洁、合理，在客户心中树立起理赔迅速便捷的好形象，摘掉“承保容易，理赔难”的帽子，下面我们来简单介绍一下各个环节。

接报案。被保险人或其当事人在发生了保险事故后，向其承保的保险公司报案，通常是以电话形式告知保险人，每个保险公司都设有客服中心，客服人员除受理客户的报案外还受理客户的咨询、投诉、联系救援等客户服务工作。一般来说，除不可抗力外，被保险人应在保险事故发生后48小时内通知保险人。保险公司应及时受理案件，尽快进行调查，容易掌握事故的真实原因，有利于尽快确定案件损失，履行赔偿责任。

调度。一般简单的案件直接由接报案人员派工给定损员就可以了，接报案人员就是初级的调度，对于较复杂的案件，各个公司的调度流程各有不同，但大体上都是把客服部门收集来的客户出险信息整理分类，由有工作经验的专门调度再把每个案件按照严重程度和人身伤害等分配给合适的理赔人员处理，如需要到现场处理的、需要派遣到外地处理的案件等。

查勘。查勘就是保险人对事故现场、损失形态、事故原因进行调查取证的过程，对确定保险责任起到关键的作用，所以更要求查勘人员的迅速和仔细。

定损。定损是对保险事故造成的标的损失及第三者损失进行损失金额的确定，确定赔偿方式或维修方案，并出具书面的项目清单，最终确定修理或赔付金额。

核损。核损是对查勘定损环节的检查及纠错，并给出指导意见。

核价。大型保险公司有专门的核价人员来核对重大事故及高档车型价值较高的配件。

收集材料和缮制。通常收集材料和缮制是由理算人员来完成的，他们把客户送来的纸质单证和旧件收集起来对应理赔系统中的相关单证及旧件完成单证的收集；并且对案件的责任和赔款金额进行进一步审核，最终形成赔款计算书。在现阶段，各大公司都实行无纸化办公，车险理赔除了较大案件的理赔申请书需要客户签字及定损单需要被保险人签字以外，基本上都不需要收集纸质材料了，下一步如果电子签名在保险行业实行以后，就可以实现无纸化理赔了。

核赔。核赔人员对单证收集完成案件的责任及金额进行再审核，确认无误后在赔款计算书上签字或在电脑中完成审核。

付款。财务部门接到审核后赔款计算书后，将赔款直接付给被保险人，或转账给被保险人或其委托方。

存档。被保险人领取赔款后，保险人要进行理赔案卷的整理。理赔案卷按照一案一卷整理、装订、登记、封存。当然，随着无纸化的实行，这些改变了，案件基本是电子存档了。

车险理赔流程详见图 6-1。

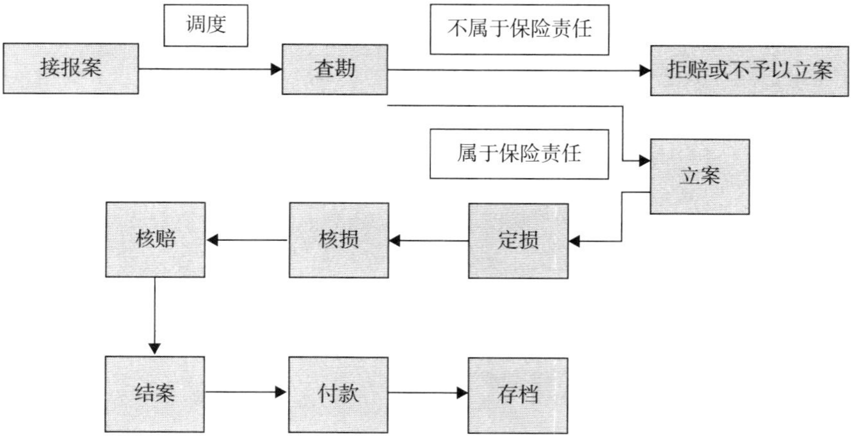

图 6-1　车险理赔流程

二、车险理赔的重要性

谈到车险理赔的重要性，我们先要弄明白两个问题：第一，怎样才能真正树立起财产保险公司的品牌？第二，什么样的保险险种才能真正做到树立财产保险公司品牌？

在保险业迅速发展的今天，全民的保险意识越来越强，对于保险公司而言，在产品和价格趋于同化的情况下，服务及特色服务成为各家保险公司之间竞争的重要筹码。对于车险来说，保险期短，要维护好客户来年续保，需要的不仅仅是服务和价格，更多的是一种优质品牌和良好声誉。在车险理赔中，查勘定损员是面对面接触客户的第一人，客户总会先入为主，我们的服务可以直接影响客户对整个理赔过程的感受，甚至能够影响整个公司的品牌形象。所以车险是树立财产保险公司品牌和声誉的最佳险种，车险体现服务、车险树立品牌、车险树立信誉。同时，车险理赔查勘定损也是维护保险公司经营利润的重要屏障，因为财产保险公司的现金流绝大部分都是车险承保和理赔带来的。所以，认真做好车险理赔查勘定损工作对财产保险公司的经营成果起着至关重要的作用。

三、车险理赔的原则与重点

一般行业内都把人保最初的八字理赔方针“及时、准确、公正、合理”作为理赔的原则，这实际上是不全面的。

理赔是保险公司履行保险合同义务、承担保险责任的具体体现。从社会的角度讲，理赔应该“重合同、守信誉”。保险公司经常把理赔理解成理赔服务，这也是不全面的。保险公司做理赔工作的意义首先是完成义务和职责，如果没有提供合同额外的服务，那就不叫理赔服务，而是的的确确地在履行责任和义务，是对客户买保险的等价交易行为。

对于保险公司履行“重合同、守信誉”的主要方面就是解决“理赔难”的问题。所以，我们认为保险公司要做到“重合同、守信誉”。在理赔原则上首先是“不惜赔”。老百姓对保险公司有一句非常好的口头语就是要“保得起、赔得起”，只有抱着不惜赔的理念才能在理赔工作中大大方方、轻松愉快地处理好客户的理赔案件。这种大方不是乱花保险公司的钱，而是体现保险公司在理赔中“保得起、赔得起”的理赔风格，如果每个理赔案都和客户斤斤计较，是可以给保险公司省下一些钱，但保险公司的声誉也就没有了。不惜赔绝不是乱赔，所以理赔的第二原则是“不错赔”。不该赔的坚决不赔，谁都不想乱赔，但由于管理不善，人员素质不高，领导不力，乱赔的现象是经常可以看到的。只有经营有方、管理得法的公司才可能坚持和做到“不惜赔，不错赔”的理赔原则。

理赔的重点是对理赔人员的管理，特别是对一线理赔人员的管理。这里所说的管理绝不是“管、卡、压”住一线理赔人员，而是把一线理赔人员作为公司最重要的力量来认真对待，懂得他们的疾苦、辛劳，并关心、爱护、培育他们。把一线理赔人员当作廉价劳动力、不关心其痛痒的保险公司绝对是做不好车险的。只有尊重、信任、鼓励、激励一线理赔人员，发挥一线理赔人员的主观能动性才是最好的管理方法。

第三节　车险理赔管理指标与考核

车险理赔管理指标主要包括赔付率、案均赔款、结案率、结案周期、未决占比、理赔费用率。其他辅助管理指标根据各公司的管理具体情况来定，比如，公司最近推出统一维修品牌配件，可以加一个配件点选率。

一般来讲，赔付率应该是考核理赔部门最重要的指标，这也是保险公司经营好坏的主要指标，但是这个指标不应作为考核理赔部门最权重的指标。赔付率考核理赔部门的权重不应超过40%。赔付率的高低是多种因素汇集的结果，主要原因是承保质量的好坏，因为车保进来了，有事故必须要赔。承保车辆事故发生的概率不是理赔部门决定的，而是由承保部门把关，理赔部门只是按规定处理事故而已。所以赔付率是考核承保与理赔两个部门的指标，而且承保部门占大头。

案均赔款是考核理赔部门的主要指标之一。在同样的承保车辆、同样的车均保费的情况下，如果案均赔款高，那么车险的利润和结果就一目了然了。所以，降低案均赔款是理赔部门的主要职责。那么，在不影响客户服务和维修质量的情况下，用什么样的方法来降低案均赔款，是检验理赔部门工作人员技能的主要标准，也是检验保险理赔部门对外合作单位的优劣所在。比如，合作的4S店及维修厂是否有条件配合做好事故维修工作？有无真正长期友好合作的汽配厂家？定损员是独立定损还是依靠修理厂技师及技工在干活？损坏的汽车配件是修还是换？定损员在有困难的时候有无后援？查勘人员工作真正到位了吗？有无虚假赔案？查勘人员和定损人员可以按时按点完成工作吗？此类问题可以借力解决，也可以自己解决。这是财产保险公司的理赔能力问题，也是一个公司的经营底蕴问题。如果公司经营不稳定，人员经常换，找不到合适人选，没有明白人，那就不能做车险。随着车险业务的发展，案均赔款的管理要逐步细化并加以更明确的区分，如按车型管理案均赔款、按案件性质管理等。

结案率也是考核车险理赔部门的主要指标。结案率是指在统计期间或考核期间内车险理赔部门处理案件的能力和速度，是衡量在发生案件的总数当中，有多大比例的案件是处理完的。结案率的高低与定损人员的责任心、工作技能及效率相关，也与他们工作中使用的工具和设备相关，当然更与定损工作人员数量是否足够相关。没有足够的工作人员不可能处理掉那么多的案件，所以车险业务是人员成本非常高的业务。

结案周期与结案率相似，它是指在统计期间内，所处理完成的案件的处理时间。结案周期长，说明案件处理不及时、不迅速，当然不好。结案周期的长短不是自己主观制定的，应该参照同行业的数据，它同样与理赔设备是否先进相关，也与人力是否充足、经验是否具备相关。

未决占比是未决赔款与已决赔款加未决总预估赔款之和的比例，它和结案率很相似，是从另一个方面来讲的理赔指标，与已决占比相对应。实际上，已决占比就是结案率的另一种形式。未决占比大，说明理赔力量不足，或理赔管理能力不足，需要加强理赔力量。还有一种特殊情况，是以前在保险公司常见的，就是虚增虚减未决，保险公司一般通过虚增虚减未决调节年终利润。

因为保险标的不同、公司大小不同、地区不同、业务渠道不同，使理赔管理指标的具体数值无法被确定。既然是指标就有它的客观性，一定有一个风险临界点，各家保险公司可以在经营管理中寻找自己公司的临界点。比如，结案率越高越好，未决占比越低越好，但好的同时是要有相应的成本的。我们认为，理赔管理指标领先同行就好，有时领先得过多，会有负效应。因此，保险公司必须根据自己公司的情况设定指标，逐步提高标准，提高员工队伍的技术素质和能力，提高车险理赔队伍的整体实力。

第四节　车险理赔岗位的设置与职责

车险理赔岗位有很多，从一线的说起，就是查勘员、定损员（查勘定损人员）、查勘管理人员、定损管理人员、重案查勘定损人员、人身伤害查勘定损人员、车险物损查勘定损人员、后台工作的核损人员、核赔人员、调度人员、接报案人员。

岗位设置应该以提高效率为原则，精简高效。管理人员可以精简，但一线工作人员不能减少，一线的查勘定损人员是保险公司处理案件的，必须保证人员数量充足。可以想象，如果没有一线的查勘定损人员，客户出险的事故谁来处理？那么所谓的各种考核指标完成都是一句空话。在现阶段的人员能力和设备条件下，一个定损人员驻点一天处理十个案件就很好了。流动外勘人员得根据交通情况来定任务，一天一个到三个案件，简单的案件可以直接定损，大案子还不包括定损，当然这得根据车型来定。从专业化的角度来说，小案件查勘、定损可以不分，大案子查勘、定损应该分开，查勘专门负责查勘，定损专门负责定损。

有的公司把接报案人员纳入客服人员脱离理赔部门单独设立，我们不建议这样做。接报案是理赔链条上的重要环节，如果不归到理赔部门管理，它就是一个形式上的服务部门，没有把控风险的责任。比如，有些大公司把车险部分成了销售部、承保部、理赔部，各自独立运行，这样的做法不是各家保险公司都可取的。看起来是更专业化了，但如果没有在这方面的管理特长、专业与信息技术的深厚功底，实际上是弱化了车险的专业化管理。

车险是产险体现最高管理水平的险种，也是技术含量要求很高的险种，各家公司要做专业化、有特色的保险业务，尺有所短，寸有所长，不能人云亦云。

第五节　车险重大事故及特殊案件的处理

一、重大事故案件的处理

车险重大事故案件的事故形态有火灾事故、水淹事故、拖底事故、盗抢事故、连环追尾事故、特种车辆的事故。发生事故的场景有国道、高速道路、冰雪道路、山路、河川、新车集聚场地及转运新车的大拖车。

（一）火灾事故的处理

汽车火灾的起火原因包括自燃、外界火源引燃、碰撞起火。

一是自燃。自燃是指保险机动车因本身线路老化、供油系统、供气系统发生故障或者载运的货物自身起火、机动车运转摩擦起火等造成的火灾。简单来说，就是因为机动车漏油、漏电、老化及车载易燃物而引发的火灾。

二是外界火源引燃。引燃是指汽车被其本身以外的火源引起的燃烧，通常属于车损险项目下的保险责任。引燃一般为烈日下车辆驾驶室内放置不当物品、三元催化器由于高温引燃停放区域杂物或者易燃物体、明火烘烤油箱（一般为柴油车辆冬季结蜡需要烘烤）、人为放火等。

三是碰撞起火。碰撞起火事故发生后，保险公司首先要对路面原始状态进行查勘、拍照，并做好各项记录。施救后用清洁水将路面油污、污物冲洗干净，待暴露印痕的原状再详细勘查。方法是以车辆为基点按车辆行驶方向的路面寻查制动拖印、挫划印痕，通过测量刹车起始点至停车位的距离及各种印痕的形态来判断汽车的运动状态、速度等。其次，通过查勘着火车辆在路面上散落的各种物品、伤亡人员、被撞飞的车体部件等与中心现场的距离，推算着火车辆行驶速度。最后，通过车体燃烧痕迹寻找车辆上的起火点，分析起火原因。碰撞车辆起火的一般规律是将外溢的汽油点燃，查勘重点是汽油箱金属外壳表层有无碰撞损伤。车体被燃烧后的接触部位痕迹容易受到破坏，查勘时可根据残留痕的凹陷程度进行分析，以求判断碰撞力大小、方向、速度、角度等。

火灾现场查勘一般对原始现场周围环境、事发火灾原因、风向等取证，与司机现场了解火灾发生时间及火灾发生原因等情况，对标的车辆外观多角度拍照，严格识别车架号有无异常。另外，对车辆内部等部位拍照、检查车辆起火点，一般都需要消防部门协助处理，需出具相关 119 火灾证明。

车辆火灾一般分轻度火灾、中度火灾、严重火灾。轻度火灾、中度火灾损失主要是确定烧毁部件并予以更换，并给予相关更换清理工时费用即可。严重火灾基本上是按条款将车辆推定全损处理。

（二）水灾事故的处理

水灾事故是指造成大量的水淹车的事故，处理起来常常是非常困难的。水淹车的处理重点是抢救及时、定损及时，特别是一些电器件的烘干及处理更要及时，避免不必要的后续损失。检查判断的重点是发动机的损坏是否属于保险责任。

（三）拖底事故的处理

一般机动车辆托底案件大多数发生在夜间，视线不好，道路有突出物体或者高速道路有遗撒，由于车速过快，车辆发生底部碰撞造成车辆损失，轻则底盘轻微受损，重则造成车辆底部水箱、冷凝器、发动机底部、变速箱壳体、分动器、三元、排气管、油箱、元宝梁及后桥底盘车架等部件损坏，造成车辆无法正常行驶，需要救援方式将车辆托运至维修厂。车辆损失评估，一般水箱、冷凝器、油箱、三元及排气管等部件以更换为主，元宝梁、后桥等部件视损失情况来决定更换要求，变速箱、分动器、发动机一般为壳底损坏，以修复为主。托底事故的处理要重点掌握配件的更换与修理及配件的选择价格是否合理。

（四）全车盗抢事故的处理

查勘人员应立即赶赴第一现场查勘，对当事人进行询问并做好询问笔录，进行现场拍照并检查现场有无盗抢痕迹及有无遗留作案工具。注意调查报案人所言有无自相矛盾之处，如停车场周围环境、当时的天气等有无可疑之处。如果发现案件中存在某些疑点，应走访、调查现场有关人员，调查车辆停放、保管、被盗抢的情况，做好询问笔录。对车辆在收费停车场被盗的，要求取证停车记录及停车场看车人员的有关书面材料，要特别注意停车场收费情况，要求被保险人提供停车收费凭证。如果丢失地点为物业小区，应向保安、管理人员或物业了解情况，要求其出具相关证明并写明收费看管情况（由被保险人协助办理）；如果牵涉经济纠纷、非法营运等行为，应作进一步调查，取得可靠证据；如果无任何疑问，则在公安出具证明 3 个月后没有破案就按推定全损处理。

（五）连环追尾事故的处理

连环追尾事故的处理主要和交警人员协调好处理意见，因牵扯车辆较多，保险公司也多，交警的意见尤为重要。追尾原则是后一辆的车赔偿前一辆的车，但处理起来比较麻烦，如果都有交强险和车损险的话，可以建议交警按各保险公司赔偿处理各自的车，但如果有的车辆仅上了交强险和三者险而没有车损险的话，就只能一辆一辆地处理了。

（六）特种车辆事故的处理

特种车辆适用于特种车辆保险，一般是起重吊车、挖掘机等工程车辆，道路事故处理比较容易，一般按正常交通规则处理。非道路事故最主要的是看是不是保险意外事故，有的是机械事故、机械零件损坏、电器零件损坏造成的事故，要根据情况妥善处理。

二、特殊案件的处理

（一）拒赔案件的处理

拒赔案件是保险公司审慎处理的案件，没有十足的把握，保险公司尽量不去做拒赔处理。因为将来打官司还是要有足够的拒赔证据，所以对待拒赔案件首要的原则就是证据确凿，至少也是被保险人提不出足够的证据来理赔。越是重要的案件越应该审慎处理。

出险通知书是被保险人出险后向保险公司提出理赔的申请单据，但同时也是拒赔的重要证据。所以，重大事故的出险通知书不但要被保险人及时填写也必须妥善保管留存。拒赔案件的重点是证据，最重要的证据可能是一些很小的细节，车前挡风玻璃上的一根头发，可能就是拒赔的证据。

监管部门的领导曾说过，保险公司要注重信誉风险，对于保险理赔案件来讲，应该是该赔的马上赔；可赔可不赔的，要赔；可赔多、可赔少的，多赔；不该赔的，坚决不赔。我们非常赞同这种观点。如果保险公司的经营者能真正理解这句话，一定可以经营好车险。

（二）通融案件的处理

所谓的通融赔付就是本来不该赔的案件，因为要照顾业务、照顾领导、照顾关系，通过保险公司主管领导同意就可以赔付的案件。现阶段有些保险公司的经营能力不足，或理赔人员的技能与经验不够，对有些不该赔付的案件，由于当事人的蛮横不讲理，或对保险公司死缠烂打，或恶意投诉，保险公司也采取了通融赔付，这是不可取的。这样的公司经营将越来越困难。

通融赔付案件是在保险业发展初期、中期的一种业务处理手段，目的是以赔促保，不是正当的业务处理方式。随着时代的进步和发展，通融赔付方式逐渐应该终结了。监管部门也应该查处通融赔付案件的行为。所谓的通融赔付是社会不良风气的一种体现，是权钱交易和一种不正当利益交换的行为，它侵害了公众的利益，助长了个人的贪念和社会不良风气，因为它毕竟是拿大众的钱去填补个别人或个别机构的利益。保险公司为了维护客户和个别人，可以在税后利润中列支，而不能在税前列支不正当的赔付。

第六节　车险人身伤害理赔管理

一、人伤理赔概述

车险的人身伤害赔偿（以下简称人伤理赔）是车险理赔中比较重要的一个项目，人伤理赔情况会直接影响到车险经营状况，因而建立一套有效的人伤理赔管理体系，培养一支优秀的人伤理赔队伍，维护被保险人和多方各自的利益，对于有效防范欺诈风险、提升保险公司的社会形象和地位具有重要意义。

同时，人伤理赔也是车险理赔中的难点，现在既要提高理赔速度、简化理赔手续，又要规避道德风险，保护被保险人和保险人双方的利益，因此建立健全完善的人伤查、定、核、赔制度，有效控制人伤理赔案件不合理的费用支出，实行人伤理赔案件专业化管理是十分迫切的现实要求。

二、人伤理赔的特点

（一）涉及面广泛

车险交通事故的人伤理赔案件不仅涉及被保险人、受害方（伤者）、致害方（司机或者被保险人），还涉及医疗机构、伤残评定机构、医疗鉴定机构、交通局、公安局、司法机关等。由于确定事故责任、赔付方式、赔偿金额等涉及面广，纠纷也比较多。

（二）处理人伤理赔案件需要专业的人员

人伤理赔案件中，主要围绕人员死亡、伤残展开理赔处理，其中除要求理赔人员具有保险知识外，还需要比较专业的医疗知识，懂得与人伤理赔相关的司法规定，同时还需要具备较好的沟通能力和亲和力，能够妥善处理理赔纠纷。

（三）关于人伤理赔案件处理的法律法规存在“模糊地带”

目前有关人伤理赔案件处理的法律法规还存在一些不明确的地方，或有些方面仅作出了原则性的规定，各地公安及司法部门在处理事故时掌握的政策尺度不一，处理时很容易产生纠纷。

（四）处理人伤理赔案件涉及两个不同的法律关系

一是被保险人（肇事方）与第三者（受害人）之间的民事损害侵权关系，受民事相关法律法规的约束；二是被保险人与保险人之间的合同关系，受《合同法》《保险法》的约束。上述法律关系的不同，导致被保险人需要支付给受害人的赔偿与其可以从保险合同中获得的赔偿之间存在一定的出入，从而容易产生纠纷。

（五）人伤案件处理周期较长

由于人伤理赔案件中涉及受害人治疗期限和身体恢复过程，以及与受害方的损害赔偿协商过程，相对于财产损失案件中对于损失鉴定的过程，人伤理赔案件时间一般为3~6个月，有的会长达几年，甚至更长。

（六）同一损害事实，因相关赔偿因素不同而赔偿金额有差异

个体体质的差异性会导致医疗方案和医疗费用的不同；户籍身份的不同会导致残疾者生活补助费、死亡补偿费、被抚养人生活费补助标准的差异；职业和收入的不同会造成误工费、护理费的差异；出险地不同，赔付标准不一样，等等。这些因素决定人伤案件损失的确定不可能像车损、物损一样，通过一次或两次查勘、复勘就能明确下来。实际上，人伤案件损失的发生是一个动态过程，从事故的发生到调解结案一直在不断的变化中。

在家用汽车大规模发展之前，保险公司的人伤案件一直不受到特别关注。但近几年来，人伤案件索赔量的增加，案均赔款的额度的提升，已经引起各大保险公司的高度关注。据一些保险公司的统计，人伤理赔案件已经在其公司车险赔款金额中占30%以上的份额。随着市场化的进程和国家经济发展速度的加快，人民自我保护意识和法律意识的增强，人伤案件

的赔款还会有上升的趋势。

三、人伤理赔管理

（一）人伤理赔管理的重点

由于人伤案件的特殊性，随伤者伤势的不同，案件赔款可能差别巨大。所以人伤理赔案件的重点是，在出险第一时间，保险公司的人员要到现场参与案件处理，关心伤者，随时了解伤者的治疗过程和配合后续的康复及伤残鉴定等后续工作，并预估赔款。简而言之，是要第一时间到现场，全程跟踪配合服务。

（二）人伤理赔管理的主要内容

1. 建立专业化人伤理赔案件处理团队，保证人伤理赔案件处理不流于形式。

2. 能够向被保险人提供人伤理赔案件处理内容和相关的服务咨询。

3. 能够在出险第一时间介入，全过程跟踪，重点环节指导，提供配套的医疗资源服务。

4. 加强案件涉及单位的合作，如加强与120指定医院、法医及交警部门的协同合作，加强案件调查能力，防止人伤案件中弄虚作假事件的发生。

由于各家保险公司受服务能力所限及人力所限，有些服务内容达不到，可以与优秀的公估公司和调查公司合作，也可以建立合作的医疗、康复机构等。

四、人伤理赔的发展建议

1. 呼吁行业重视，建立行业统一指导标准。人伤理赔案件处理不仅是保险公司的服务内容，还涉及国家各个部门和机构，应该有行业出面和政府部门合作共同处理。应引起社会上更高的关注及投入，改善社会医疗救助环境和条件，助力建设和谐美丽祖国。

2. 保险公司应加大内部对人伤理赔案件的投入。随着经济的发展和社会的进步，第三者人伤赔付标准大幅度提升，而且近几年检查和医疗费用不断上涨，行业车险人伤理赔案件费用的整体赔偿标准在不到 3 年的时间里几乎翻了一番，并且平均以每年 9% 左右的速度快速增长，而行业车险理赔管理无论从机构设置、制度设计还是技术手段等总体情况来看，仍停留在对车损及财产损失管控阶段，现实理赔工作中各公司常见人伤理赔案件的挤压及投诉情况的发生，这与保险公司的投入和重视不够是直接相关的。

第七节 车险理赔技术的运用与发展

一、智能定损工具研究现状

近年来，随着互联网的普及特别是移动互联技术的广泛应用、数据标准化及大数据分析的快速发展，智能定损（利用图像识别技术实现快速定损）的发展受到车险第三方技术服务机构的关注，翱特、CCC、DAT 等车险定损数据服务公司均提出了自己的智能定损模型。

（一）翱特公司“智慧钣喷”维修工时估损工具与智能定损研究

翱特公司利用自身与主机厂的紧密关系，发挥在车辆维修数据方面的优势，开发了“智慧钣喷”维修工时估损工具，用户在图片中手指圈选损伤部位，系统可自动估测钣金喷漆维修工时和维修费用。

由于“智慧钣喷”工具需要用户手动圈选损伤部位，且无配件数据支持，还不能称为智能定损工具，只是一个中间产品。据悉，翱特公司正在欧洲研发车辆损伤的图像识别技术。

（二）CCC 公司照片比对估损系统

CCC 公司已经在美国开展照片比对估损系统研发并投入试运行。车辆定损照片上传后，系统自动与数据库中历史案件的照片进行比对，找出损伤程度接近的案件并测算出车辆损失平均值和上下阈值供定损参考。

（三）DAT 公司 TUVRheinland 系统

由德国汽车工业协会等行业组织投资成立的 DAT 公司，利用可以便利获得大众主机厂数据的优势，开发 TUVRheinland 系统，采用固定位置多台相机同时拍照的方式，自动评估车身上部外观受损情况，用于冰雹灾害下大批车辆受损时的快速定损。由于缺乏定损维修数据，该系统目前未能在国内投入使用。

TÜVRheinland®
Precisely Right.

综上所述，目前在智能定损工具研究领域，主要有两个发展思路：

一是智能损伤识别模式。该模式的思路是基于 3D 建模将车辆损伤图片识别技术与维修数据、逻辑相结合。该思路的实质是利用技术手段模拟传统定损过程，通过车辆损失图片视频技术代替定损员损伤评估过程，通过后台维修逻辑和定损数据应用代替维修方案制定和定损工具应用过程。

二是自动图像比对模式。该模式的思路是基于事故车辆的图像识别，将比对技术与历史案件数据应用相结合。该思路以大数据分析应用为主要方向，系统将新案件上传照片与历史案件中的照片相比对，自动识别损伤部位、损失程度接近的案件，计算出同类案件的定损平均值、最高值和最低值，供定损员参考。由于该模式完全依靠历史数据分析估测车辆损失范围，不能体现个案的特殊性，其估损范围只能作为定损的辅助工具。

二、智能定损应用展望

（一）智能定损工具主要应用于外观损伤的轻微事故和一般事故

由于智能定损根据图像信息识别车辆外观损失程度，通过预设的逻辑和定损数据测算损失结果，而重要零部件的修换判断仍需要通过检测方式来判断，因而对于复杂案件定损的准确性受到制约。未来，智能定损的主要应用方向是以车辆外观损伤为主的轻微事故和一般事故。

（二）智能定损应以客户为主要应用对象

智能定损模式替代了原有定损流程中车辆外观检验、维修方案制定、配件工时询报价等流程，节省了客户、定损员、修理厂之间的信息交流成本，其主要应用对象如下：

1. 对时间要求高、能够熟练应用移动互联工具的客户。部署于微信、APP 上的智能定损工具，可以使客户通过移动互联工具在任意时间、任意地点实现对出险车辆的估损，并进入理赔流程，节省时间精力，且参与感强，客户更容易接受。

2. 现场查勘处理小额事故的查勘定损员。智能定损工具部署于移动查勘定损终端，可以大幅度提高查勘定损员在现场的工作效率，减少对定损过程的人为影响因素，定损结果更标准，且客户可以随时验证，减少定损服务争议。

3. 以钣喷快修为主的合作修理厂。授权合作修理厂使用智能定损工具，完全通过后台定损标准管控定损行为，可以提升定损结果的标准性，降低定损员与修理厂之间的沟通成本，与现有定损方式相比，减少修理厂人为影响定损结果甚至扩大损失的风险。

（三）智能定损的推广应用将推动车险理赔模式变革

1. 提升客户体验，降低理赔运营成本。智能定损实质是客户自助定损，它将明显提升客户对车险理赔流程的参与程度，降低客户因索赔而发生的时间、交通成本，减少定损争议，改善客户体验。同时，保险公司将大幅度节省对理赔流程的人力投入，降低运营成本。

2. 将出险客户与保险公司的联系前置到修理厂之前，提高保险公司对客户的引导能力。在现在的模式下，客户发生轻微事故会向朋友或熟悉的修理厂询价，以确定是否向保险公司索赔。客户使用智能定损工具后，发生轻微事故后可以立即自助估损，再确定是否报案进入理赔流程。这样，保险公司与客户的联系就提前到客户报案之前，甚至是客户与修理厂联系之前，从而使保险公司可以整合各类资源，在引导送修、优化服务、防控风险方面开展工作，提升对客户的引导能力。

3. 促进车险由传统保险业务向互联网保险业务转化。车险是传统型保险业务，向互联网保险业务转化的一个重大阻碍是后端需要有庞大的理赔服务、数据、维修网络资源的支持。智能定损工具可以使数量巨大的小额案件通过客户自助定损完成，重大事故定损可以通过专业团队甚至外包解决，这样将极大地减轻后端理赔服务团队的压力，同时定损数据、送修可以通过平台资源整合的方式实现，而互联网型企业恰恰精通此道。

因此，基于智能定损工具的客户自助定损模式确立后，有可能加速车险向互联网业务的转化。对于传统保险公司来说，这种转变既是挑战，也是机遇，但是随着技术的发展，趋势已难以扭转，保险公司合理的选择是未雨绸缪，积极参与新技术的发展和应用。

第七章　汽车保险查勘定损操作规范

第一节　车险理赔查勘定损的概念与意义

什么是车险理赔？车险理赔是保险人（保险公司）依据保险合同的约定对被保险人（车主）提出的索赔申请进行处理的全过程，或是保险人对被保险人发生的汽车保险事故处理的全过程。车险理赔流程包括接报案、查勘、定损、缮制、核赔、付款六个环节，而查勘定损就是理赔流程中最重要的两个环节。

什么是查勘？查勘是定损人员依据客户的报案申请在事故现场或非现场对所接手的汽车保险事故进行检查、勘验、比对、核定，最终确认是否属于保险责任的过程。查勘可以理解为确定赔与不赔的过程。

什么是定损？定损是在确定保险责任的基础上对受损的汽车作出明确的损失确定，是全损还是部分损失，是修复还是更换，对修理和更换的价格作出一个公平合理的决定。通俗地说，定损就是确定赔多赔少的过程。

车险是我国目前各大财产保险公司的主要险种，人保财险、太保产险、平安产险作为中国财产保险的三巨头，它们的车险保费占总保费的65%以上，其他中小财产保险公司车险占据的份额更高，有的占比甚至高达90%，因此车险经营的好坏直接体现了保险公司的经营水平。随着居民收入水平的提高，国内车辆的保有量还会进一步增长，因而车险保费还会逐年攀升。

车险保费收进来了，不是保险的盈利，而是保险公司承担社会责任的开始，车险理赔就是保险公司承担社会责任的主要形式。老百姓买汽车保险，买的是汽车风险保障，通俗地讲，就是买汽车保险理赔。汽车保险理赔流程中有六个环节：接报案—查勘—定损—缮制—核赔—付款。这六个环节中最重要的就是查勘和定损，以人保财险、太保产险、平安产险北京分公司为例，它们熟练的车险查勘定损员每年每人要处理几百万元人民币的案件赔款，而它们中的骨干人员，如重案人员要处理上千万元的赔款。这样的数字，可以堪比一个中小型企业的年营业额。由此可以看出，查勘定损员对保险公司的重要性，因此对查勘定损人员的要求也应该是极高的，因为查勘定损人员的职业道德、专业技能直接影响到保险公司的车险收益和保险公司的服务口碑。查勘定损工作是车险理赔服务中最重要的环节，查勘定损人员是保险公司车险理赔服务最重要的服务力量。

车险承保数量大，出险频率高，标的分散。在财产保险业务中，发生保险事故的绝大部分事故是车险事故，车险事故占保险公司事故的95%以上，所以车险服务人员的数量也很大，对车险查勘定损人员的需求尤为突出。财产保险公司经营收益的好坏是直接由车险决定的，成也车险，败也车险。对于直接服务于一线的查勘定损人员，各家保险公司都高度重视，因为车险理赔直接决定保险公司的现金流，95%以上的案件都是车险案件，大多数赔款都是车险赔款。再者，车险理赔直接影响到保险公司的信誉和品牌，车险理赔体现服务，车险理赔树立信誉，车险理赔创造品牌。对于服务于一线的查勘定损人员来讲，怎么强调他们的重要性也不为过。

从客户方面来讲，客户购买的车辆是他们生活中很重要的一部分，他们的车辆发生事故，可能会影响到他们的工作和生活。迅速、合理、公正、公平地处理好车险事故，能够给车主购买车险一个放心的交代。查勘定损人员在事故现场热情专业的服务会让客户感到放心，对事故车辆迅速处理就会及时解决车主的困难，解决他们工作和生活的不便。

第二节　车险查勘定损的规范与考核标准

一、查勘定损员职业道德规范

为了保证保险公司的稳健经营，维护保险合同相关各方的利益，车险查勘定损人员必须严格遵守职业道德规范。查勘定损员职业道德规范要点如下：

一是遵纪守法、诚实守信。

二是热爱查勘定损工作，忠于职守，维护车险双方当事人的合法权益。

三是重合同守信用，牢固树立为客户服务的思想。

四是坚持不惜赔、不错赔的理赔原则。

五是坚持及时、准确、公正、合理的工作要求。

六是不断提高自己的专业水准为客户提供优质的专业服务。

七是不损害公司和客户的利益。

八是言谈举止文明礼貌。

九是主动、热情、耐心、周到。

十是尽职尽责、保守秘密。

二、查勘定损岗位职责

一是接受调度岗统一调度、及时联系客户。

二是按规定时限赶赴现场。

三是对保险标的及涉及第三者损失的案件在权限内进行定损，超过权限案件及时上报。

四是制作查勘定损报告，并按规定时限将查勘资料上传车险理赔系统。

五是上报特殊案件。

六是负责客户及业务人员对案件的咨询和协商。

七是接受监督检查。

八是积极主动协调配合、不推诿、不搪塞敷衍。

三、理赔查勘定损工作标准

第一，遵守劳动纪律，不迟到、不早退。

第二，服从指挥，接受任务。

第三，服装整洁、精神饱满。

第四，在规定时限内完成任务，绝不拖延和推卸。

第五，案件及时上传，不积压赔案。

第六，降低理赔时效，提高结案率。

第七，专业制胜，质量第一。

第八，客户至上，服务第一。

第九，保管使用好理赔查勘用品。

第十，积极参加培训，不断提升专业水平。

第三节　车险理赔查勘定损的技能要求

作为一名优秀的车险理赔查勘定损人员，要掌握以下三个方面的知识和其运用的能力。

第一方面：熟知汽车保险条款和相关保险及法律法规知识。例如，财产保险理论、风险的概念、合同的概念、保险的基本原则、保险法的相关内容；相关的交通安全法等法律法规，如《中华人民共和国道路交通安全法》《中华人民共和国道路交通安全法实施条例》《机动车交通事故责任强制保险条款及条款说明》《机动车交通事故责任强制保险条例》《机动车交通事故快速处理办法（试行）》《机动车交通事故快速处理办法实施细则》

《道路交通安全违法行为处理程序规定》《道路交通安全法违法行为处罚标准》《机动车驾驶证申领和使用规定》《机动车登记规定》《高速公路交通管理办法》《车辆驾驶人员血液呼气酒精含量阈值与检验》；另外还有很多相关方面的法规。

第二方面：要熟悉和掌握汽车相关知识。例如，了解汽车的构造、汽车发动机、制动器、转向机、变速箱等工作原理及与汽车相关的知识；了解事故车修复的基本工艺和方法，各种零配件的厂家、型号、产地、规格和分类。

第三方面：运用自己掌握的知识熟练自如地同客户交流，有很好的观察和沟通能力。作为一名查勘定损员要面对很多形形色色、不同职业的客户，有素质层次高的客户，也会面对一些素质低下的客户，也有的是一些专业的代理机构和专业的修理厂，定损员要能够应对各种复杂的场面，从容不迫地处理。只有定损员真正掌握了汽车和保险相关的知识，在面对各种复杂的问题时才能从容不迫、应对自如。

此外，在技能方面，查勘定损人员需要熟练掌握查勘定损的流程和相关要求，比如，熟练使用理赔系统和工具，如计算机、照相机和一些专门配备的理赔查勘器具，要具备勘察现场的能力、分析判断事故现场真伪的能力，要具备利用保险知识、汽车知识及相关法律进行综合分析、全面判断的能力。

第八章　汽车保险查勘定损实务

第一节　车险查勘定损流程

一、接待事故客户

在整个车险理赔流程中，查勘定损员是第一个面对面接触客户的人，是保险公司的门面。所以查勘定损人员的言行和举止都会影响到客户的满意度和服务的质量。总体来说，接待客户的目的是建立信任、了解需求、做好铺垫。

具体操作步骤如下：

1. 迎客：客户进到屋内要起身注视客户。标准话术：您好，×××公司定损员 ××× 为您服务，请问有什么可以帮您？

2. 确认客户承保公司。

3. 确认是否向保险公司报案。询问客户是否向保险公司报案，如果报案了请客户出示报案号。标准话术：您是否向保险公司报案？您的报案号是？

4. 确认来者的身份。在定损过程中通常有四类人，车主 / 被保险人、亲朋好友、公车司机、修理厂，弄清楚来者身份对于后续的沟通至关重要，车主 / 被保险人通常关心这个案件能不能赔？怎么赔？是修是换？亲朋好友通常关心修车时间及修复后是否跟原来一样，公车司机通常关心修车时间及耽误时间的误工问题，修理厂则会指导客户报案，对于理赔流程也会比客户更了解。我们知道来者的身份就可以根据他们各自的需求去沟通。标准话术：您跟被保险人/车主是什么关系？

5. 认真聆听客户叙述并主动了解情况。在听客户叙述案件时要认真听并给予必要的回应，不可听着客户叙述手中忙着别的事，表现出怠慢的语态和行为，在客户叙述完后要主动把客户叙述的关键信息点重复并把没有提到的信息点以提问形式确认。标准话术：您说的是……，您的意思是……，您刚才说的是不是……

二、被保险人签字确认索赔申请书

在保险条款中有写到凡涉及本保险合同的约定，均应采用书面形式。那么索赔申请书的确定将意味着理赔的正式开始。只有客户先向保险公司提出索赔并签字确认索赔申请书后，查勘定损员才能开展确定事故责任和查勘车辆损失的工作。所以这一环节至关重要，也不可放在后面进行。

具体操作步骤：打印出索赔申请书让客户确认上面的信息是否属实，如属实请确认签字。

标准话术：请您看看索赔申请书上的内容是否属实？如果属实请在这里签字。

索赔申请书原则应由被保险人本人签字确认，被保险人不可能到现场的必须有被保险人书面确认无误的委托形式或被保险人身份证原件。

三、查验理赔单证及理赔相关信息

查验理赔单证及理赔相关信息使查勘员对案件的事故责任有个初步判定。

具体操作步骤如下：

1. 在系统中查看案件的报案信息，对照客户的行驶本、驾驶本、身份证、事故认定书、证明等，看是否有不一致的。

2. 在系统中查看历史出险记录，对有历史出险情况的客户要查看以前案件，排除有重复定损和超额定损的情况。

3. 查看保单信息及承保的险种和保额，防止没有承保险种、不该全额赔付最后全额赔付情况的出现，防止没有看险种及保额而超额定损。

标准话术：请您出示您的行驶本、驾驶本、身份证、事故认定书、事故证明……

以上内容均是配合查验事故责任的相关内容及步骤，保险事故查勘定损业内行话："先定责，后定损"。如果在以上步骤中发现事故不属于保险责任，那么只需要做相关取证工作，无须继续进行以下步骤。

四、查勘车损

查勘车损是确定保险责任的另一部分，对于符合保险责任的将确认具体损失及维修方案，不能确认保险责任的将进一步调查处理。所以查勘车损可以体现一个查勘定损员的综合能力，如技术层面的能力（对于案件真实性的辨别）、沟通方面的能力（与客户的沟通及维修站人员的沟通）等。

具体操作步骤如下：

1. 协同当事人一起查勘车辆，了解碰撞原因，想象碰撞形态，作出初步判断。结合之前在系统中查看报案信息及听客户叙述案情，勾画出车与被撞物体发生碰撞后形成的碰撞痕迹，再与看到的车损相比较，如有疑问，可以把疑问当成问题提出来。这里忌讳直接断言案件非真实，这样很容易让客户情绪激动。如果客户的解释不能让人信服，那么就要上报调度部门，协调当事人改派任务查勘现场。

标准话术：根据您刚才描述的被撞物体，这里的损失是怎么造成的？这里怎么没有损失？我们需要您配合到现场查勘。

2. 查勘现场。如果查勘定损人员对案件有疑问而且客户的解释也不能让人信服，那么就要协同当事人或者改派任务查勘现场。第一现场在确定保险责任上是最重要的环节，在车损险的保险责任中碰撞属于保险责任，而大部分的案件都属于碰撞，现场是证明碰撞的唯一办法。所以对于有疑问的案件一定要查勘现场，查勘现场与案件金额和损失大小无关，只为确定案件的真实性。

标准话术：根据您刚才叙述的情况与您车形成的损失有出入，可能被撞物体是一个形态特殊的物体，我们要在现场进行比对核实。您稍等，我给您安排去现场的事宜。

3. 事故车拍照。对于事故车拍照简单来说就是清晰、明确、有条理。查勘定损人员要让看照片的人能够看清楚及知道他照的是什么。看完整个照片还得符合逻辑，所以并不简单。照片直接能反映查勘定损人员所想，所以照片拍摄的好坏可以体现查勘定损人员的思路清晰与否。

标准话术：请您站在您车受损部位旁边我给你拍张照片 / 我们是为了跟您核实您知道您的车出险了。这在业内也称为“人车合影”。

通过以上步骤，查勘定损人员基本可以确认事故是否属于保险责任，仍不能确认保险责任的，需要上报请示做进一步调查处理。能够确定保险责任的继续按以下步骤进行。

4. 与当事人确认损失部位。在拍照的过程中要与客户确认好每个受损部位，这个过程可以避免后面的重复工作，核实客户报案的部位及相邻的部位是否有间接碰撞或者直接碰撞并且告知客户。

标准话术：您车受损的部位是……/ 您看还有没有别的地方？

5. 对车辆损失拟定修换方案。结合车辆损失程度和客户要去维修的地点对车辆损失有个估算，拟定出车辆修换方案，对于客户提出的疑问耐心解释。制定修换方案的原则有以下四个：

（1）能定本次事故造成的损失，不能定非本次事故造成的损失；

（2）能修复的不更换；

（3）能局部修复的，不整体修复；

（4）能换零部件，不换总成。

标准话术：您车的损失金额是……/ 您车的损失部位是……/ 这里可以修，修复后不会影响到安全性，请您放心。

五、录入系统核价核损

查勘定损人员把拍摄的车损照片传到理赔系统中，在系统中录入修换项目及金额，与维修站和当事人进行核实后提交核价核损，待审核通过后打印出定损单交与客户签字确认。

具体操作步骤：结合各家公司的理赔系统录入要求，按规定录入系统，并在理赔时效内完成。

标准话术：您看这些项目对吗？有没有漏掉的？您稍等，现在案件在核价核损阶段。

六、如实告知客户理赔相关事宜

向客户说明如何办理理赔、办理理赔地点、需要带的材料等事宜。

具体操作步骤如下：

1. 告知客户办理理赔的地点，并且根据客户位置推荐较近的理赔地点，并告知营业时间。

标准话术：您可以去以下地点办理理赔 / 您可以去这里，这里您去比较方便 / 营业时间为早 ×××× 到晚 ××××，您去之前最好再电话确认一下。

2. 将需要提供的理赔手续给客户注明，并告知客户，需要盖章或签字的要特别强调及注明。

标准话术：我已经把您办理理赔需要准备的材料给您写好了，您按照这个准备。

七、查勘定损流程

具体查勘定损流程图详见图 8-1。

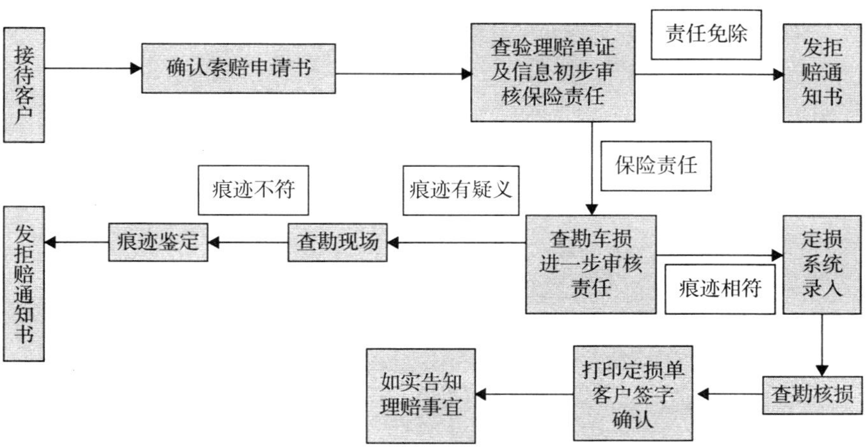

图 8–1　查勘定损流程

第二节　车险查勘定损照相技术要求

查勘定损拍照是一个合格定损员必备的技能之一，业内常说：“一个好的定损员能用照片说话。”通过照片可以了解案件的基本情况，比如，了解案件的真实情况、损失程度的大小、零部件是否需要更换等。

每个定损员对定损照片的拍摄都有自己的想法，并且通过日积月累不断完善，但是合格的定损人员要有统一的标准，对定损环节中的任何一个细节都要做到标准化。对于新上岗的定损员和正在实习期间的定损员来说，具备怎样的定损拍照技能才是合格的呢?

一、单方事故车损照片拍摄步骤

（一）整车照

要求是从车的正前方向两侧偏 45 度角（大家可以通过车辆 A、C 柱来作为基准），需要注意的是车辆损失部位要在车辆的全车照片中体现出来。照片中必须清晰地照出车牌照，在全车照片中无论车辆大小、长短、高低都要将车辆包含在照片中，不要因为车辆的特性外观而忽视了这一点（大家可以在照相时左右前后移动，找到一个符合要求的位置来拍摄）。

正确拍摄：

错误拍摄：

（二）车架号

车架号就像车的身份证，又叫 VIN 码，车架号一定要清楚，并且要将所照号码置于照片的中间位置，因为那是确认标的的重要信息。

正确拍摄：

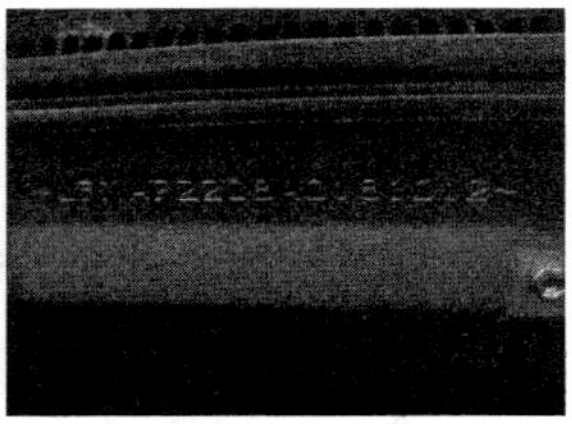

错误拍摄：

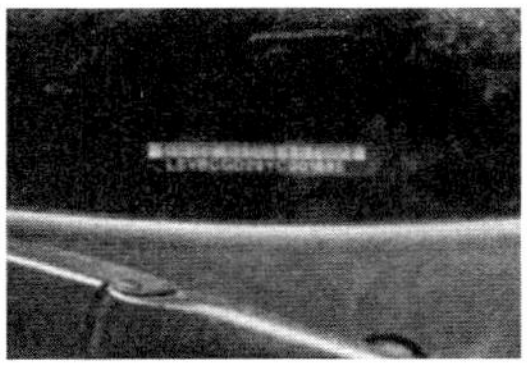

（三）证件及相关证明及签字确认的索赔申请书

各种证件和证明拍照时要注意将所照物件充满照相机屏幕，拍摄时要打开相机的近景拍摄功能键，对于尺寸较大的物件应再详细照清内容。

正确拍摄：

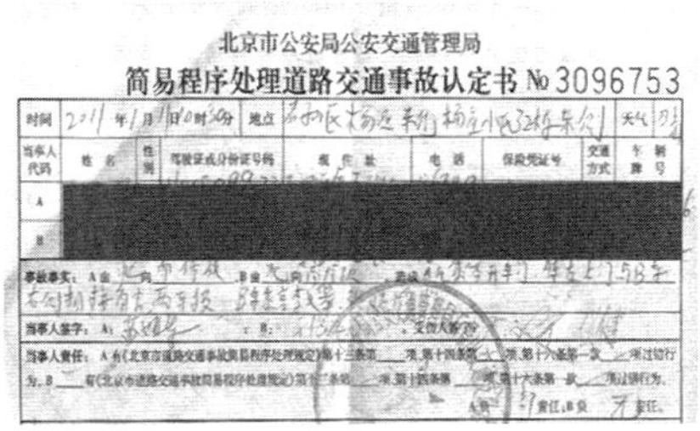

错误拍摄：

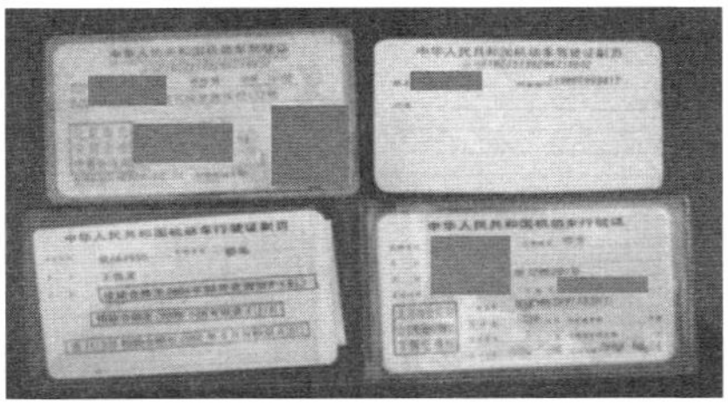

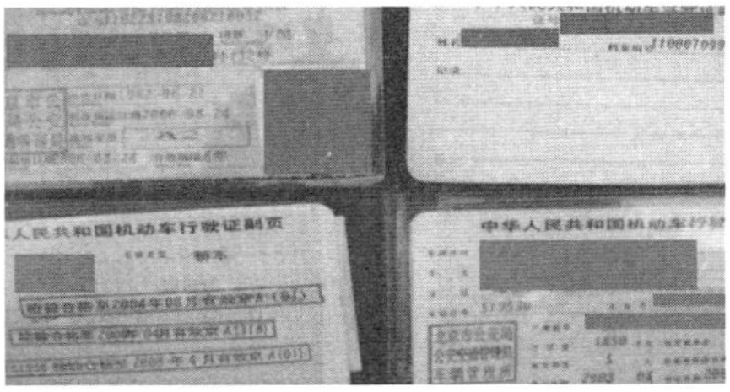

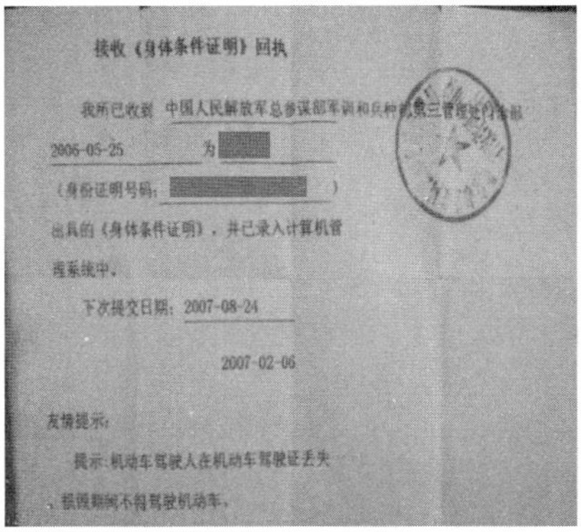

接收《身体条件证明》回执

我所已收到 中国人民解放军总参谋部军训和兵种部第三管理处门诊部

2006-05-25 为[redacted]

（身份证明号码：[redacted]）

出具的《身体条件证明》，并已录入计算机管理系统中。

下次提交日期：2007-08-24

2007-02-06

友情提示：

提示：机动车驾驶人在机动车驾驶证丢失、损毁期间不得驾驶机动车。

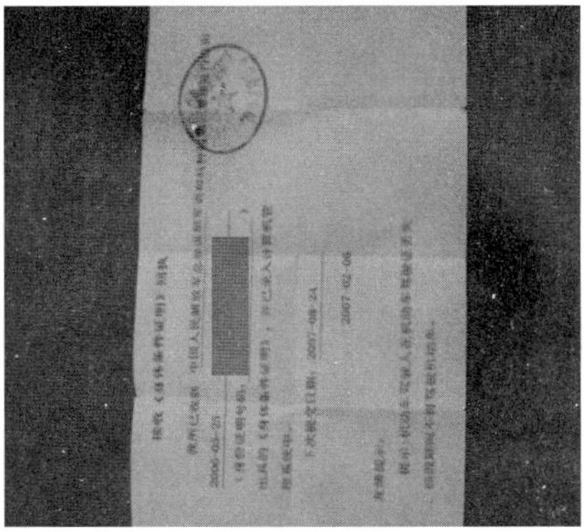

（四）车损详照

我们在拍摄车损详细照片时要本着由远到近、由前到后、由上到下的空间顺序；要有近景照片和局部照片，在照局部照片时前面必须有一张近景照片交代清楚所要拍摄的位置，每张照片要清晰地反映事故车的损失，避免同一部位照片拍摄过多。

近景照片局部照：

（五）拆解前照片

拆解前照片在定损过程中经常被查勘员忽略，但是这恰恰是最重要的，经验丰富的定损员会在事故车拆解之前就将事故车辆损失估计得八九不离十，但是还要有拆解前照片的帮助。简单地说，拆解前照片就是车辆在进入维修车间之前就对车辆的损失范围有个估算。要做到这点其实很简单，就是尽最大的努力照全所有的损失，不能照到或不能确定的要做好标记。

简单的拆解前照片：

拆解前图 1：

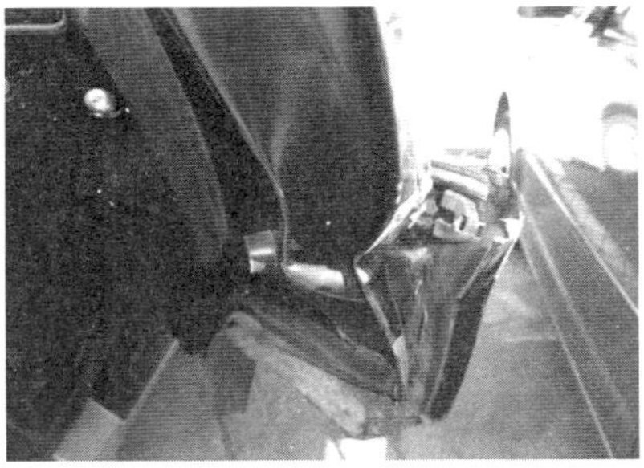

拆解前图 2：

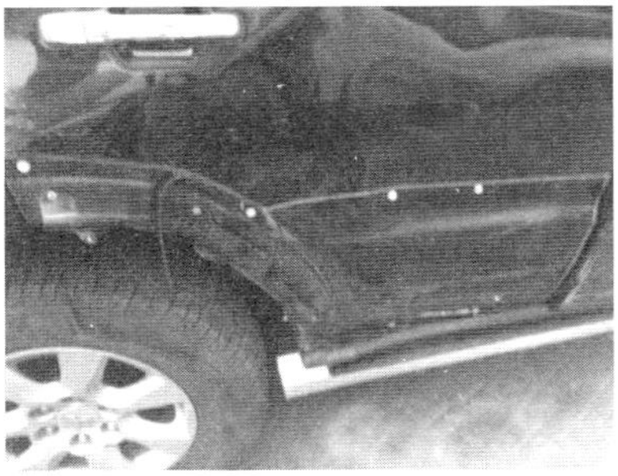

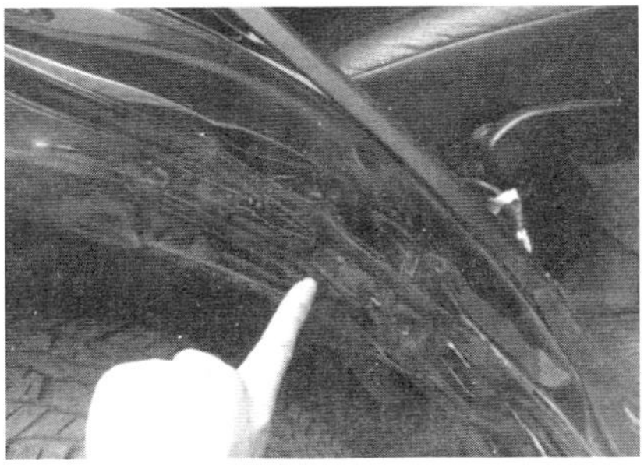

打开车门进一步确定内部的损失。

一般的拆解前照片：

拆解前图 3：

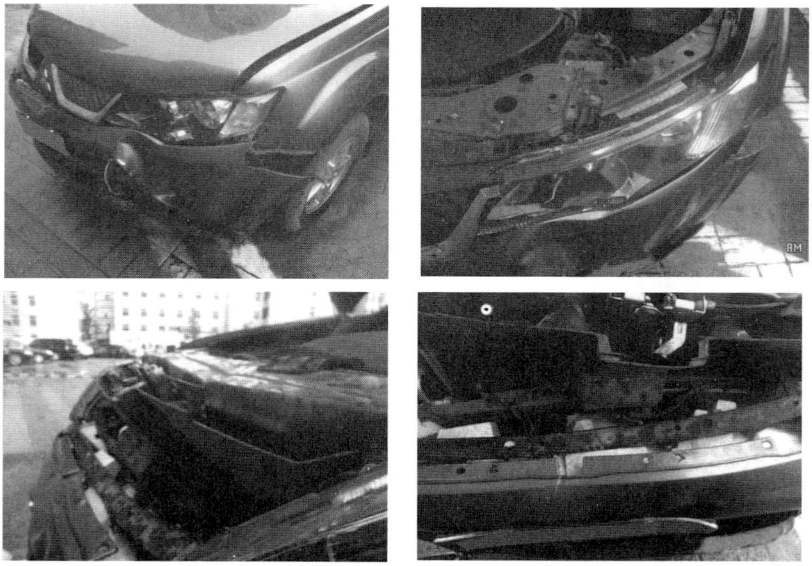

拆解前图 4：

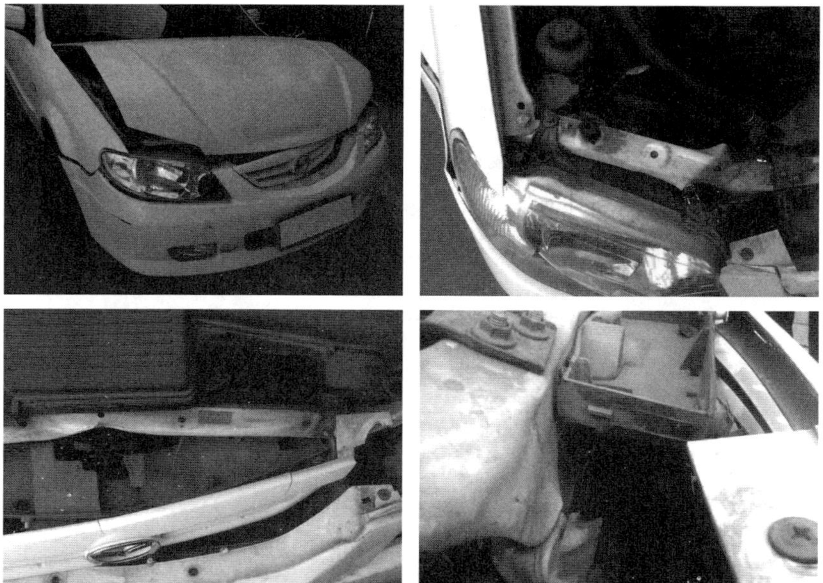

打开机盖确定易损件是否损坏及损失力度传递终点位置。

复杂的拆解前照片：

拆解照片 5：

进入驾驶室内对损失进行拍照，对碰撞造成的发动机附属配件进行拍照。

（六）拆解照片

我们通过对事故车的外观件拆解后对内部损失和拆下部件的损失进一步确定，拆解后事故车的内部损失就变得更容易拍摄，在拆解照片拍摄的时候也要本着拍摄部位明确、有条理，不光对拆解下来的部件要表明是哪里拆下来的，更要按空间顺序来拍摄内部损失。

拆解照片 1：

拆解照片第一张整体照要有车牌，将拆解下来的部件放在拆解位置同侧，这样可以确定是从哪个地方拆解下来的。

拆解照片 2：

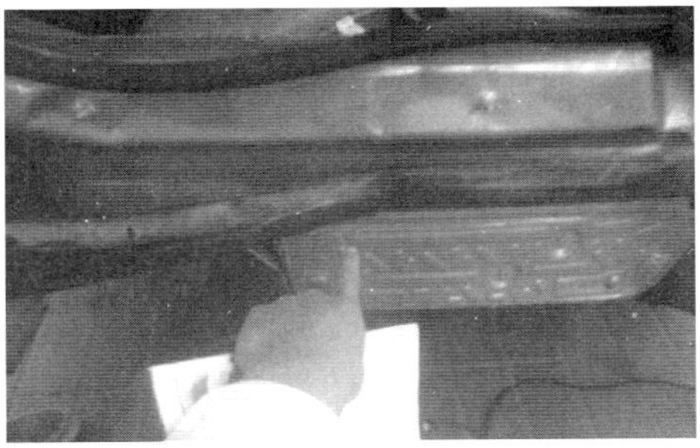
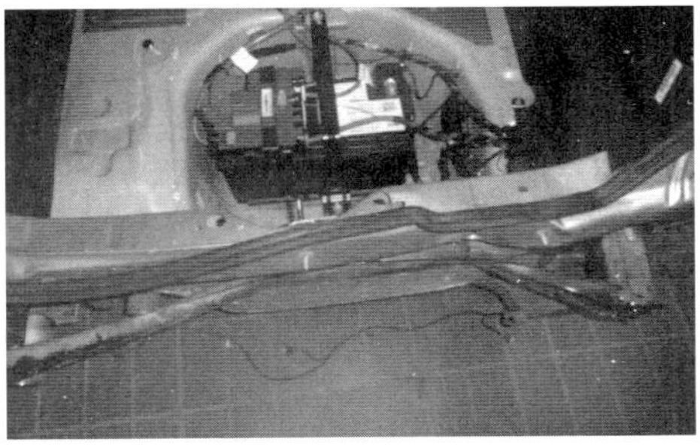
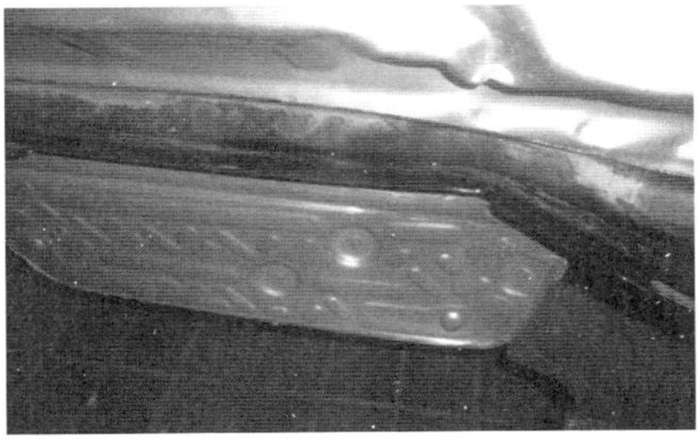
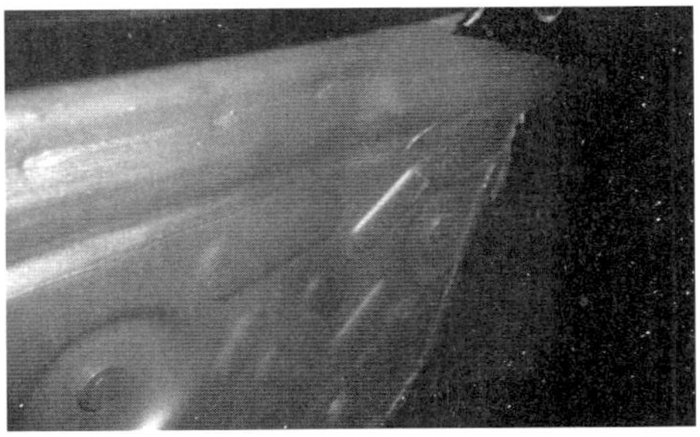

（七）落地照

落地照就是将确定更换的零部件单独进行拍摄确认。

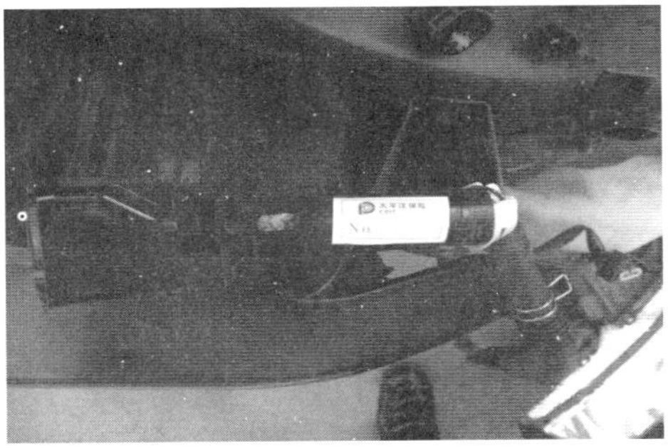
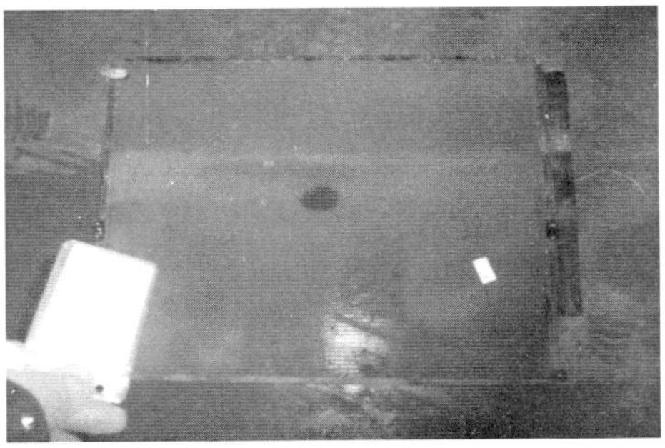

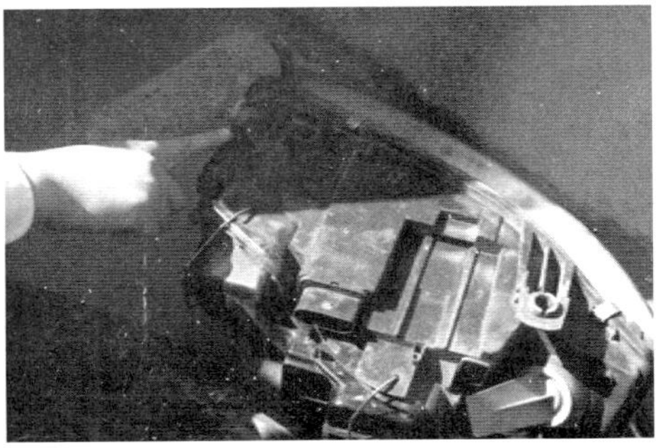

二、车辆修复中查验照片的分类及拍摄要求

查验照片按案件种类分为三类：碰撞案件的查验照片、车身油漆单独损伤案件的查验照片、玻璃单独破碎案件的查验照片。

碰撞案件的查验照片：要求损坏配件和更换的新配件装车后对比查验照片。

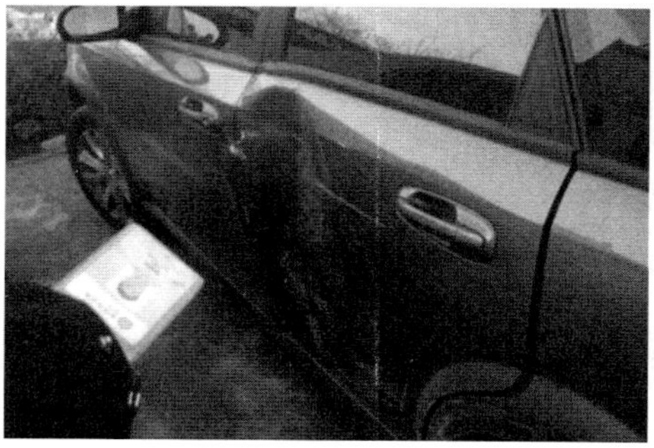

车身油漆单独损伤案件的查验照片：损失部位粗砂纸打磨照片或者喷涂底漆前打磨照片。

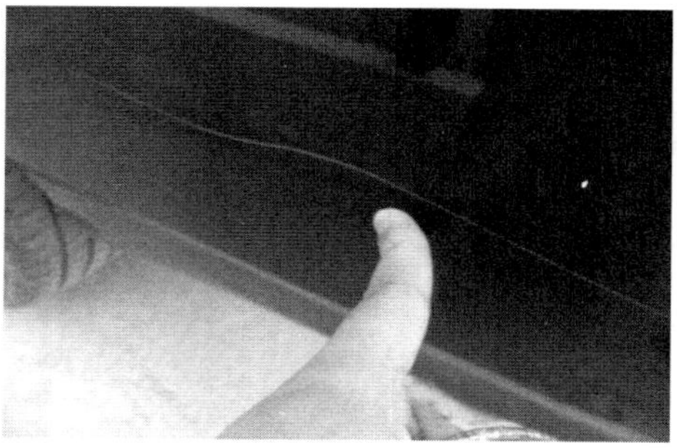

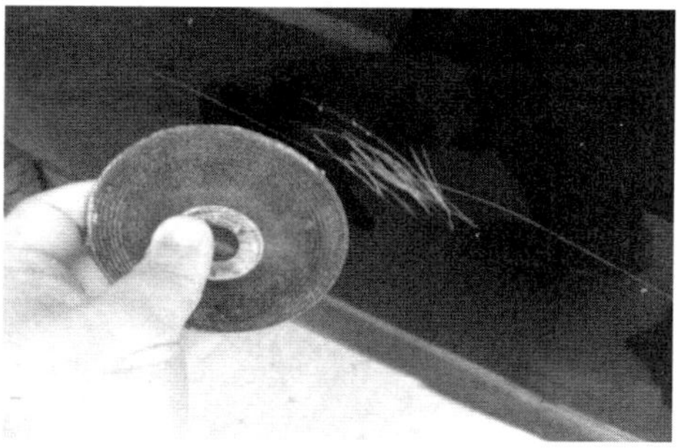

玻璃单独破碎案件的查验照片：损失明显的把新玻璃换上后拍照，损失轻微的需要扩损再拍照。

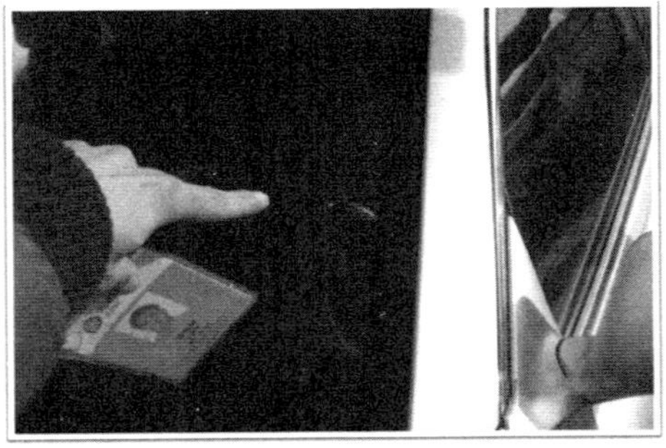
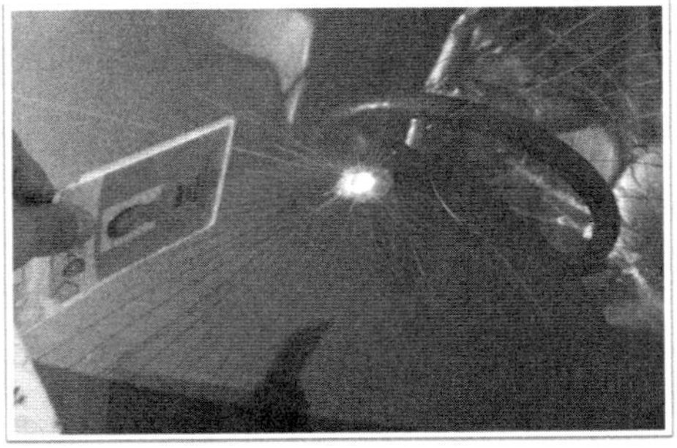

三、多方事故的拍摄要求

1. 多方事故要拍摄清楚多方车辆在碰撞时的位置关系，模拟各车在事故时的位置，比对碰撞点的高度和痕迹。

2. 对第三者的承保保险公司凭证拍照（保险单、交强险标识保险卡）。

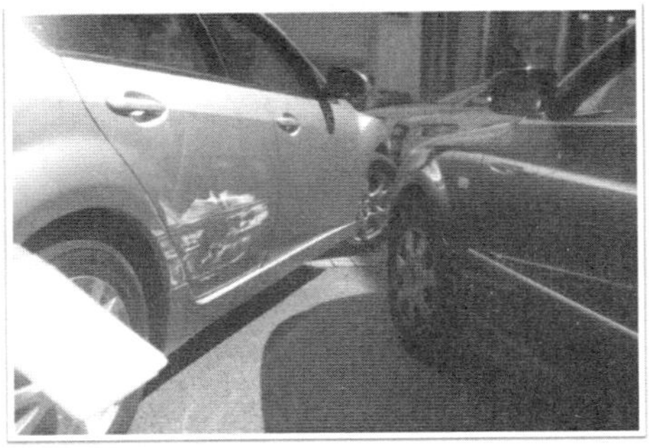

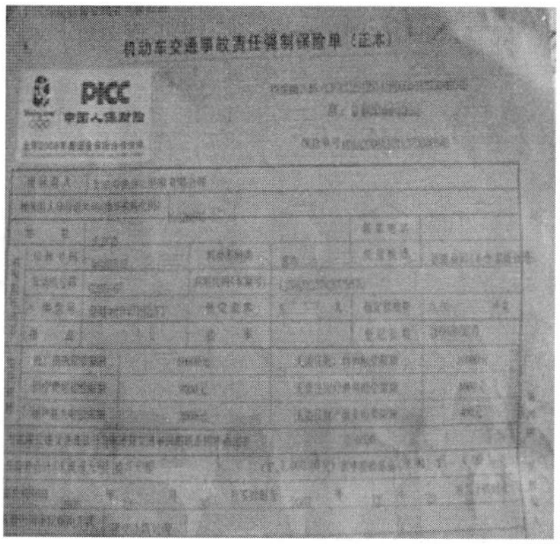

四、现场照片的分类及拍摄要求

（一）现场照片的分类

现场照片简单分为原始现场和变动现场。

1. 原始现场，是指发生事故后至现场查勘前，没有发生人为或自然破坏，仍然保持着发生事故后的原始状态的现场。

2. 变动现场，是指发生事故后至现场查勘前，由于受到了人为或自然原因的破坏，使现场的原始状态发生了部分或全部变动。

比较而言，原始现场更接近事故发生时的状态也更容易查勘，所以我们在查勘变动现场时要更加仔细认真。

（二）查勘现场的拍摄要求

1. 要有反映出周围环境和位置关系的照片，可以结合碰撞原因来分析案件的真实性。

2. 要有标的和被撞物体碰撞比对的照片，无法比对或比对不明显的应借助尺子或参照物等查勘工具。

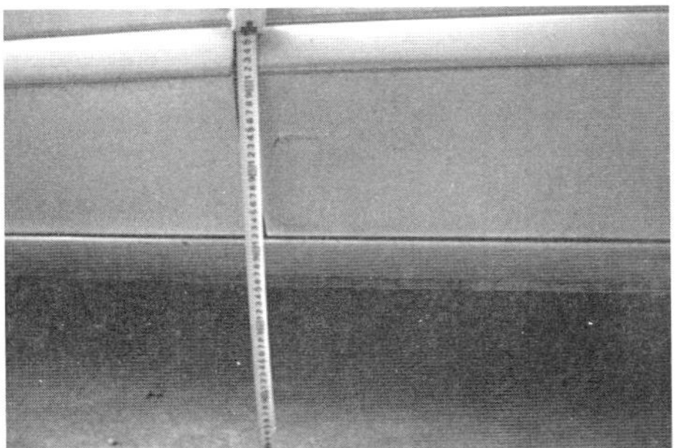

3. 拍摄被撞物体上是否有痕迹。

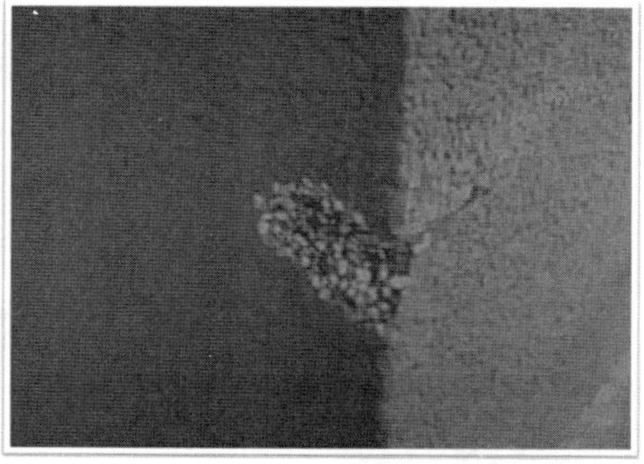

4. 拍摄证明事故位置的照片（路牌、界碑、站牌、标志性建筑物）。

5. 完整现场照片。

第三节　事故车辆修复原则

在定损过程中，定损员常会为一些易损配件的修换问题而发愁，其实了解了一些配件的工作原理及工作环境和修复的技术，易损件是修是换就好判定了。

一、易损件的修换原则

1. 质保原则：配件修复后应能达到新件寿命的 80% 以上，且与整车寿命匹配，如不能达到需更换。

2. 修理费合理原则：价值较低的，修理费用应不高于新件价格的 30%；中等价值的，一般修理费用应不高于新件价格的 50%；总成的修理费用，不可大于新件价格的 80%。

3. 确保行车安全原则：如遇到有关行车安全的配件外部受损，内部无法确定时需以安全为主予以更换。

4. 无检测设备更换原则：如遇到无检测设备确定修复结果的予以更换（承修单位设备缺陷问题除外），如转向机拉杆、传动轴、元宝梁等。

二、常见易损件类型及修换情况

（一）保险杠皮（前、后）

常见保险杠皮按材质分为塑料、铁、玻璃钢三种。

常见损失类型分为破损、变形、缺失。

以下情况建议更换处理：

1. 破裂长度达 10cm。
2. 保险杠内部骨架变形、脱骨。
3. 铁质杠体变形面积达 30%。
4. 杠体部件（一体）有缺失且影响安装或影响杠体牢固程度。

麻面材质：由于麻面材料难以修复至原样，故定损时建议协商补偿性修复。

（二）保险杠骨架（前、后）

常见保险杠骨架按材质分为铁、玻璃钢、铝合金三种。

常见损失类型分为破损、变形、缺失。

以下情况建议更换处理：

1. 铁质杠骨架变形面积达到 20%，弯曲度达到 20%。
2. 铝质杠骨架破裂或弯曲度达到 15%。
3. 玻璃钢材质破裂口长度达到 5cm。
4. 缺失部分影响安装或影响杠骨架完整性及功能性。

（三）中网

常见中网按材质分为塑料、镀铬两种。

常见损失类型分为破损、缺失。

以下情况建议更换处理：

1. 塑料材质断裂、缺失。

2. 镀铬材质断裂、刮伤、缺失。塑料材质刮伤无法喷漆恢复，如不影响使用协商修复。镀铬材质刮伤无法修复处理，如不影响使用协商修复。

（四）发动机盖

常见发动机盖按材质分为铁、玻璃钢、铝合金三种。

常见损失类型分为破裂、变形。

以下情况建议更换处理：

1. 铁质机盖变形面积达到总面积的 30% 或者出现死褶。

2. 铁质机盖破裂、开焊长度达 5cm。

3. 玻璃钢材质机盖破裂长度达 5cm。

4. 铝制机盖变形面积达 $50cm^2$ 且深度达 1cm。

（五）前翼子板（左、右）

常见前翼子板按材质分为铁、塑料、铝合金三种。

常见损失类型分为破裂、变形。

以下情况建议更换处理：

1. 塑料材质前翼子板产生塑性变形无法安装。

2. 塑料材质前翼子板破裂长度达 3cm。

3. 铁质前翼子板变形面积达到总面积的 30%，深度达 2cm。

4. 铁质前翼子板破裂长度达 5cm。

5. 铝质前翼子板变形达总面积的 10%，深度达 1cm。

6. 铝质前翼子板破裂。

（六）散热器框架

常见散热器框架按材质分为铁、塑料两种。

常见损失类型分为破裂、变形、缺失。

以下情况建议更换处理：

1. 塑料材质散热器框架破裂或缺失。

2. 铁质散热器框架变形面积达总面积的 20%。

3. 铁质散热器破裂长度达 3cm。

（七）前纵梁

常见前纵梁按材质分为铁、铝两种。

常见损失类型分为破裂、变形。

以下情况建议更换处理：

1. 铁质纵梁变形弯曲达 30° 。

2. 铁质纵梁褶皱溃缩达 10cm。

3. 铁质开焊长度达 15cm。

4. 铝质纵梁变形弯曲达 10° 。

5. 铝质纵梁出现死褶或破裂。

（八）车门（前、后 / 左、右）

常见车门按材质分为铁、铝两种。

常见损失类型分为破裂、变形。

以下情况建议更换处理：

1. 铁质门皮变形面积达总面积的 50%，深度达 2cm。

2. 铁质门皮内部加强件变形。

3. 铁质门皮玻璃框整体扭曲变形。

4. 铁质门皮破裂长度达 5cm。

5. 铝质门皮变形面积达 $50cm^2$ 且深度达 1cm。

6. 铝质门皮破裂。

（九）行李箱盖

常见行李箱盖按材质分为铁、铝两种。

常见损失类型分为破裂、变形。

以下情况建议更换处理：

1. 铁质行李箱盖变形面积达行李箱面积的30%或者内部骨架出现褶皱。

2. 铁质行李箱盖裂口或者开焊长度达 5cm。

3. 铝质行李箱变形面积达 50cm² 且深度达到 1cm。

（十）侧围

常见侧围按材质分为铁、铝两种。

常见损失类型分为破裂、变形。

侧围常受损部位一般分为 A、B、C 柱、下槛、后叶子板五个部位。

以下情况建议更换处理：

1. 铁质 A、B、C 柱变形面积达到 A、B、C 柱各柱体面积的 20% 且深度达 2cm，下槛变形面积达到总面积的 30% 且深度达 2cm，部分车型可单独更换 A、B、C 柱和下槛，如跟侧围一体则建议加大扣残力度或者将剩余件回收。

2. 对于后叶子板处变形面积超过 70% 且深度达 2cm 或者在棱角后尾灯灯框处出现严重褶皱，部分车型可单独更换后叶子板，如跟侧围一体则建议加大扣残力度或者将剩余件回收。

3. 铁质 A、B、C 柱破裂口达 5cm，铁质底大边破裂口达 10cm，铁质后叶子板破裂口达 15cm。

4. 铝质材料对于车辆 A、B、C 柱及下槛变形面积达 A、B、C 柱及下槛各自面积的 10% 且深度达 1cm，对于后叶子板处变形面积达到后叶子板总面积的 10% 且深度达 1cm。

5. 铝质材质裂口达 5cm。

（十一）底大边

常见底大边按材质分为塑料、玻璃钢两种。

常见损失类型分为破裂、变形、刮伤、缺失。

以下情况建议更换处理：

1. 塑料材质底大边缺失。

2. 塑料材质破裂长度达 10cm。

3. 塑料材质变形面积达到底大边总面积的 30%。

4. 玻璃钢材质破裂口长度达 10cm。

5. 玻璃钢材质缺失。

（十二）后围

常见后围材质为铁质。

常见损失类型分为破裂、变形。

以下情况建议更换处理：

1. 变形面积达到后围面积的 30% 且深度达 5cm。

2. 破裂或开焊长度达 10cm。

（十三）灯体（前大灯、尾灯、雾灯）

常见灯体材质为塑料、玻璃。

常见损失类型分为刮伤、破裂、缺失。

以下情况建议更换处理：

1. 塑料材质灯面划痕深度达 1mm，或者刮伤面积达到灯面的 20%。

2. 灯外面罩、灯内部壳体、灯后壳体破裂。

3. 灯体断脚达两个或灯脚缺失。灯体有单独维修包，维修包里有大灯灯脚（奔驰）无须更换大灯总成。

（十四）冷凝器

常见冷凝器材质为铝合金。

常见损失类型分为变形、破裂。

以下情况建议更换处理：

1. 冷凝器主管路变形凹陷达两处。

2. 冷凝器主管路破损。

3. 冷凝器整体变形达 15°。

轻微变形，不影响压力、安装，建议继续使用。

（十五）空调管路

常见空调管路材质为铝合金。

常见损失类型分为变形、破裂。

以下情况建议更换处理：

1. 管路变形达直径的 1/3。

2. 管路变形弯度达 30°。

3. 管路破损。

（十六）油底壳

常见油底壳材质为铝合金、铁。

常见损失类型分为变形、破裂。

以下情况建议更换处理：

1. 铁质油底壳变形深度达 1cm。

2. 铝制油底壳变形或破裂。

3. 铁质油底壳破裂。

（十七）散热器

常见散热器材质为铝合金。

常见损失类型分为变形、破裂。

以下情况建议更换处理：

1. 散热器主管路变形凹陷达两处。

2. 散热器主管路破损。

3. 散热器整体变形达 15°。

4. 散热器脚爪断裂、缺失。

轻微变形，不影响压力、安装，建议继续使用。

（十八）三元催化器

常见三元催化器材质为铝合金。

常见损失类型分为变形、内部损坏。

以下情况建议更换处理：

1. 接口变形，影响排气管安装。

2. 内部蜂窝状陶瓷物质受损。

（十九）悬挂件（转向节、下摆臂、减震器、转向拉杆）

常见悬挂件材质为铝合金、铸铁、铁。

常见损失类型分为变形、破裂、内部损坏。

以下情况建议更换处理：

1. 变形或破裂。

2. 由于保险事故造成减震器漏油。

（二十）钢圈（轮毂）

常见钢圈材质为铁、铝合金、镀铬。

常见损失类型分为变形、划伤、破裂。

以下情况建议更换处理：

1. 铁质轮毂变形或失圆。
2. 铝合金材质轮毂划伤面积达50%，拉丝工艺轮毂划伤面积达20%。
3. 铝合金材质轮毂划伤深度达 5mm。
4. 铝合金轮毂变形或失圆。
5. 镀铬材质轮毂划伤变形失圆。

注意：以上单个配件修复金额在此配件更换金额的 30% 内协商确定。

第四节　车辆修复工时费的厘定

一、工时费的组成

在汽修行业里的工时费是指针对某种维修项目所要支付的费用，简单来说就是人工费用，因为各个汽车厂家对车型维修要求及维修难度不同，所以维修工时费并不是固定的。维修工时费包括基本工时单价和工作时间定额及车型维修系数，用公式表示：

维修工时费 = 基本工时单价 × 工作时间定额 × 车型维修系数

基本工时单价：工时单价是每一个单位工时所需要支付的基本费用，这个费用通常是由维修厂来制定的，所以每个品牌的维修站基本工时单价有所不同。

工作时间定额：工作时间定额是指在一定的技术状态下完成一个维修项目所需要的时间，这里的时间包括准备时间（调度、工具准备）、操作时间（诊断、维修、测试）、打扫工作区时间、休息时间等。

车型维修系数：车型维修系数是指维修站按照厂家对车型维修的工艺要求，根据自己的维修技术拟定的修理难度系数。

二、工时费的分类

工时费的种类有很多，在日常查勘定损中经常用到的有钣金维修工时费、喷漆维修工时费、拆装工时费、机工维修工时费、第三方维修工时费等。

1. 钣金维修工时费：是车辆金属部件变形需要整形矫正的工时费（车门、纵梁、车架）。根据损失面积及修复工艺难易钣金可分为小钣金、中钣金、大钣金。

小钣金：

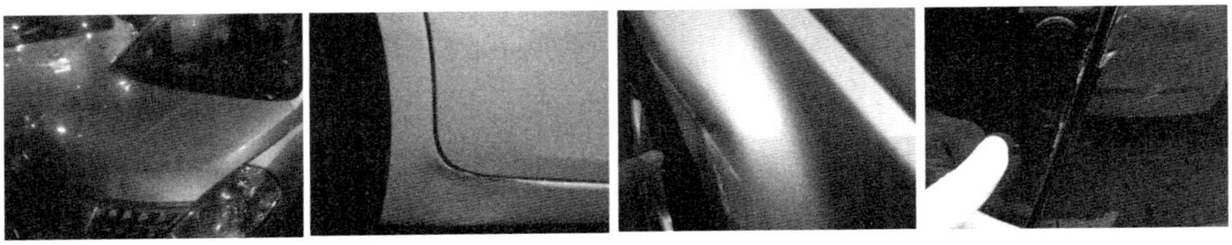

中钣金：

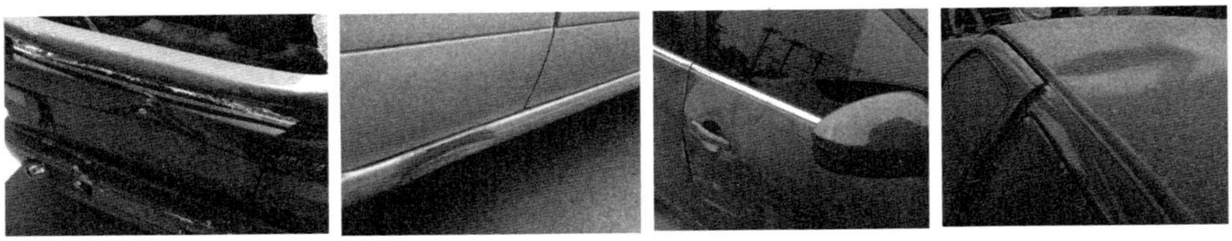

大钣金：

2. 喷漆维修工时费：是车身油漆破损或更换新部件需要喷漆的工时费。

钣金喷漆工时费定价（北京地区工时费参考价格）：

车辆（轿车）定损工时费是根据车辆的价格拟定的，按照车辆的新车购置价可以分为5万元以下、5万~12万元、12万~15万元、15万~20万元、20万~25万元、25万~30万元、30万~40万元、40万~60万元、60万元以上九个档次。

表8–1 轿车钣金喷漆工时费定价（北京地区工时费参考价格） 单位：元

修理项目	喷漆	小钣金	中钣金	大钣金	拆装	备注
全车	2700					5万以下
前、后杠	260	30	50	100	30	
前叶子板	260	30	50	100	30	
机盖	280	30	50	100	30	
前风挡立柱（A柱）	80	30	50	100	100	
门子	260	30	50	100	50	
反光镜	50				30	
中门立柱（B柱）	120	30	50	100	100	
车顶	350	50	100	150	200	
底大边（铁）	120	30	50	100	100	
后叶子板	260	30	50	100	200	
后备箱盖	280	30	50	100	50	
前围	100	30	50	100	50	
后围	100	30	50	100	50	
水箱框架	100	30	50	100	50	
前后纵梁（一根）	100	50	100	150	100	
后箱底板	100	50	100	150	100	
前轮旋	100	50	100	150	100	
车底板驾驶室内	150	50	100	150	500	

续表

修理项目	喷漆	小钣金	中钣金	大钣金	拆装	备注
全车	3500					5 万 ~ 12 万
前、后杠	300	100	150	200	50	
前叶子板	300	50	100	150	50	
机盖	350	100	150	200	50	
前风挡立柱（A 柱）	150	50	100	150	150	
门子	300	100	150	200	100	
反光镜	100				50	
中门立柱（B 柱）	200	50	100	150	150	
车顶	400	100	200	250	400	
底大边（铁）	200	100	150	200	150	
后叶子板	300	100	150	200	300	
后备箱盖	300	50	100	150	50	
前围	200	100	150	200	100	
后围	200	100	150	200	100	
水箱框架	200	100	150	200	100	
前后纵梁（一根）	150	100	200	300	200	
后箱底板	250	100	150	200	200	
前轮旋	200	100	150	200	200	
车底板驾驶室内	250	100	150	200	700	
全车	3600					12 万 ~ 15 万
前、后杠	350	100	150	200	50	
前叶子板	300	100	150	200	50	
机盖	350	100	150	200	50	
前风挡立柱（A 柱）	200	100	150	200	200	

续表

修理项目	喷漆	小钣金	中钣金	大钣金	拆装	备注
门子	350	100	150	200	150	12万～15万
反光镜	150				50	
中门立柱（B柱）	250	100	150	200	200	
车顶	450	100	200	300	500	
底大边（铁）	250	100	150	200	200	
后叶子板	350	100	150	200	400	
后备箱盖	350	100	150	200	50	
前围	250	100	150	200	150	
后围	250	100	150	200	150	
水箱框架	250	100	150	200	150	
前后纵梁（一根）	200	100	200	300	250	
后箱底板	250	100	150	200	250	
前轮旋	200	100	150	200	250	
车底板驾驶室内	300	100	200	300	800	
全车	4100					15万～20万
前、后杠	400	100	150	250	100	
前叶子板	400	100	150	200	100	
机盖	400	100	200	300	100	
前风挡立柱（A柱）	250	100	150	200	200	
门子	400	100	200	300	200	
反光镜	150				50	
中门立柱（B柱）	250	100	150	200	200	
车顶	500	150	250	350	500	
底大边（铁）	250	100	200	300	250	

续表

修理项目	喷漆	小钣金	中钣金	大钣金	拆装	备注
后叶子板	400	100	200	300	500	15 万 ~ 20 万
后备箱盖	400	100	200	300	100	
前围	300	150	200	300	150	
后围	300	150	200	250	150	
水箱框架	250	100	150	200	150	
前后纵梁（一根）	250	200	400		250	
后箱底板	250	150	200	300	250	
前轮旋	250	150	200	300	250	
车底板驾驶室内	350	150	200	300	800	
全车	4500					20 万 ~ 25 万
前、后杠	450	100	150	250	100	
前叶子板	450	100	150	200	100	
机盖	500	100	200	300	100	
前风挡立柱（A 柱）	250	100	150	200	200	
门子	450	100	200	300	200	
反光镜	200				50	
中门立柱（B 柱）	250	100	150	200	200	
车顶	600	150	250	350	500	
底大边（铁）	300	150	200	300	300	
后叶子板	450	150	200	300	500	
后备箱盖	450	100	200	300	100	
前围	300	150	200	300	150	
后围	300	150	200	300	200	
水箱框架	300	100	150	200	200	

续表

修理项目	喷漆	小钣金	中钣金	大钣金	拆装	备注
前后纵梁（一根）	300	200	400		250	20 万～25 万
后箱底板	300	150	250	300	250	
前轮旋	300	150	250	300	250	
车底板驾驶室内	400	150	250	300	1000	
全车	5000					25 万～30 万
前、后杠	500	100	200	300	100	
前叶子板	500	100	150	200	100	
机盖	550	150	250	350	100	
前风挡立柱（A 柱）	300	100	150	250	250	
门子	500	100	200	300	200	
反光镜	200				50	
中门立柱（B 柱）	300	100	150	200	250	
车顶	700	150	300	500	600	
底大边（铁）	300	150	250	350	300	
后叶子板	500	150	250	350	600	
后备箱盖	500	150	250	350	100	
前围	350	150	200	300	200	
后围	350	150	250	350	200	
水箱框架	300	100	150	200	200	
前后纵梁（一根）	350	250	400		300	
后箱底板	350	200	250	350	300	
前轮旋	350	200	250	350	300	
车底板驾驶室内	400	200	250	350	1000	

续表

修理项目	喷漆	小钣金	中钣金	大钣金	拆装	备注
全车	5600					30万～40万
前、后杠	550	150	250	350	100	
前叶子板	550	100	200	300	100	
机盖	650	150	300	400	150	
前风挡立柱（A柱）	350	100	200	250	250	
门子	550	150	250	350	300	
反光镜	250				100	
中门立柱（B柱）	350	100	200	300	250	
车顶	800	200	300	500	600	
底大边（铁）	350	200	300	400	350	
后叶子板	550	200	300	400	600	
后备箱盖	550	150	250	350	100	
前围	400	150	200	300	200	
后围	400	150	250	350	250	
水箱框架	350	150	200	250	250	
前后纵梁（一根）	350	300	450		350	
后箱底板	400	200	300	400	350	
前轮旋	350	200	300	400	350	
车底板驾驶室内	450	200	300	400	1200	
全车	6000					40万～50万
前、后杠	600	200	300	400	150	
前叶子板	600	150	200	300	100	
机盖	700	200	350	450	150	
前风挡立柱（A柱）	350	150	200	250	300	

续表

修理项目	喷漆	小钣金	中钣金	大钣金	拆装	备注
门子	600	200	300	400	300	40万～60万
反光镜	250				100	
中门立柱（B柱）	350	100	200	300	300	
车顶	800	200	400	600	700	
底大边（铁）	350	200	400	500	400	
后叶子板	600	200	400	500	700	
后备箱盖	600	200	350	450	150	
前围	450	150	200	300	250	
后围	450	150	250	350	250	
水箱框架	400	150	200	300	300	
前后纵梁（一根）	400	350	500	800	400	
后箱底板	450	250	350	400	450	
前轮旋	400	250	350	500	450	
车底板驾驶室内	500	250	350	500	1200	
全车	7000					60万以上
前、后杠	700	250	400	600	200	
前叶子板	700	200	300	500	150	
机盖	700	300	500	800	200	
前风挡立柱（A柱）	450	200	300	500	400	
门子	700	250	400	600	500	
反光镜	300				150	
中门立柱（B柱）	450	200	300	500	400	
车顶	700	300	600	1000	1000	
底大边（铁）	450	300	600	800	600	

续表

修理项目	喷漆	小钣金	中钣金	大钣金	拆装	备注
后叶子板	700	300	600	800	1000	60 万以上
后备箱盖	700	300	500	700	200	
前围	550	250	400	700	250	
后围	550	250	400	600	300	
水箱框架	500	250	400	600	450	
前后纵梁（一根）	500	500	1000	1500	600	
后箱底板	550	400	500	600	800	
前轮旋	550	400	600	800	600	
车底板驾驶室内	600	400	600	1000	1500	

以上工时费表针对一类厂非特约车型，一类以下维修资质厂可在此维修金额下浮 10%，同类工时费用可合并作价，同类工时费两处以下不打折（包括两处），两处以上、六处以下（包括六处）打八折，六处以上打七折。

3. 拆装工时费：是在维修项目中需要拆解车辆部件的工时费。

定损常见拆装工时如表 8-2 所示：

表 8-2　各区间工时费　　单位：元

拆装项目	5 万以下	5 万～10 万	10 万～15 万	15 万～20 万	20 万～30 万	30 万～60 万	60 万以上
底大边（切割）	120	180	200	250	300	350	400
后叶子板(切割）	150	200	250	300	340	400	500
后备箱盖	40	50	75	80	100	120	150
后围（切割）	60	80	100	120	150	240	300
反光镜	10	20	40	50	60	80	100
下支臂	20	50	50	70	70	80	100
半轴	20	30	30	40	40	60	80

续表

拆装项目	5万 以下	5万～ 10万	10万～ 15万	15万～ 20万	20万～ 30万	30万～ 60万	60万 以上
平衡杆	20	30	30	40	40	60	80
转向机	30	50	50	60	60	100	120
减震器	25	40	40	60	60	100	120

以上工时费表针对一类厂非特约车型，一类以下维修资质厂可在此维修金额下浮10%。

4. 机工维修工时费：是车辆机械部件维修的工时费用（四轮定位、抽真空加氟）。

5. 第三方维修工时费：是承修厂的设备及技术无法完成修理项目将部分修理项目转交给另一方维修部门进行维修所产生的工时费（仪表台维修、镗缸磨轴、内饰维修、汽车电脑维修）。

非金属塑料件（前杠、仪表台、内饰板、前大灯等）维修根据配件金额拟定维修工时费，其标准如下：

（1）配件金额≤1000元，维修工时费200元。

（2）1000<配件金额≤3000元，维修工时费300元。

（3）3000<配件金额≤5000元，维修工时费500元。

（4）5000<配件金额≤10000元，维修工时费800元。

（5）配件金额>10000元，维修工时费1000元。

第五节　定损实务案例解析

一、定损典型案例

案例 1

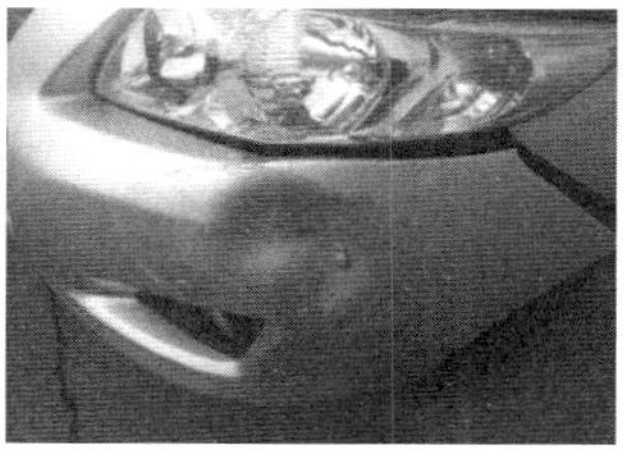
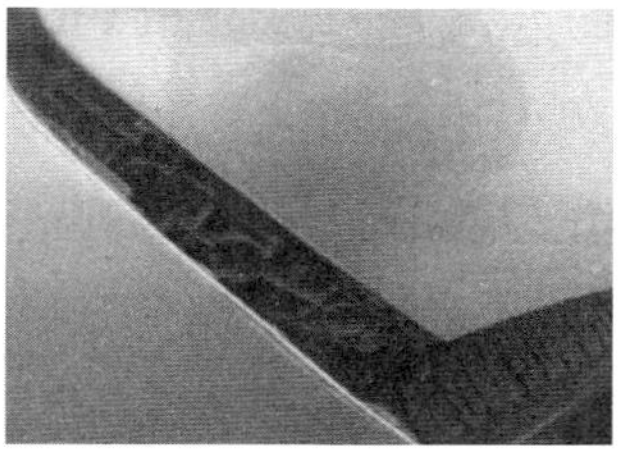

丰田卡罗拉新车购置价 14.5 万元，根据车损照片完成定损。

车辆损失为左前部，前保险杠变形并且杠体侧面安装卡座断裂，根据前保险杠修换标准中提到“杠体破裂长度达 10cm 和杠体部件（一体）有缺失且影响安装或影响杠体牢固程度”这两点更换此前保险杠。更换前保险杠需要对新配件进行喷漆处理，根据钣金喷漆工时费表中 10 万 ~15 万元车辆前保险杠喷漆工时费为 300 元，前保险杠更换需要拆装喷涂，根据拆装工时费表中 10 万 ~15 万元车辆拆装前保险杠工时费应为 50 元。

维修方案：更换前保险杠。

工时费：300 元 +50 元 =350 元。

案例 2

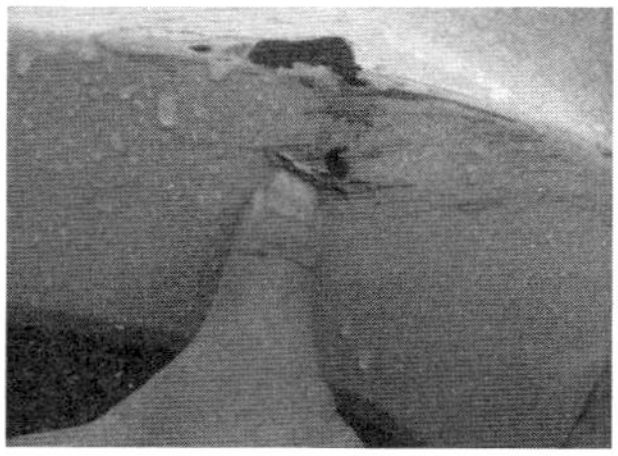

捷豹 XF 新车购置价 45 万元，根据车损照片完成定损。

车辆右后部受损，右后尾灯破碎，右后杠破裂变形，根据配件维修标准变形可修复不影响安装，破裂长度未达 10cm，后保险杠修复处理，此保险杠价格区间 5000 ＜配件金额≤ 10000 元，维修工时 800 元，根据灯具修换标准，灯外面罩、灯内部壳体、灯后壳体破裂予以更换，根据钣金喷漆工时费表中 35 万 ~60 万元车辆后保险杠喷漆为 480 元，后保险杠更换需要拆装喷涂，根据拆装工时费表中 30 万 ~60 万元车辆拆装后保险杠工时费为 120 元。

维修方案：右后尾灯更换。后保险杠修复工时费：800 元。

后保险杠喷漆工时费：480 元。

后保险杠拆装工时费：120 元。

案例 3

奔驰 S350 新车购置价 80 万元，全铝车身，根据车损照片完成定损。

车辆左侧受损，左前大灯有破裂，左前翼子板变形面积达到 $50cm^2$ 且深度达 1cm，左前门损失面积达 $50cm^2$ 且深度达 1cm，根据修换标准予以更换，左后门变形面积未达 $50cm^2$ 且深度未达 1cm 可以修复处理，左后叶子板变形面积达 $50cm^2$ 且深度达 1cm 可以更换处理。鉴于后叶子板与侧围是一体切割，更换工艺较为复杂，可在更换侧围金额的 30% 内协商修复，如更换应注意侧围切割剩余部分的定残或旧件回收，根据 60 万元以上车辆钣金喷漆工时费表收费。

维修方案：更换左前大灯、左前叶子板、左前车门（相关附件和连接件如有损坏或为一次性配件或辅料也应一并更换）。

喷漆工时费：左前叶子板 500 元、左前门 550 元、左后门 550 元、左后叶子板 550 元，根据相同工种多块打折，两处以上、六处以下打八折，整体喷漆金额 1720 元。

钣金左后车门工时费：500 元（铝制）。

钣金左后叶子板工时费：6300 元（左侧围配件金额 21000 元）。

拆装前翼子板、左前门工时费：580 元。

案例 4

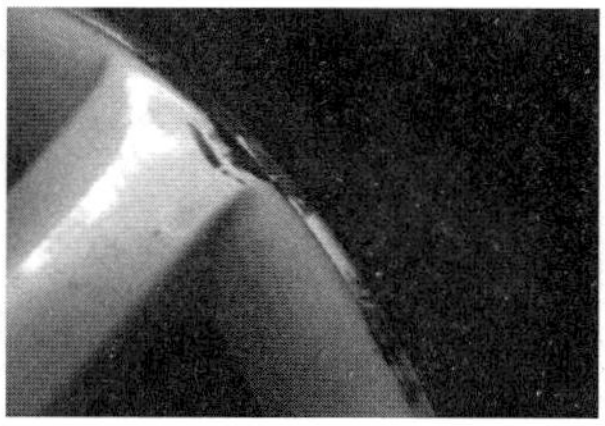

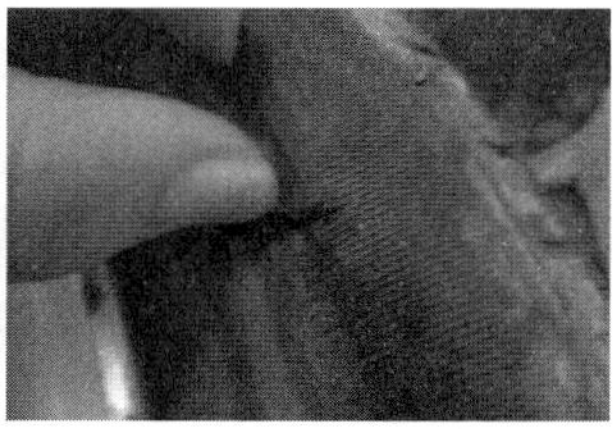

丰田花冠，新车购置价 13 万元，根据车损照片完成定损。

车辆右前部、底部悬挂系统、排气系统、散热系统均受损，前保险杠破损并有缺失更换处理，右前雾灯丢失更换处理，冷凝器变形并破损，冷凝器整体变形超过 15° 可以更换处理，散热器脚爪断裂、缺失可以更换处理，空调管路变形弯度达 30 度可以更换，右前摆臂变形需更换，排气管变形较严重可以更换，油底壳变形但没有破损不建议更换，前横梁变形严重更换处理，轮胎胎冠有破损应更换处理，钢圈有划伤无变形并且划伤面积未达到 50% 不建议更换，根据钣金喷漆工时费表中的 10 万 ~15 万元车辆和拆装工时费收费。

维修方案：更换前保险杠、右前雾灯、散热器、冷凝器、空调管、排气管、右前摆臂、前横梁、右前轮胎（相关附件和连接件如有损坏或为一次性配件或辅料也应一并更换）。

喷漆工时费：前保险杠 300 元。

拆装工时费：前杠 50 元、右前摆臂 50 元、前横梁 50 元、排气管 100 元、散热器冷凝器 120 元。

右前轮毂修复工时费：300 元。

四轮定位工时费：240 元。

二、常见拒赔案例

常见拒赔案例主要发生在以下四个环节。

（一）证件环节

1. 行驶证。

除本保险合同另有书面约定外，发生保险事故时保险机动车没有公安

交通管理部门及其他相关管理部门合法的行驶证、号牌，或临时号牌、临时移动证，或未按规定检验或检验不合格的，可作拒赔处理。

行驶证是否过期要看行驶证副证年检钢印，此行驶证有效期是到2012年11月30日凌晨。查勘时要看出险时间是否在此时间之前，若在之后视为行驶证过期，作拒赔处理。

2. 驾驶证。

无驾驶证、驾驶证失效或者被依法扣留、暂扣、吊销，驾驶与驾驶证载明的准驾车型不相符合的机动车，可作拒赔处理。

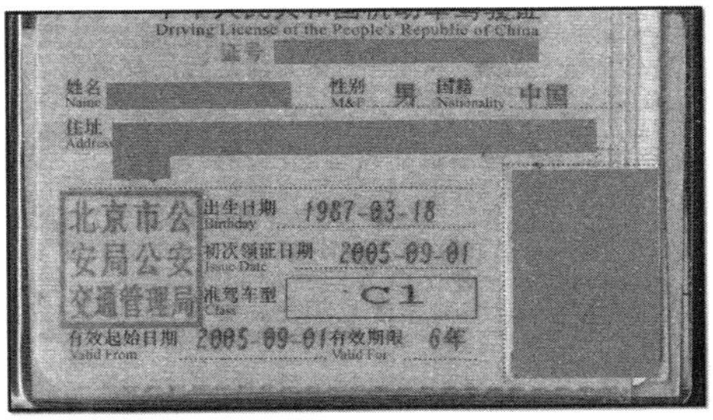

如图所示，驾驶证底部有效起始日期2005年9月1日，期限为6年，此驾驶证有效期至2011年9月1日，出险时间在此日期之后均视为驾驶证失效。

驾驶证中下部有准驾车型一栏，此车型要与行驶证标注的车型一致，否则视为与驾驶证载明准驾车型不符。

3. 操作证。

使用各种专用机械车、特种车的人员无国家有关部门核发的有效操作证，或驾驶出租机动车或营业性机动车无交通运输管理部门核发的许可证书或其他必备证书，可作拒赔处理。

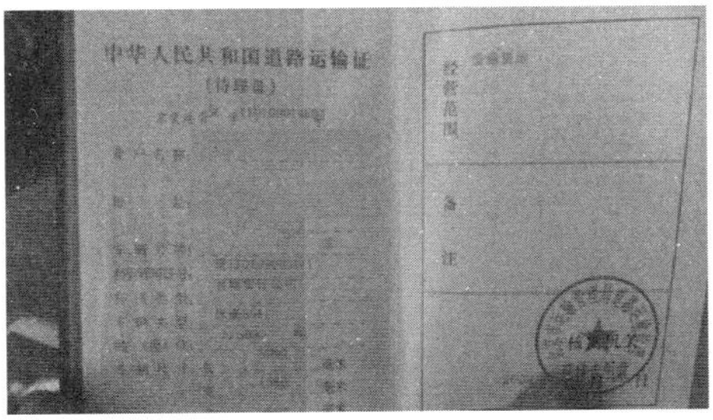

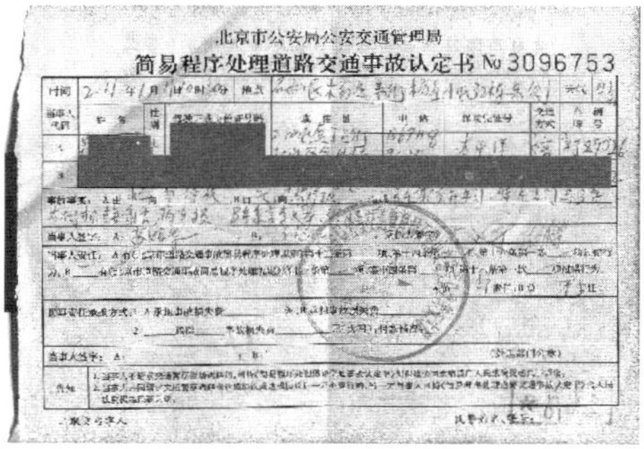
北京市公安局公安交通管理局

简易程序处理道路交通事故认定书 №3096753

[redacted]

运输证需核对车辆信息和年审日期。

（二）证明环节

1. 交通事故责任认定书。

交通肇事后逃逸，饮酒、服用国家管制的精神药品或者麻醉药品的当事人，可作拒赔处理。

交通事故责任认定书中间，当事人责任部分写明事故责任的认定，也载明了当事人违反交通事故简易程序处理规定，对照交通事故责任认定书背面核实是否有逃逸或酒驾情况。

2. 火灾责任认定书。

注明起火原因，结合保险责任判定此次事故是否属于保险责任。

3. 气象灾害证明。

自然灾害需要开具气象证明，证明反映雨量不够暴雨级别、风力不够暴风级别均可作拒赔处理。

（三）查勘车辆、事故现场环节

存在以下情况的，均可作拒赔处理：

1. 同时更换发动机、车身、车架任意两项或两项以上未按规定登记并办理批改。

2. 盗窃未遂造成的车辆损坏。

3. 碰撞痕迹不符。

4. 保险车辆违章装载。

5. 轮胎（包括钢圈）单独损坏、车身表面油漆单独损伤（未投保车身油漆单独损伤险）、玻璃单独破碎（不含天窗玻璃）、水箱或发动机单独冰冻损坏、新增设备损失。

6. 发动机进水后导致的发动机损坏（未投保涉水损失险）。

（四）调查环节

开具假证明、假证件，造假案件，酒后驾车，换司机等都可作拒赔处理。

查勘端调查分为两类：内部调查和外部调查，内部调查一般由机构内部进行，主要以查勘员调查为主；外部调查则是将案件转给专业调查公司处理。内部调查的基本方法是仔细查勘车辆损失及痕迹、调取当时监控录像、对当事司机及相关当事人做询问笔录、调取当事人的电话清单、有侧重点地询问及引导。

案例 1：标的车于 2015 年 10 月 31 日零时 45 分在门头沟因司机王某驾驶不慎撞到树，车辆损失较重，接近报废。定损员在询问当事司机事故经过时了解到：当事司机非被保险人本人，因被保险人饮酒，便打电话找朋友即当事司机王某代驾，但由于王某驾驶技术不佳，在接人途中发生事故。查勘员对该事故车进行细致查勘后，发现以下问题：

第一，车内饰顶棚有血迹，据当事司机叙述，车侧翻两周，但当事司机未受伤，而被保险人头上有伤，且明显为新伤。

第二，据核实，当事司机王某与被保险人两人的电话清单中未显示有双方的联系记录，当事司机解释为出门着急，与先生（宋某）拿错了电话。如情况属实，按当事司机王某叙述“出险后，她打电话给先生（宋某）寻求帮助”的逻辑，在王某的电话清单中，与先生（宋某）第一电话联系应显示为“被叫”，但清单中确显示为“主叫”，不符合她拿错电话的逻辑。

第三，在询问过程中，对于“谁报的案”，当事司机王某与被保险人回答不一致，口径不统一。

第四，据王某叙述，当时车速为 60km/h，按常理推测，以此速度造成车辆翻车，且翻车两圈的概率较小。在整个询问过程中，当事司机王某与被保险人回答不够顺畅，不能集中，且矛盾较多，并无法解释，后经与查勘员沟通，客户放弃索赔。

案件 2：标的车于 2015 年 3 月 5 日零时 30 分在通州次渠南路附近，因司机王某驾驶不慎撞上马路牙子，造成本车前部、底部严重受损，车不能行驶。定损员在询问被保险人事故经过时，被保险人叙述到其并非当事司机，发生事故时坐于副驾驶座位处，两人已系好安全带，但由于撞击力度过大，造成车辆主、副驾驶室气囊弹出，车辆严重受损。查勘员在对事故车辆进行进一步查勘时发现，标的车内主驾驶与副驾驶的安全带已全部锁死，从锁死状态上看，安全带呈现长度明显不同，且副驾驶室安全带紧绷于座位处，因此查勘员对被保险人表述的“车内有两人，且都系好安全带”提出质疑。除此之外，查勘员在核查被保险人通话记录时发现，在临近出险时间段内，有呼出记录，且对方号码恰好为当事司机，不符合二人同时在车上的事态逻辑。综上两点，查勘员根据工作经验，认定报案时所述的驾驶情况与标的车内的查勘痕迹不相符合，后经与查勘员沟通，客户放弃索赔。

第九章　汽车保险反欺诈

第一节　车险反欺诈的重要性及现实意义

自 1988 年起，车险一直是我国财产保险第一大险种。仅 2018 年，我国财产保险公司为全国 2.32 亿辆机动车辆提供风险保障，年度受理车险理赔案件近 8000 万笔，赔款 4100 余亿元。机动车的高流动性、车险赔付对象多样性，导致其风险管控非常复杂，是保险欺诈的重灾区。根据原北京保监局公布的数据，2007—2010 年由车险欺诈造成的保险损失高达 38 亿元，占车险保费总收入的 20%；2017 年司法案件统计数据表明，国内车险欺诈在保险欺诈发案数量占比高达 80%。

加强对车险欺诈犯罪行为的管控、防止及降低车险欺诈行为的发生、减少恶意保险赔付的损失对保险业的健康发展及车险业务的正常经营有十分重大的意义。国内外对车险反欺诈都非常重视，采取有力措施并投入大量精力去化解欺诈风险。以我国车险年度赔款 4100 亿元为基数计算的话，仅 20% 的欺诈车险风险损失就高达 800 亿元人民币。如此巨大的欺诈损失不能不引起相关保险公司、保险行业，甚至国家的高度重视。

车险欺诈包括职业性的保险欺诈犯罪、机会型的扩大保险损失骗赔及利用信息不对称获取不当利益等各种情形。以车险欺诈实施主体进行区分，常见的有以下三种形式。

一、保险消费者主观的恶意欺诈

保险消费者主要是指被保险人、投保人、三者险索赔人、保险受益人等保险消费利益相关人员。其中，一些法律意识淡薄、爱占便宜、利欲熏心的消费者受社会一些别有用心的犯罪分子的影响，利用车险理赔高度依赖保险消费者提供证明材料的机会，在车损、物损及人伤理赔过程中都有可能提供虚假理赔证明资料实施欺诈。

以最常见的人伤欺诈为例，伤者可能会提供虚假个人户籍或收入证明，以提高死亡、伤残、赡养费，被扶养人生活费，误工费，护理费等理赔项目的赔偿标准；在医院“挂床”，提供虚假住院证明，以此虚报误工天数，骗取住院伙食补助费等理赔项目；住院期间购买与车险事故无关的高价药品混入用药明细，一并向保险公司索赔等。以上各类情况导致欺诈发生概率极高。

二、保险公司“内鬼”参与的车险欺诈

保险公司迫于承保业务竞争或理赔服务考评压力，在内部降低了业务风控标准，业务操作人员 KPI 考核导向及风控制度漏洞等因素，均可能为保险公司的“内鬼”参与保险欺诈提供操作空间。

例如，车险小额案件快处快赔。在保险公司考核导向的影响下，管理人员高度重视理赔时效，尤其针对小额案件，主观认定此类案件金额小，风险也小，对各理赔岗位时效考核过度严苛，从而放松对此类案件的风险管控，对其进行减免理赔申请资料，甚至车辆维修明细，理赔发票都可以减免。小额单方事故车辆车主尚未完成车辆修理，实际未产生维修费用的情况下，赔款已“快速”到账。为避免后续发生纠纷，此类案件通常按照 4S 店维修标准进行定损，而车主若实际去普通修理厂维修，将得到额外收益。这种明显存在风控漏洞的理赔方式几乎涵盖所有 5000 元以内的小额车损、人伤事故，已成为当今国内车险理赔服务的“标配”。此类小额案件占比为 75% 左右，国内保险行业每年此类案件数量至少有 5000 万笔，

小金额的风险背后存在巨大的风险基数。这种盲目提升服务时效而忽视欺诈风险的理赔方式，不仅有违车险实际损失补偿原则，还为保险公司“内鬼”利用流程漏洞参与甚至主导实施车险欺诈提供了巨大操作空间。

三、第三方合作服务机构的车险欺诈

保险第三方合作服务机构是车险理赔服务的重要组成部分，主要包括车辆修理厂、医院、道路救援机构、人伤或财物损失鉴定机构、全损车辆拍卖公司、公估公司、理赔代理机构等，以上机构向出险人员和车辆提供各类具体收费服务，最终由保险公司以赔款的形式补偿损失。作为逐利的第三方商业机构，可能会以扩大损失、以次充好、虚抬服务收费标准、与索赔人合谋欺诈等手段，向保险公司获取更多的赔款，导致各类欺诈产生。

例如，车辆修理厂向保险公司报送的维修明细，经常会故意包含不属于损失车辆款型的高价配件、实际更换配件以次充好、重复定损总成件已包含的零部件、虚报并抬高维修工时等情况；不法人伤鉴定机构与伤者合谋，夸大伤情评定高级别伤残等级；针对机构服务网点不全的中小型保险公司，道路救援机构对异地出险车辆施救、拖车漫天要价；理赔代理机构以真实发生的人伤案件为基础，利用保险公司理赔流程及风控漏洞，通过开具各类虚假证明、提供各类假发票从保险公司违法获取高额赔款。由于保险第三方合作服务机构提供的服务存在一定不可替代性和专业性，其导致的欺诈更为严重，也难以管控。保险公司内部应该严格审查第三方合作服务机构。

以上各类欺诈直接导致保险公司不得不以更复杂的风控流程进行管控，给普通保险消费者的理赔带来不便；提高了保险公司的运营成本，间接拉升保险产品价格，对保险产品和相关保障服务推广造成障碍。

第二节　车险反欺诈的主要举措

针对车险欺诈，国内外普遍在完善法规体系、建立行业预警系统、培植专业反欺诈机构、打击欺诈犯罪行为等多方面采取有效措施，最终要形成让欺诈分子不能欺诈、不敢欺诈、不想欺诈的局面。

一、反欺诈法规体系的完善

从 20 世纪中叶开始，美国等国家开始以打击保险欺诈为核心整治欺诈，其思路可以概括为立法先行、政府推动、公司为主、行业联合、部门合作、社会参与、共同治理，建立多层次、全方位的反欺诈法规体系。

（一）法律法规

美国的主要法案有《反保险欺诈法》《保险欺诈局法》《车险承保前检查法》《特别调查科法》等。在内容上，对欺诈警示语、强制报告义务、特别调查科、承保前的车辆检查等事项作了强制规定。

我国《刑法》对投保人、被保险人、受益人及利益相关第三方虚构保险标的、夸大损失程度、编造事故损失、故意制造保险事故等情形有明确规定。同时，对保险事故的鉴定人、证明人、财产评估人故意提供虚假的证明文件、为他人诈骗提供条件的，以保险诈骗的共犯论处。

（二）部门协作

美国政府要求大多数保险公司必须建立一个内设部门——特别调查科，作为反保险欺诈的常设专门机构。在保险监管机构内设立反保险欺诈局，专门负责对各保险公司反欺诈工作的指导，并将涉嫌犯罪的欺诈案件移送检察机关进行审查起诉。韩国虽然没有设立专门的保险犯罪调查机构，但在行政部的金融监督院内设有保险调查室，负责鉴定保险机构的保险犯罪预防状态，引导各公司特别调查的功能强化和法律环境改善；在调查机关的警察厅内设调查局智能犯罪科，各地方警察厅及警察署设调查二系和机动调查队，每年计划性调查 1~2 次保险犯罪。

我国保险监管部门连续多年与公安部合作组织“安宁行动”，针对包括车险在内的保险欺诈进行专项打击，成效显著。2018 年 2 月 11 日，监管部门下发《反保险欺诈指引》（保监发〔2018〕24 号），对保险欺诈进行明确定义①，并要求保险机构应当承担欺诈风险管理的主体责任，建立健全欺诈风险管理制度和机制，规范操作流程，妥善处置欺诈风险，履行报告义务；制定欺诈风险管理制度，以明确董事会及其专门委员会、监事会（监事）、管理层、相关部门在欺诈风险管理中的作用、职责及报告路径，规范操作流程，严格考核问责制度。

二、建立行业机构，管控欺诈风险

美国于 1892 年成立国家保险犯罪调查局（NICB），该组织是一家非营利性组织，主要职责是数据分析、调查、培训、处理政府事务和公共事务。截至 2015 年，该组织成员公司涵盖美国 80%~85% 的保险公司，共有 1100 余家保险公司参与，各成员公司共享数据，重点针对有组织的保险欺诈进行调查，对业内开展业务培训，向公众进行反欺诈普法教育。组织内的调查人员多数来自执法部门，以实际案例推动和促进各州有关反欺诈的立法，使其成为保险行业与执法部门的工作协调枢纽。日本也设有非寿险犯罪预防委员会，由当地警署和当地非寿险公司代表共同组成，其分支机构已经遍及 47 个都、道、府、县，其作用主要是促进各省际之间、地区之间及城区之间有关保险反欺诈的信息交换，有效地协助警署开展对犯罪活动的调查取证工作。

---

①《反保险欺诈指引》第三条规定：保险欺诈（以下简称欺诈）是指假借保险名义或利用保险合同谋取非法利益的行为，主要包括保险金诈骗类欺诈行为、非法经营保险业务类欺诈行为和保险合同诈骗类欺诈行为等。除特别说明，本指引所称欺诈仅指保险金诈骗类欺诈行为，主要包括故意虚构保险标的，骗取保险金；编造未曾发生的保险事故、编造虚假的事故原因或者夸大损失程度，骗取保险金；故意造成保险事故，骗取保险金的行为等。

目前，我国也成立了多个保险反欺诈机构，各地监管部门及保险行业协会都成立了反欺诈中心，上海、江苏、浙江、辽宁、安徽等地监管部门进一步尝试组织当地保险行业开展区域性的数据共享，与当地公安部门合作打击保险欺诈，协助保险公司管控车险欺诈风险。

三、营造反欺诈环境及氛围，业内外共同参与反欺诈

美国保险行业经常面向客户、潜在投保人、内部员工等进行多样化的预防性宣传教育活动，传递诸如保险欺诈是严重的金融犯罪、广大无辜消费者是保险欺诈的最终受害者等观念，与各类保险消费利益相关方达成欺诈风险管控的基本共识。英国建立了保险人联合会，设立反欺诈热线，引导公众积极参与反欺诈并给予一定的物质奖励，通过多渠道将信息及时传递到保险公司和警方，同时引入市场机制，由商务调查公司开展专门调查，调动业内外一切资源共同打击保险欺诈，管控欺诈风险。

近年来，我国保险机构联合公安部门及广电传媒、门户网站、微博、微信公众号等各类主流媒体，以法制节目、专题报道、案例宣讲等多种形式组织宣传保险欺诈的危害性，取得一定成效。但行业外专业调查力量及普通民众参与程度有待进一步提高。

第三节　车险反欺诈的发展历程

国内车险反欺诈的发展历程与机动车市场发展、车险市场变化和新技术产生及应用密切相关。参照国际发展进程，国内车险反欺诈的发展历程可以概括为以下三个阶段。

一、1980 年至 2000 年

此阶段是车险反欺诈高度依赖理赔人员责任心和个人技能的阶段。

1980 年我国保险业恢复之初，国内不存在私家车①，承保车辆绝大部分是国家机关、国有企业或企事业单位车辆。由于车险理赔规定：若车辆为非个人所有，理赔过程中从提出索赔申请、确认损失直至理赔付款，均需要加盖单位或企业公章确认，而且赔款通常是公对公通过银行账户操作，个人较难实施欺诈行为并从中获利。该时期，只有经济条件特别好的极少数人拥有私家车，此类人群有稳定的高收入，几乎不存在主动实施车险欺诈的动机。

截至 2000 年，我国经营车险的保险公司只有 9 家，80% 以上的车险业务集中在人保财险，全国各地均有机构的保险公司也只有中国人保。由于国内车险消费者以机关、企事业单位、公司、高收入个人为主，其自身具有较强的抵抗风险能力，投保需求和意愿都不强，而保险欺诈人员通常投保险种齐全、保额较高，会引起理赔人员高度警觉；而且该时期，各保险公司理赔业务骨干几乎全部来自中国人保，相互沟通交流频繁。在这种市场环境下，欺诈人员很难实施大额车险欺诈和跨公司的车险欺诈。

在这个时期，信息技术尚不成熟，理赔实务几乎全部依靠投入人力完成。互联网 1998 年之后刚刚兴起，网上资源传输以文本类（电子邮件）为主，大流量的图片、视频资料传输成本极高；智能手机尚未问世，数码相机刚刚上市但价格昂贵，理赔人员取证主要以使用传统胶片相机为主，因胶片相机是最重要的取证工具，若相机发生故障或胶卷意外曝光，将导致整个理赔案件关键理赔资料灭失。理赔人员必须亲临现场查勘，采集现场理赔资料、确定保险责任、协助客户处理保险事故；后续理赔资料由理赔人员告知索赔人员提供。

在上述环境下，车险欺诈类型高度集中在以真实事故为基础的机会型

① 1986 年 11 月，上海才诞生了我国第一位真正意义上的私家车车主，直至 20 世纪 90 年代末，上海总共发行了不到 5000 张私家车牌照，进入 21 世纪后，我国家用轿车才进入高速发展阶段。

欺诈，如酒后换驾及在真实车损基础上虚报、扩大车辆损失等行为。该阶段的车险反欺诈只能通过理赔人员现场查勘、做询问笔录、熟悉车辆构造、比对车损及碰撞痕迹来识别欺诈风险，对理赔人员责任心和个人技能高度依赖。

二、2000 年至 2010 年

此阶段是车险反欺诈向设备技术信息系统转化阶段。

随着我国经济的高速发展，高收入人群不断扩充，私营企业车辆、家庭车辆占比越来越高；国内汽车信贷业务出现[①]，二手车市场逐渐繁荣，导致机动车所有人不再局限于高收入人群。国家统计局公布数据显示，2010 年我国汽车产销量双双突破 1800 万辆，跃居世界第一位；全国民用汽车保有量达 9086 万辆（包括三轮汽车和低速货车 1284 万辆），比 2009 年底增长 19.3%，其中私人汽车保有量 6539 万辆，增长 25.3%。民用轿车保有量 4029 万辆，增长 28.4%，其中私人轿车 3443 万辆，增长 32.2%。随着个人车辆占比的提升，车辆持有人的类别不断多样化，车险理赔服务对象越来越复杂，车险欺诈风险逐渐升高。

截至 2010 年底，我国经营车险的保险公司有 55 家，较 2000 年激增 41 家。人保财险的车险市场份额自 2006 年首度跌破 50%。2010 年底，车险市场份额由人保财险一家独大，转变为人保财险（37%）、平安产险（15%）、太保产险（13%）三分天下的局面，市场份额排名第四的中华联合财险市场份额仅为 5%。2000—2010 年，随着机动车销量剧增，车主保险意识不断增强。在 2006 年 6 月实施交强险后的 4 年中，车险保费收入平均增幅为 25% 左右，2010 年接近 40%。在车险市场高度繁荣的环境下，快速增加的保费完全可以覆盖欺诈风险，各保险公司普遍将经营核心定位在前端展业。尤其在此期间新成立的保险公司，更是将全部精力集中在抢占市场、扩大份额方面，而将后端理赔服务和反欺诈风控置于相对次要地位。在此

① 20 世纪 90 年代末，国内各银行才陆续开启汽车信贷业务。2002 年后，汽车信贷业务得到了前所未有的大发展，迎来了汽车信贷的春天。

期间，随着保险经营主体剧增，欺诈人员开始利用各保险公司的信息孤岛，实施跨公司的保险欺诈。例如，利用真实损失车辆作为第三者车案件跨公司虚假报案索赔。

在该时期，为应对车险保费及理赔业务爆发式增长，信息技术在保险行业应用逐渐增多。各保险公司在2005年后，逐渐普及应用信息系统完成车险出单和理赔操作。2008年12月31日，国务院常务会议通过决议，同意启动3G牌照发放工作。此后，车险行业彻底抛弃胶卷相机，承保验车及理赔取证普遍应用数码相机、智能手机或平板电脑。而随着网络传输效率的提升及数码产品的普及，部分保险公司也开始为优质客户或合作修理厂授信、授权，允许其自行应用数码设备对保险事故拍照取证，对于车辆单方轻微事故，甚至直接应用其拍摄照片进行远程定损理赔。信息技术为车险经营提高效率的同时，也为保险欺诈提供了便利。例如，各种操作极为简易的PS软件出现，为伪造电子照片、电子单证提供了便利，降低了保险欺诈技术和专业门槛。

在上述环境下，随着车险欺诈方式的多样化发展，仅依靠理赔人员个人技能已无法对上述风险全面有效防控；同时，随着业务激增①，依靠人力已无法担负日常工作，各家保险公司普遍应用信息系统提高工作效率，将有限的人力集中投入到重大疑难案件风控，业务精英重点针对大额案件开展反欺诈工作。

三、2010年至今

在此阶段，车险反欺诈整合个人技能和信息系统优势，向更高端发展。

在该阶段，我国机动车市场持续繁荣，同时对车险行业产生重大影响。首先是新能源车占比不断提升。2010年6月，我国开始对私人购买新能源车进行补贴，助力新能源车从商用车向私家车的推广；2016年我国的新能源汽车销量超过50万辆，已占据全球新能源汽车市场的50%以上；2018

① 1980年车险保费收入728万元，2010年车险保费收入3004.15亿元，增长了4126.58倍。

年全国新能源汽车保有量达261万辆，占汽车总量的1.09%，增加107万辆，同比增长70%。新能源车的保额评估方法、理赔定损方式与传统汽车差异很大，此类车辆反欺诈对保险行业是一个全新的挑战。其次，二手车市场迅猛发展。2017年我国二手车交易数量达1234万辆，同比增长18.8%，二手车交易增速首次超越新车销售增速；2018年1—11月，全国二手车累计交易1260.47万辆，同比增长12.84%。车险公司很难全面掌握二手车的实际车况和价值，欺诈人员低价买入二手车，高额投保后故意制造事故，二手车索赔欺诈的风险在最近5年内特别突出。最后，新车销量增速变缓。2015年，我国新注册登记机动车数量同比增速首度跌破10%；2018年新注册登记机动车数量3172万辆，低于2017年的3352万辆，首次出现负增长，车险保费增速同步放缓。在车险前端保费增速放缓的情况下，各家保险公司越来越重视后端理赔的反欺诈等风控工作。

2010年之后，我国新增经营车险保险公司数量明显放缓，截至2018年12月，我国经营车险的保险公司共64家，较2010年仅新增9家，其中新增4家互联网保险公司。商业车险改革及互联网保险公司出现并未打破原有的车险市场格局，车险市场份额仍旧主要集中在人保财险、平安产险和太保产险，三家公司市场份额总和一直稳定维持在65%左右。大型保险公司引领行业反欺诈管理方式和技术应用潮流。2010年之前，各家保险公司反欺诈管理相对粗放，通常以理赔金额大小为主导，进行理赔管理权限及风险程度的划分，而业务审核人员分散在各级机构。近年来，在信息系统发展普及的基础上，部分保险公司已经实现自动化的理赔风险识别，以风险评分、评级和理赔标的类别为主导，由理赔系统自动审核或分配给专业理赔人员处理；业务审核等关键风控管理岗位实施全国集中或区域性集中管理。

近年来，国内保险行业越来越重视信息系统建设，依靠技术手段管控理赔风险，开展车险反欺诈工作。随着国内保险公司管理理念的转变，吸引了数家外资科技公司来我国开展相关业务，如CCC（美国）、FICO（美国）、德联易控（德国）等公司；国内主营相关业务的科技公司，如精励联讯、中科软、凯泰铭、般若科技、智信达等科技公司也在此期间迅速崛起；人保财险、平安产险等大型保险公司自建科技子公司，对外输出数据或技术服务；同时，保险监管部门越来越重视车险反欺诈工作，指导中国保信依托全国车险信息平台数据，连续4年为“安宁行动”[①]提供行业反欺诈数据分析服务，提供团伙欺诈线索。2016年12月，中国保信实现“全国车险反欺诈信息系统”上线，该系统突破了各家保险公司的信息壁垒，首次实现以行业共享信息为依托的反欺诈模型应用，构建了行业反欺诈协同的工作机制和系统工具，全面提升了车险反欺诈的大数据应用及信息化水平。

随着信息系统及行业数据深度应用，业务和技术人员共同整合个人技能和信息系统优势，车险反欺诈的信息技术应用水平越来越高。

第四节　车险反欺诈经典案例

以下案例为实际经办案件，是不同阶段车险理赔实战中提炼出的经典案例，带有鲜明的时代特征。

一、扩大损失骗赔案例

（一）案件概况

2006年11月16日凌晨3点，张某驾驶斯太尔大货车途经盘山公路，因疲劳驾驶，车辆撞毁护栏并掉入路旁约6米的深沟。次日，车辆由修理厂协助完成施救并进行维修，向保险公司提供车辆维修明细，定损金额9万余元。

① 中国保监会与公安部合作，共同打击以保险欺诈为主题的专项行动。

（二）疑点

通过观察现场照片，出险深沟坡度较缓，而且货车驾驶员疲劳驾驶通常车速不会很快，根据长期积累的事故定损经验，导致 9 万余元损失可能性不大，可能存在修理厂扩大损失的欺诈行为，而此类车辆最常见的扩大损失方式就是虚报损失轮胎数量。

（三）案件调查

通过核对维修明细发现，车辆损失轮胎 7 个，其中左侧 3 个，右侧 4 个，损失率高达 70%（该车共 10 个轮胎）。进一步仔细比对现场查勘照片，可以确认车身左侧轮胎均未损坏，右侧疑似损坏轮胎 2 个。该案仅轮胎就至少虚报 5 个，价值 1.2 万余元。

（四）调查结果

以最常见、最容易取证的配件为突破口，案件调查人员进一步整理其他扩大损失证据。最终，修理厂对扩大损失欺诈行为供认不讳，案件直接挽回损失 3 万余元。

（五）案件启示

该案件属于典型的基于真实保险事故扩大损失欺诈案例。案件侦破完全依靠理赔人员的经验和现场查勘人员的责任心，若现场查勘人员没有亲自到沟底对损失细节进行拍照，该案无法如此顺利处理。

二、虚假理赔材料欺诈案例

（一）案件概况

2009 年 3 月 2 日上午 11 点，刘某在购物中心停车时，不慎撞倒正在整理货品的李某。李某被撞倒后，被身边的微波炉等小家电砸伤其腰部。4 个月后，伤者李某提供住院清单、人伤鉴定报告等资料，向保险公司索赔 10 万余元。其中，李某伤残等级为 8 级，该项索赔金额为 9.6 万元。

（二）疑点

伤残鉴定应在伤情稳定后进行，通常此类伤情的鉴定周期应在半年以上；而且伤者在市购物中心出险，如此严重伤情却返回其老家县医院治疗，并未转院至省或市级医院医治。此案情索赔金额高度集中在伤残项目，提供虚假伤残鉴定可能性极大。

（三）案件调查

从医疗记录分析，伤者无法达到 8 级伤残标准，但伤者和鉴定机构均拒不配合调查。伤者以保险公司拖延赔付为由，向当地监管部门投诉。调查人员转为暗访，偶然发现伤者仍从事物流搬运类工作，并拍照取证；同时了解到伤者与鉴定机构的朋友串通，共同扩大伤情、评残级别虚高，进行保险欺诈。

（四）调查结果

事实面前，伤者不得不承认其欺诈行为，涉案鉴定机构被追究法律责任。

（五）案件启示

案件调查过程中，欺诈人员必会向保险公司客服投诉，或通过监管部门向保险公司施压。因此，调查人员首先必须具备强大的抗压能力，才有机会充分发挥业务技能开展反欺诈工作。

三、跨公司信息比对识别死亡赔偿欺诈案例

（一）案件概况

2014 年 9 月，中国保信利用车险信息平台的行业交强险死亡赔偿人员信息进行分析，发现疑似欺诈人员在 2013 年 1 月和 6 月分别在两家财产保险公司因死亡原因出险，存在明显欺诈特征。

（二）疑点

案件疑点已非常明确，中国保信将全部案件信息发送至两家保险公司，通过理赔证明及影像资料相互比对，基本确认为欺诈案件。

（三）案件调查

经进一步深入调查发现，2013 年 6 月出险的理赔证明资料多数为伪造，但其中部分证明材料的公章是真实的，且有公职人员参与此次保险欺诈。

（四）调查结果

在事实面前，涉案人员对欺诈行为供认不讳，退回全部赔款，征求宽大处理。

（五）案件启示

跨公司欺诈案件通常理赔证明材料齐全，甚至有公职人员参与，传统的理赔审核及欺诈风控流程已无法有效识别和管控此类风险。中国保信在监管部门的统筹领导下及确保数据信息安全的前提下，开展行业数据反欺诈应用，有效遏制此类欺诈行为。

四、车联网技术反欺诈应用案例

（一）案件概况

2018 年 7 月，北京某信息科技有限公司与某保险公司，利用车联网数据开展对营运货车重大损失案件出险地点的信息比对分析，发现其中一辆大货车的出险报案所在地与当时车联网数据标记地点不一致。

（二）疑点

从案件基本情况分析，出险车辆极有可能是套牌车。

（三）案件调查

应用车联网技术进一步追踪车辆出险前后 12 小时的行驶轨迹，调查人员很快就完成了调查取证工作。事实证明，出险车辆和车联网追踪车辆确实为车牌号相同的两辆车，属于营运货车中比较常见的套牌车辆欺诈。

（四）调查结果

欺诈人员对案件进行撤案处理，案件直接挽回损失 8 万余元。套牌车车主被交管部门追究法律责任。

（五）案件启示

营运货车的套牌欺诈风险是行业痼疾，保险公司承保过程中，常见管控方式包括加装“平安锁”、粘易碎贴标记等，但上述工具和标记非常容易被仿真，实际效果并不好。随着信息技术的发展，车联网技术应用成本不断降低，将可能彻底终结此类欺诈行为。

五、应用大数据打击职业团伙欺诈案例

（一）案件概况

2017 年 3 月，内蒙古某地公安局经侦支队接到某财产保险公司报案，欺诈嫌疑人在内蒙古投保车险后，驾驶高价值车辆在河北省追尾大货车，向保险公司申请理赔后立即失联，拒绝配合保险公司正常定损，1 个月后提供《车辆损失鉴定报告》，索赔 65 万元。但通过分析其出险照片，理赔人员评估其损失不应超过 10 万元。

（二）疑点

该案件具备典型的高价值车异地出险欺诈特征。欺诈嫌疑人故意在非承保省份出险，利用保险公司异地机构不全（小型保险公司该风险尤其明显）、调度查勘周期长、案件追踪难度大等弱点，拒不配合理赔调查，恶意拖延理赔时间，失联一段时间后突然主动联系保险公司提交鉴定、证明材料索赔。警方受理案件后，在当地保险行业协会的协助下扩大调查范围，通过中国保信车险反欺诈系统调取车辆历史理赔记录，对比车辆历次出险案件照片，终于发现此次事故存在套用历史出险定损照片等犯罪事实。

（三）案件调查

在公安部门、行业协会、各相关保险公司及中国保信联动的协调下，汇集案件线索、扩大调查范围，最终摸清欺诈团伙基本情况。该团伙主要成员有 3 人，内部分工明确，分别负责低价采购二手车高额投保、专职制造虚假事故、公估公司内部成员负责出具损失鉴定报告。

（四）调查结果

该案件最终锁定关联欺诈案件 94 起，涉及内蒙古、辽宁、广东、河南、河北、天津等多个省市，总涉案金额高达 948 万元。

（五）案件启示

该类职业欺诈通常分工明确，由熟悉保险业务流程的欺诈人员亲自策划，保险公司理赔人员凭借业务经验可能发现个别案件存在疑点，但很难找准调查方向；甚至在绝大多数情况下，公安部门也很难在个案调查中发

现有效线索。同时，欺诈团伙会以恶意失联方式拖延理赔，向保险公司提供鉴定材料后，会紧接着向监管部门投诉保险公司，以保险公司拖延理赔为由，直接在异地法院提起诉讼，狡诈的欺诈套路给保险公司和公安办案人员形成巨大压力。唯有在个案疑点的基础上，整合行业力量与警方在数据、业务、技术方面进行全面合作，汇集全部疑似欺诈案件进行比对，才能有效打击此类职业欺诈。

通过以上不同时期出现的典型案例，我们可以清晰地感受到，各个时代背景下的特有欺诈风险，以及科技发展为车险反欺诈工作带来的变化。

第五节　车险反欺诈未来趋势

第一，受机动车销量增速放缓、承保风险增强及监管政策影响，各家保险公司将越来越重视车险反欺诈。

2018 年我国乘用车销量共计 2370.98 万辆，同比下降 4.08%；2019 年 1 月，我国汽车销售量达 236.7 万辆，环比下降 11.1%，同比下降 15.8%。2018 年，我国车险保额增长 24.92%，车险保费仅增长 5% 左右，承保风险明显增强；且随着商业车险改革的推进，未来车均保费预计将持续下降，保额和保费的增幅差距持续增大。2019 年 1 月，中国银保监会印发《关于进一步加强车险监管有关事项的通知》，要求重点治理车险高手续费和数据不真实顽疾；2 月向各银保监局下发《关于近期车险市场监管有关情况的函》，通报已有 8 家财产保险公司合计 24 个分支机构因未按规定使用报批的车险条款费率，被各地银保监局采取停止使用商业车险条款和费率的监管措施。在车险保费增量不足、风险增强、销售费用严格监管的情况下，为确保经营利润，各家保险公司必须高度重视存量业务的欺诈风险管控。

第二，随着车险欺诈形式多样化、欺诈手段职业化，信息技术反欺诈将成为主要手段。

随着滴滴出行等共享经济的发展，汽车出险时的实际使用性质已无法通过行驶证明确界定；新能源车快速增长，其定损方式和欺诈风险与传统汽车存在巨大差异；车险理赔单证标准化程度高，相对容易仿造且难以识别；跨险种、跨地区、跨公司的职业欺诈行为更是防不胜防。针对上述风险，保险行业尝试应用车联网、大数据等技术手段进行理赔风控，取得良好成效。新技术的创新应用不仅直接有效打击保险欺诈，而且为保险消费者提供便捷高效的理赔服务，已成为当前保险行业打击保险欺诈的重要手段之一。长期以来，我国车险在业务前端营销费用居高不下，导致理赔费用紧张，理赔人员收入水平普遍较低，反欺诈专业人员的薪酬水平更是无法体现其真实价值。反欺诈科技公司的兴起，将为各家保险公司的车险理赔人员提供更多、更好的职业选择。

第三，随着我国车险理赔专业化程度不断提升，车险反欺诈将逐渐成为独立产业模式。

为应对各类欺诈风险，保险公司理赔岗位分工越来越细，专业化程度越来越强；为应对跨公司的保险欺诈，在各地监管部门的指导下，保险行业协会成立了保险反欺诈中心，抽调各保险公司反欺诈专家与当地公安部门合作打击保险欺诈，同时开展保险反欺诈宣传、组织保险反欺诈培训。在监管部门的指导下，中国保信应用行业数据为保险行业协会、保险公司提供车险反欺诈数据服务，向行业免费开放车险反欺诈信息系统，每年协助行业直接挽回损失上亿元。车险理赔涉及赔偿标的种类繁多，风控场景复杂，专业性强，第三方理赔服务机构是车险反欺诈产业必不可缺的重要组成部分。近年来，保险行业尝试聘请独立的第三方公估机构对已决车险案件批量稽查，调查涉嫌内外勾结的欺诈案件，小型保险公司聘请公估公司协助完成车险理赔工作控制经营成本，均取得良好成效。各地反欺诈中心、中国保信正在发挥类似美国 NICB 的保险反欺诈行业资源应用职能；面向我国 4000 亿元规模的车险理赔风控市场，保险科技公司反欺诈技术手段与第三方调查机构的实务经验相融合，完成车险欺诈疑点识别、调查取证、立案侦破并实现理赔挽回损失，逐渐形成车险反欺诈产业模式。

第四，理赔人员将面临分工职责细化，反欺诈将成为更加独立、专业要求更强的岗位。

随着信息理赔系统的创新应用和普及，风控岗位分工不断细化，理赔专业技能拔尖人员将变得更有价值。部分专业技能人员将更多从事制定理赔业务标准流程、理赔风险识别规则、反欺诈数据模型及信息化系统建设等工作；部分保险理赔人员更强化一线的现场勘察判定的技能。

当前，我国保险行业多数理赔人员同时肩负服务和反欺诈职责，发现疑似欺诈线索后，理赔人员不敢贸然赔付，而案件调查必然使理赔周期延长、客户对理赔服务不满，导致各种纠纷的产生；同时，并非所有理赔人员都具备反欺诈业务技能，时效性强的疑似欺诈线索可能会在无效调查的等、拖、靠过程中灭失，无法达到预期反欺诈效果；甚至个别理赔人员会因沟通技巧问题，与客户直接产生矛盾冲突，导致不良影响。随着保险消费者维权意识的提高，行业服务监管力度增强，各家保险公司已经逐渐强化反欺诈岗位的独立性，以应对上述突出问题。在反欺诈岗位完全独立的模式下，理赔服务岗位只负责按照标准流程提供理赔服务，发现疑似欺诈风险移交反欺诈岗调查，进入并行的反欺诈流程处理。除非调查到确凿的欺诈证据，否则理赔服务将正常进行，确保理赔服务效率。

尽管疑似欺诈个案调查难度越来越大，但只要不断积累疑似欺诈案件信息，欺诈人员在重复作案过程中总会露出马脚。反欺诈岗位人员必须不断学习，除了掌握业务专业知识、沟通技巧，还要熟练应用技术手段管控欺诈风险。

第五，车险反欺诈科技公司将迎来高速发展时期。

2018 年我国车险赔款首次突破 4000 亿元，结合目前机动车和车险市场现状，及未来车险反欺诈技术应用需求前景，车险反欺诈科技公司将迎来前所未有的发展机遇。2017 年，国内就有仅成立两年、主业为车险理赔风控的科技创业公司估值超过 20 亿元。然而，近年来也有多家类似主业的科技公司并没能做大甚至破产，究其原因，主要是过度专注于炫技术、引融资，而没有基于保险公司应用场景和需求脚踏实地解决问题，未能给保险行业带来实际应用价值。相较银行、证券等其他金融行业，车险信息技术应用尚处于初级阶段，其主要原因是车险业务关键信息采集不完整、已采集数据质量较差、准确性不够高。保险公司为了提高数据质量，在理赔业务系统内加入各类强制操作规则和数据识别规则进行管控，实际效果并不理想。一线理赔人员迫于时效考核等压力，为能通过系统校验规则，重复粘贴车架号、身份证号码的情况时有发生，导致大量垃圾数据产生。一线业务操作习惯及其引发的底层数据质量问题，直接导致车联网、大数据、新技术难以在车险领域深度运用。

针对上述问题，车险反欺诈科技公司须关注一线业务操作人员的需求，为其提供技术服务解决实际问题，培养作业人员规范采集信息及应用数据服务的工作习惯。相对于专精数据分析的高级数据工程师，精通理赔业务兼具数据应用技能的人员显然更适合在当前阶段开展上述工作。

第六，公估、调查、鉴定等第三方理赔服务机构将在车险反欺诈产业链中发展壮大。

同其他金融行业相比，保险行业的外部交易更为频繁，产品复杂程度更高，风险管控难度更大。尤其车险的赔付对象，更是包括车辆、人伤及交通工程、房屋建筑、绿化设施、家畜、宠物等各种物损。车险理赔涉及赔偿标的种类繁多，风控场景复杂，专业性强，第三方理赔服务机构是车险反欺诈产业必不可缺的重要组成部分。尤其针对已决案件的疑似欺诈线索核查，考虑经办人员内外勾结风险，交给相对独立的第三方理赔服务机构处理显然更加稳妥。近年来，保险行业尝试聘请独立的第三方公估机构对已决车险案件批量稽查，调查涉嫌内外勾结的欺诈案件，小型保险公司聘请公估公司协助完成车险理赔工作控制经营成本，均取得良好成效。

但当前公估调查机构也存在诸多问题。例如，个别公估公司专业水平较低，聘用曾因职业操守问题被保险公司解雇的理赔人员，甚至个别公估公司、鉴定机构成为保险欺诈人员的帮凶，直接参与职业团伙欺诈。随着车险反欺诈产业的逐渐成熟，保险征信体系不断完善，专业过硬、诚信经营的第三方理赔服务机构将很快发展壮大。

附　录

附录 1　汽车相关基础知识

一、常见车型及分类

车型是根据汽车生产商生产车辆的不同用途划分的，如家用轿车、工程用车、消防车、大巴车、跑车、越野车、赛车等，我们以家用轿车为主来说明。

（一）家用轿车车型分类

按照车厢分为：单厢车、两厢车、三厢车。

按照车门分为：两门（又称三门）、四门（又称五门）。

按照车身形式分为：承载式车身和非承载式车身。

1. 单厢车。

定义：发动机舱、乘客舱、行李舱连为一体，整体车身结构只有一个厢体。

特点：噪声较大，安全性不高，但价格低廉，装载量大且方便，具有空间扩展性好、用途多能化的特点。

典型代表：小面包车，五菱、金杯、福田面包车。

发展趋势：为了增强安全性，提高舒适性，发动机舱和乘客舱分开，由短头车型变为长头车型。

2. 两厢车。

定义：一种将驾驶室和后备厢做成同一个厢体，并且发动机独立的布局形式。

特点：这种布局形式能增加车内空间，相应的后备厢空间就有所减少。因此，多用于小型车和紧凑型车。两厢车尾部有宽敞的后车门，使这种汽车具备了使用灵活、用途广泛的特点，放倒放平后排座位可以获得比三厢车更大的载物空间，可用来运送较大件的家庭用品。

典型代表：大众高尔夫、富康、奥拓等。

3. 三厢车。

定义：三厢车是指车身结构由三个相互封闭用途各异的“厢”所组成的车，三厢分别为前部的发动机舱、车身中部的乘员舱和后部的行李舱。三厢车刚开始是为了安置汽车的发动机而生产的。

特点：三厢车中间高两头低，从侧面看前后对称，造型美观大方。三厢车的缺点是车身尺寸长，在交通拥挤的大城市里行驶及停泊不是很方便。

典型代表：桑塔纳、捷达等。

4. SUV。

定义：SUV 的全称是 Sport Utility Vehicle，中文意思是运动型多用途汽车，主要是指那些设计前卫、造型新颖的四轮驱动越野车。SUV 一般前悬架是轿车型的独立悬架，后悬架是非独立悬架，离地间隙较大，在一定程度上既有轿车的舒适性又有越野车的越野性能。由于带有 MPV 式的座椅多组合功能，使车辆既可载人又可载货，适用范围广。

特点：一是运动性，也就是能跑，不仅加速快、提速快，而且通过性高，适应能力强；二是功能多，也就是说不仅能载人，具有较强的舒适性，而且载货能力强，并具有较强的牵引能力。越野车的最大特点是通过能力较强，同时也具有一定的载货能力，但运动性、舒适性并不突出，把越野车的这些不足加强后，就可称为 SUV。随着汽车的发展，纯粹的越野车越来越少，有向 SUV 进化的趋势。因此，很难断定某辆车是 SUV，还是越野车。

5. MPV。

定义：MPV 是指多用途汽车（Multi-Purpose Vehicles）。从源头上讲，

MPV 是从旅行轿车逐渐演变而来的，它集旅行车宽大乘员空间、轿车的舒适性和厢式货车的功能于一身，一般为两厢式结构，即多用途车。通俗地说，MPV 就是可以坐 7~8 人的小客车。从严格意义上说，MPV 是主要针对家庭用户的车型，那些从商用厢型车改制成的、针对团体客户的乘用车还不能算作真正的 MPV。MPV 的空间要比同排量的轿车相对大些，也存在着尺寸规格之分，但划分得不像轿车那样细致。

（二）常见车系分类

国产轿车：一汽红旗、华晨中华、比亚迪、吉利汽车、江淮等。

合资轿车：北京现代、东风雪铁龙、一汽奥迪、东风标致、上海通用别克、东风本田、长安马自达、广汽本田、广汽丰田、一汽丰田、一汽大众等。

进口轿车：奔驰、宝马、保时捷、林肯、讴歌等。

德系轿车：宝马、奔驰、奥迪、大众、保时捷等。

日系轿车：丰田、本田、日产、马自达等。

美系轿车：通用别克、福特、凯迪拉克、林肯等。

韩系轿车：现代、起亚。

二、汽车铭牌及车辆识别代码（VIN）

（一）汽车铭牌

汽车铭牌是标明车辆基本特征的标牌，其主要内容包括车辆型号、发动机型号、发动机排量、发动机额定功率、车辆识别代号、总质量、载重量或载客人数、出厂编号、制造年月、制造国及厂名等，在查勘定损中要核实标的车辆铭牌信息与行驶本及承保信息是否一致。

汽车铭牌的位置：

1. 在车辆副驾驶 B 柱下方，打开副驾驶车门便可看到。

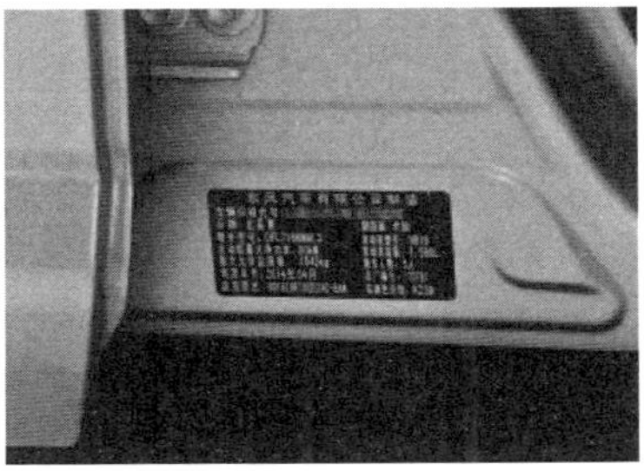

2. 在发动机舱内前围板上，打开前机盖在发动机的后面便可看到。

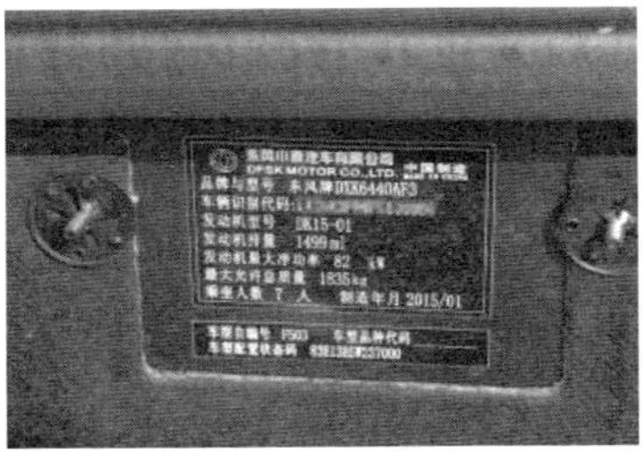

3. 在副驾驶座椅右侧后方，打开副驾驶车门便可看见。

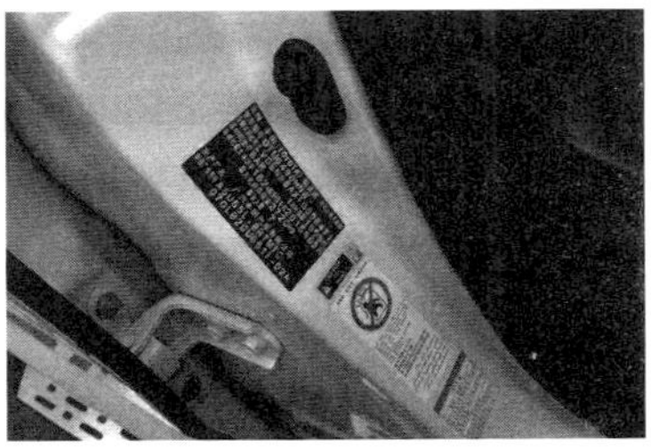

（二）车辆识别代码

VIN 是英文 Vehicle Identification Number（车辆识别代码）的缩写。因为 ASE 标准规定：VIN 码由 17 位字符组成，所以俗称十七位码。它包含了车辆的生产厂家、年代、车型、车身型式及代码、发动机代码及组装地点等信息。正确解读 VIN 码，对于我们正确地识别车型、进行正确的诊断和维修都是十分重要的。

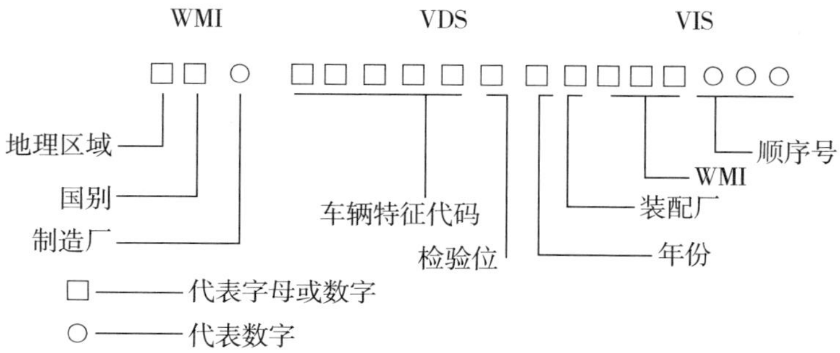

1. 第 1~3 位（WMI）：制造厂、品牌和类型：

（1）第 1 位：生产国家（地区）代码。

1 美国 J 日本 S 英国

2 加拿大 K 韩国 T 瑞士

3 墨西哥 L 中国 V 法国

4 美国 R 中国台湾 W 德国

6 澳大利亚 Y 瑞典

9 巴西 Z 意大利

（2）第 2 位：汽车制造商代码。

1 – Chevrolet	B – BMW	M – Hyundai
2 – Pontiac	B – Dodge	M – Mitsubishi
3 – Oldsmobile	C – Chrysler	M – Mercury
4 – Buick	D – Mercedes	N – Infiniti
5 – Pontiac	E – Eagle	N – Nissan
6 – Cadillac	F – Ford	P – Plymouth

7 – GM Canada	G – General M	S – Subaru
8 – Saturn	G – Suzuki	T – Lexus
8 – Isuzu	H – Acura	T – Toyota
A – Alfa Romeo	H – Honda	V-Volkswagen
A – Audi	J – Jeep	V – Volvo
A – Jaguar	L – Daewoo	Y – Mazda
L – Lincoln Z Ford		
Z – Mazda		

G= 所有属于通用汽车的品牌：Buick,Cadillac,Chevrolet,Oldsmobile, Pontiac,Saturn

（3）第 3 位：汽车类型代码（不同的厂商有不同的解释）。

有些厂商可能使用前 3 位组合代码表示特定的品牌：

TRU/WAU Audi 1YV/JM1 Mazda

4US/WBA/WBS BMW WDB Mercedes Benz

2HM/KMH Hyundai VF3 Peugeot

SAJ Jaguar WP0 Porsche

SAL Land Rover YK1/YS3 Saab

YV1 Volvo

2. 第 4~8 位（VDS）：车辆特征。

轿车：种类、系列、车身类型、发动机类型及约束系统类型。

MPV：种类、系列、车身类型、发动机类型及车辆额定总重。

载货车：型号或种类、系列、底盘、驾驶室类型、发动机类型、制动系统及车辆额定总重。

客车：型号或种类、系列、车身类型、发动机类型及制动系统。

3. 第 9 位：校验位，按标准加权计算（参见《世界汽车识别代号（VIN）资料手册》P21~23）。

4. 第 10 位：车型年款。

B 1981　　K 1989　　V 1997　　5 2005

C 1982	L 1990	W 1998	6 2006
D 1983	M 1991	X 1999	7 2007
E 1984	N 1992	Y 2000	8 2008
F 1985	P 1993	1 2001	9 2009
G 1986	R 1994	2 2002	
H 1987	S 1995	3 2003	
J 1988	T 1996	4 2004	

5. 第 11 位：装配厂。

6. 第 12~17 位：顺序号。

作为查勘定损工作中我们经常用到的是查看 VIN 码的第 1 位（确认车辆国产还是进口）和第 10 位确认车辆年款。

三、汽车架构及常见定损零部件

（一）车身部件

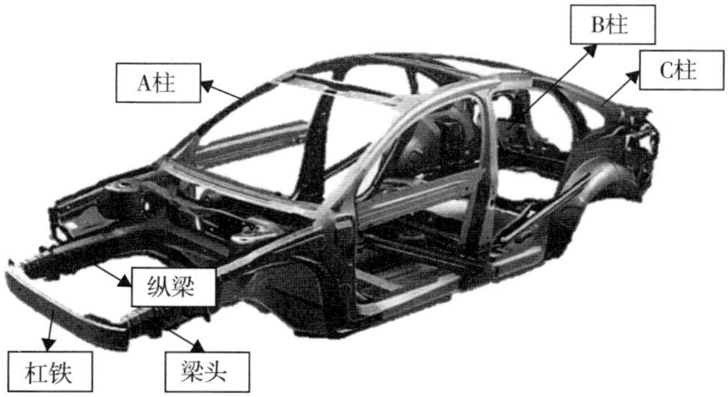

A 柱在发动机舱和驾驶舱之间，左右后视镜的上方，会遮挡驾驶员一部分的转弯视界，尤其是左转弯，所以讨论得比较多些。

B 柱在驾驶舱的前座和后座之间，就是两侧两扇门之间的那根纵向杠子，从车顶延伸到车底部，从内侧看，安全带就在 B 柱上。

C 柱在后座头枕的两侧。

纵梁：车架是汽车中最重要的承载部件，而车架纵梁又是其中的关键零件之一，所以纵梁在汽车上起到重要的承载作用，汽车的边梁式车架、中梁式车架等均含有纵梁。纵梁通常用低合金钢板冲压而成，断面形状一般为槽形，也有的做成 Z 字形或者箱形等断面。

杠铁（前保险杠防撞梁）：防撞钢梁是用冷轧钢板冲压而成的 U 形槽，与车架纵梁连接，作为汽车被动安全的第一道屏障，防撞钢梁是吸收和缓和外界冲击力、防护车身前后部的重要安全装置。

梁头：杠铁与纵梁的连接件，起到缓冲吸能的作用，部分车型梁头与纵梁为一体，不可单独更换。

（二）车身外观件

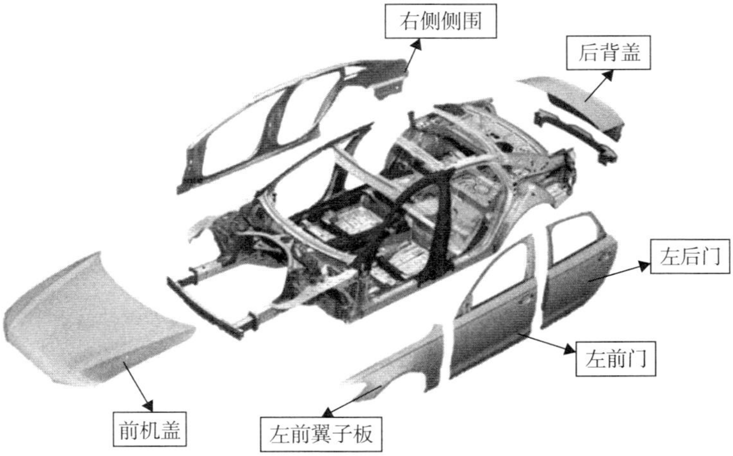

前机盖：又称发动机罩，位于车辆前上部，并处于两侧翼子板之间，是发动机舱的维护盖板。

翼子板：翼子板是遮盖车轮的车身外板，是车身非常重要的结构件。翼子板有前翼子板和后翼子板（叶子板）两种类型。

后备盖：又称行李箱盖，轿车的行李箱盖由行李箱锁、行李箱铰链、行李箱密封条等零件组成。

车门：车门通常由门外板、门内骨架、门内板、内饰等部件组成。车门类型主要分为旋转式车门、推拉式车门、折叠式车门和上掀式车门等几类。

侧围：侧围由 A、B、C 柱，后叶子板及门槛板组成，如部分损坏需要更换，可切割部分焊接维修处理。

（三）前部拆解

玻璃水壶：汽车风挡清洁液储存在水壶中，部分车型有大灯清洗功能，其清洁液也是来自这个水壶中。

水箱框架：又称散热器框架，起到固定散热器及冷凝器的作用，通常为铁、铝、玻璃钢或塑料材质。

前大灯：汽车前大灯是车辆的主要照明部件，壳体通常为玻璃或塑料材质，现在车辆光源基本有卤素灯、疝气灯、LED 灯等。

泡沫衬：前部缓冲吸能部件，材质为塑料泡沫。

冷凝器：汽车空调系统的主要部件。

（四）发动机舱内部件

节气门：节气门是控制空气进入发动机的一道可控阀门，气体进入进气管后会和汽油混合变成可燃混合气，从而燃烧形成做功。它上接空气滤清器，下接发动机缸体，被称为汽车发动机的咽喉。

刹车油壶：储存制动液的器皿。

进气歧管：对于化油器式或节气门体汽油喷射式发动机，进气歧管指的是化油器或节气门体之后到气缸盖进气道之前的进气管路。它的功用是将空气、燃油混合气由化油器或节气门体分配到各缸进气道。

电瓶：电瓶是电池的一种，也叫蓄电池，它的工作原理是把化学能转化为电能。

（五）底盘结构

底盘结构主要是指汽车的悬挂系统。

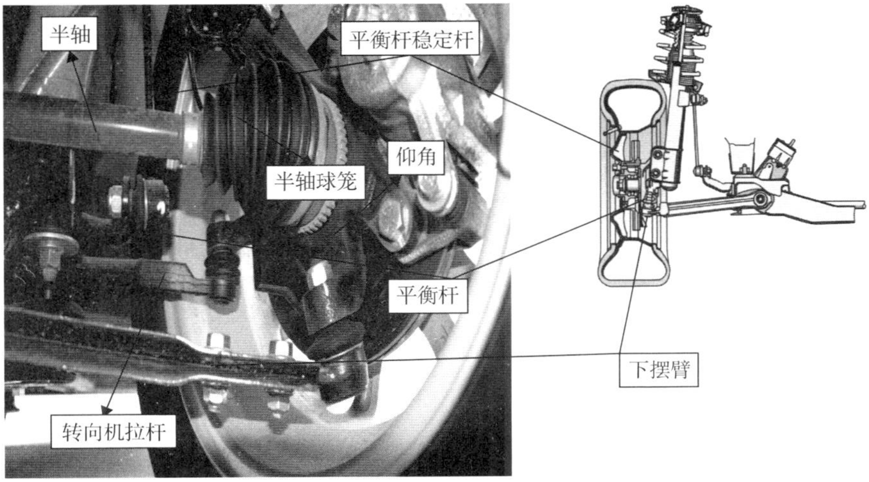

悬挂系统是汽车的车架与车桥或车轮之间的一切传力连接装置的总称，其作用是传递作用在车轮和车架之间的力和扭力，并且缓冲由不平路面传给车架或车身的冲击力，衰减由此引起的震动，以保证汽车能平顺地行驶。典型的悬挂系统结构由弹性元件、导向机构及减震器等组成，个别结构还有缓冲块、横向稳定杆等。弹性元件又有钢板弹簧、空气弹簧、螺旋弹簧及扭杆弹簧等形式，而现代轿车悬挂系统多采用螺旋弹簧和扭杆弹簧，个别高级轿车则使用空气弹簧。悬挂系统是汽车中的一个重要总成，它把车架与车轮弹性地联系起来，关系到汽车的多种使用性能。从外表上看，轿车悬挂系统仅是由一些杆、筒及弹簧组成，但千万不要以为它很简单，相反轿车悬架是一个较难达到完美要求的汽车总成，这是因为悬挂系统既要满足汽车的舒适性要求，又要满足其操纵稳定性的要求，而这两方面又是互相对立的。比如，为了取得良好的舒适性，需要大大缓冲汽车的震动，这样弹簧就要设计得软些，但弹簧软了却容易使汽车发生刹车“点头”、加速“抬头”及左右侧倾严重的不良倾向，不利于汽车的转向，容易导致汽车操纵不稳定等。

（六）车身后部

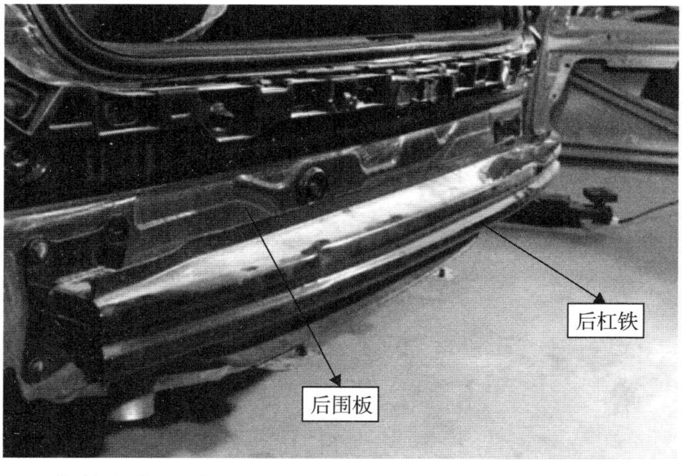

后围板：车体的钣金件。

后杠铁：汽车后部缓冲吸能件，一般为铁、铝等材质。

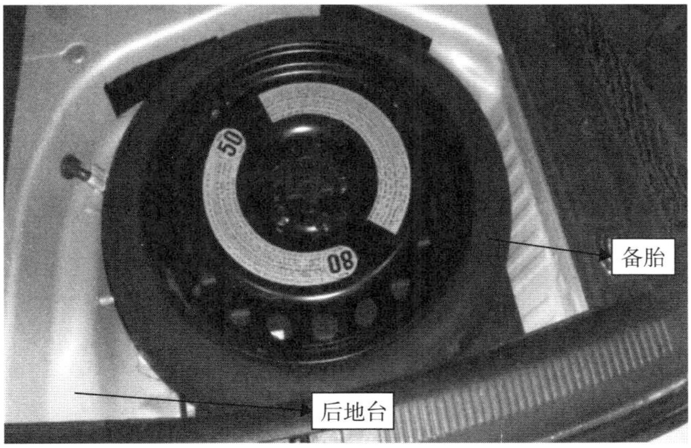

备胎：备胎一般是指给汽车准备一个备用轮胎，一旦哪个轮子爆胎或者出了问题，备用轮胎就方便及时地取而代之，汽车就不至于中途抛锚。通常备胎的标号要低于原车轮胎，钢圈也采用铁圈，载重系数及速度级别也不及原车轮胎，不建议长时间使用。

后地台：后地台又称备胎槽，将备胎放置其中用螺栓固定。后地台与后围板连接，后部追尾可能会导致后地台变形，定损时要注意查勘后地台变形情况确认损失程度。

附录 2　保险相关基础知识

一、保险的含义及保险合同

（一）保险的定义

《中华人民共和国保险法》（以下简称《保险法》）这样定义保险：“保险，是指投保人根据合同约定，向保险人支付保险费，保险人对于合同约定的可能发生的事故因其发生所造成的财产损失承担赔偿保险金责任，或者当被保险人死亡、伤残、疾病或者达到合同约定的年龄、期限时承担给付保险金责任的商业保险行为。”

（二）从不同角度理解保险的含义

1. 从经济角度看，保险是分摊意外事故损失的一种财务安排。通过保险，少数不幸的被保险人的损失由包括受损者在内的所有被保险人分摊，是一种非常有效的财务安排。

2. 从法律角度看，保险是一种合同行为，是一方同意补偿另一方损失的一种合同安排，提供损失赔偿的一方是保险人，接受损失赔偿的另一方是被保险人。投保人通过履行缴付保险费的义务，换取保险人为其提供保险经济保障的权利。

3. 从社会角度看，保险是社会经济保障制度的重要组成部分，是社会生产和社会生活“精巧的稳定器”。从风险管理角度看，保险是风险管理的一种方法，通过保险，可以起到分散风险、消化损失的作用。

简单地讲，保险就是保险人通过收取保险费的形式建立保险基金用于补偿因自然灾害和意外事故所造成的经济损失或在人身保险事故发生时给付保险金的一种经济补偿制度。

（三）保险合同

《保险法》第十条规定：“保险合同是投保人与保险人约定保险权利义务关系的协议。”保险合同的当事人是投保人和保险人，保险合同的内容是保险双方的权利义务关系。投保人是指与保险人订立保险合同，并按照保险合同负有支付保险费义务的人。保险人是指与投保人订立保险合同，并承担赔偿或者给付保险金责任的保险公司。被保险人是保险合同的关系人。

保险合同属于民商合同的一种，其设立、变更或终止的权利义务关系是具有保险内容的民事法律关系。因此，保险合同不仅适用《保险法》，也适用《合同法》和《民法通则》等。

二、保险的要素与特征

（一）保险的要素

保险的要素是指进行保险经济活动所应具备的基本条件。现代商业保险的要素包括以下五个方面：

1. 可保风险的存在。可保风险是指符合保险人承保条件的特定风险。一般来说，理想的可保风险应具备以下条件：

（1）风险必须是纯粹的风险。即风险一旦发生，便成为现实的风险事故，只有损失的机会，没有获利的可能。

（2）风险必须具有不确定性。风险的不确定性有三层含义，即风险是否发生是不确定的、风险发生的时间不确定、风险发生的原因和结果等是不确定的。

（3）风险必须使大量标的均有遭受损失的可能。换句话讲，就是要求大量的性质相近，价值相近的风险单位面临同样的风险。

（4）风险必须有导致重大损失的可能。就是风险一旦发生，尤其是造成的损失被保险人无力承担，风险的发生概率很小，但一旦发生将有很大可能导致重大损失。

（5）风险不能使大多数的保险对象同时遭受损失，即损失的发生具有分散性。

（6）风险必须具有现实的可测性。保险公司要制定准确的费率，而准确的费率是依据风险发生的概率及其所导致标的损失的概率，因此，风险必须具有可测性。

2. 大量同质风险的集合与分散。风险的集合与分散，是指保险人通过保险将众多投保人所面临的分散性风险集合起来，当发生保险责任范围内的损失时，又将少数人发生的风险损失分摊给全体投保人，参加保险的经济单位越多，这个集合就会越大，赔偿损失的能力就越强。这里说的“大量”没有具体规定，但是必须做到收支平衡，集合起来的保险费应与支出的保险金总额保持平衡。

3. 保险费率的厘定。保险在形式上是一种经济保障活动，而实质上是一种商品交换行为，因此，制定保险商品的价格，即厘定保险费率。如费率定得过高，会增加被保险人的负担；如费率定得过低，又无法对被保险人的损失提供可靠的足额补偿。由此看来，厘定费率过高或过低都会失去保险的保障意义，所以它也是保险的一个基本要素。

保险费率的厘定要做到：适度、合理、公平。适度指保险费率的确定应当能够足以抵补一切可能发生的损失及有关的营业费用。合理指保险费率的确定不应该在满足适度性的前提下获得过多或者超额的利润。公平指每个个体的风险状况是不一样的，被保险人能够按照风险的大小、比例分担保险的损失和费用，体现了保险费率确定的公平性。

与此同时，保险费率的确定还要以完备的统计资料为基础，运用科学的计算方法，依据历史的资料预测未来。

4. 保险基金的建立。保险的分摊损失与补偿功能是建立在具有一定规模的保险基金基础之上的。保险基金是用于补偿或给付因自然灾害、意外事故和人体自然规律所致的损失等，并由保险公司筹集、建立起来的专项货币基金。保险费是形成保险基金的主要来源。保险基金是保险业存在的现实的经济基础，也是保证保险企业财务稳定性的经济基础。与此同时，保险基金也制约着保险企业的业务经营规模。就财产保险基金而言，保险基金表现为未到期责任准备金、赔款准备金、总准备金和其他准备金等形式；保险的赔偿基础是保险基金。此外，保险基金也是保险公司进行投资活动的基础。

5. 保险合同的订立。

（1）保险合同是体现保险关系存在的形式。保险作为一种民事法律关系，是投保人与保险人之间的合同关系，这种关系需要有法律关系对其进行保护和约束，即通过一定的法律形式固定下来，这种法律形式就是保险合同。

（2）保险合同是保险双方当事人履行各自权利和义务的依据。保险双方当事人的权利和义务是相互对应的。

（二）保险的特征

保险具有经济性、商品性、互助性、法律性和科学性五大特征。

经济性：保险是一种经济保障活动，保险的经济性主要体现在保险活动的性质、保障对象、保障手段、保障目的等方面。保险经济保障活动是整个国民经济活动的一个有机组成部分，其保障对象即财产和人身直接或者间接属于社会生产中生产资料和劳动力两大经济要素；其实现保障的手段，最终都必须采取支付货币的形式进行补偿或给付；其保障的根本目的，无论从宏观角度还是从企业微观角度，都是为了有利于经济发展。

商品性：在商品经济条件下，保险是一种特殊的劳务商品，保险业属于国民经济第三产业，所以保险体现了一种等价交换的经济关系，也就是商品经济关系。

互助性：保险具有“一人为众，众为一人”的互助特性。保险在一定条件下分担了个别单位和个人所不能承担的风险，从而形成了一种经济互助关系。

法律性：从法律的角度看，保险是一种合同行为。保险是依法按照合同的形式体现其存在的。

科学性：保险是以科学的方法处理风险的有效措施。现代保险经营以概率论和大数法则等科学的数理理论为基础，保险费率的厘定、保险准备金的提存等都是以科学的数理计算为依据的。

三、保险的分类

（一）财产保险与人身保险

根据保险标的的不同，保险可分为财产保险和人身保险两大类。

1. 财产保险是指以财产及其相关利益为保险标的的保险，包括财产损失保险、责任保险、信用保险、保证保险、农业保险等。它是以有形或无形财产及其相关利益为保险标的的一类补偿性保险。

2. 人身保险是以人的寿命和身体为保险标的的保险。当人们遭受不幸事故或因疾病、年老以致丧失工作能力、伤残、死亡或年老退休时，根据保险合同的约定，保险人对被保险人或受益人给付保险金或年金，以解决其因病、残、老、死所造成的经济困难。

（二）商业保险与社会保险

1. 商业保险是指按商业原则经营，以盈利为目的的保险形式，由专门的保险企业经营。所谓的商业原则，就是保险公司的经济补偿以投保人交付保险费为前提，具有有偿性、公开性和自愿性，并力图在损失补偿后有一定的盈余。

2. 社会保险是指在既定的社会政策的指导下，由国家通过立法手段对公民强制征收保险费，形成保险基金，用于对其中因年老、疾病、生育、伤残、死亡和失业而导致丧失劳动能力或失去工作机会的成员提供基本生活保障的一种社会保障制度。社会保险不以盈利为目的，运行中若出现赤字，国家财政将会给予支持。两者比较，社会保险具有强制性，商业保险具有自愿性；社会保险的经办者以财政支持作为后盾，商业保险的经办者要进行独立核算、自主经营、自负盈亏；商业保险保障范围比社会保险更为广泛。

（三）原保险与再保险

发生在保险人和投保人间的保险行为，称为原保险；发生在保险人与保险人之间的保险行为，称为再保险。

再保险是保险人通过订立合同，将自己已经承保的风险，转移给另一个或几个保险人，以降低自己所面临的风险的保险行为。简单地说，再保险即“保险人的保险”。

分出自己直接承保业务的保险人为原保险人，接受再保险业务的保险人为再保险人。再保险是以原保险为基础，以原保险人所承担的风险责任为保险标的的补偿性保险。无论原保险是给付性还是补偿性，再保险人对原保险人的赔付都只具有补偿性。再保险人与原保险合同中的投保人无任何直接法律关系。原保户无权直接向再保险人提出索赔要求，再保险人也无权向原保户提出保费要求。另外，原保险人不得以再保险人未支付赔偿为理由，拖延或拒付对保户的赔款；再保险人也不能以原保险人未履行义务为由拒绝承担赔偿责任。

再保险是在保险人系统中分摊风险的一种安排。被保险人和原保险人都将因此在财务上变得更加安全。利用再保险分摊风险的典型例子就是承保卫星发射保险。该风险不能满足可保风险所要求的一般条件。保险人接受特约承保后，将面临极大的风险，一旦卫星发射失败，资本较小的公司极可能因此而破产。最明智的做法是将该风险的一部分转移给其他保险人，由几个保险人共同承担。

（四）个人保险与团体保险

按保险保障的对象分，可以把人身保险分为个人保险和团体保险。

1. 个人保险是为满足个人和家庭需要，以个人作为承保单位的保险。团体保险一般用于人身保险，它是用一份总的保险合同，向一个团体中的众多成员提供人身保险保障的保险。在团体保险中，投保人是“团体组织”，如机关、社会团体、企事业单位等独立核算的单位组织，被保险人是团体中的在职人员。已退休、退职的人员不属于团体的被保险人。另外，对于临时工、合同工等非投保单位正式职工，保险人可接受单位对其提出的特约投保。

2. 团体保险包括团体人寿保险、团体年金保险、团体人身意外伤害保险、团体健康保险等，团体保险在国外发展很快，特别是由雇主、工会或其他团体为雇员和成员购买的团体年金保险和团体信用人寿保险发展尤为迅速。团体信用人寿保险是团体人寿保险的一种，是指债权人以债务人的生命为保险标的的保险。团体年金保险已成为雇员退休福利计划的重要内容。近几年，美国有些雇员福利计划中还加入了团体财务和责任保险项目，如团体的私用汽车保险和雇主保险等。我国保险公司也开展了团体寿险、人身意外伤害险、企业补充养老保险和医疗保险等团体保险业务，但险种还不完善。随着经济体制改革的不断深入，商业保险的作用将不断加强，团体保险应有更大的发展空间。

（五）自愿保险和强制保险

按保险的实施方式划分，保险可分为自愿保险和强制保险。

1. 自愿保险是投保人和保险人在平等互利、等价有偿的原则基础上，通过协商，采取自愿方式签订保险合同建立的一种保险关系。具体地讲，自愿原则体现在：投保人可以自行决定是否参加保险、保什么险、投保金额多少和起保的时间；保险人可以决定是否承保、承保的条件及保费多少。保险合同成立后，保险双方应认真履行合同规定的责任和义务。一般情况下，投保人可以中途退保，但另有规定的除外。比如，《保险法》第五十条明确规定：“货物运输保险合同和运输工具航程保险合同，保险责任开始后，合同当事人不得解除合同。”但当前世界各国的绝大部分保险业务都采用自愿保险方式办理，我国也不例外。

2. 强制保险又称法定保险，是指根据国家颁布的有关法律和法规，凡是在规定范围内的单位或个人，不管愿意与否都必须参加的保险。

例如，国家实行的机动车第三者责任强制保险制度，国家要求企业为员工所上的社会保障保险，包括养老保险、医疗保险、失业保险、工伤保险、生育保险等。

四、保险的基本原则

（一）保险利益原则

什么是保险利益？保险利益又称可保利益，是指投保人或被保险人对保险标的具有法律上承认的利益。如果投保人对保险标的不具有保险利益，则签订的保险合同无效；保险合同生效后，投保人或被保险人失去了对保险标的的保险利益，保险合同随之失效，但人身保险合同除外。

保险利益成立的条件：

1. 具备法律上承认并被法律所保护的利益。投保人对保险标的所具有的利益要被法律所承认。只有在法律上可以主张的合法利益才能受到国家法律的保护。在财产保险中，投保人对保险标的的所有权、占有权、使用权、收益权或对保险标的所承担的责任等，必须是依照法律、法规、有效合同等合法取得、合法享有、合法承担的利益，因违反法律规定或损害社会公共利益而产生的利益，不能作为保险利益。例如，因盗窃、走私、贪污等非法行为所得的利益不得作为投保人的保险利益而投保，如果投保人为不受法律认可的利益投保，则保险合同无效。

2. 具备可以用货币计算和估计的利益。保险利益应为经济上有价的利益。由于保险保障是通过货币形式的经济补偿或给付来实现其职能的，如果投保人或被保险人的利益不能用货币来反映，则保险人的承保和补偿就难以进行。在财产保险中，保险利益一般可以精确计算，如像纪念品、日记、账册等不能用货币计算其价值的财产，虽然对投保人有利益，但一般不作为可保财产。由于人身无价，一般情况下，人身保险合同的保险利益有一定的特殊性，只要求投保人与被保险人具有利害关系，就认为投保人对被保险人具有保险利益。

3. 必须是经济上已经确认或能够确认的利益。保险利益必须是确定的，是可以实现的利益。仅由投保人主观上认定存在，而在客观实际中并不存在的利益，不应作为保险利益。确定的保险利益包括投保人对保险标的的现有的利益和由现有利益产生的期待利益。现有的利益是指投保人已经实际取得的经济利益，如投保人已购买的汽车、现有的机器设备和已经取得的知识产权等；期待利益是指由现有利益产生的将来可以获得的利益，如出租房屋而预期可以获得的租金收入、维修设备而预期可以得到的修理费收入等。

财产保险的保险标的是财产及其有关利益，凡因财产及其有关利益而遭受损失的投保人，对其财产及有关利益具有保险利益。财产的所有权人、经营管理人，因其所有或经营管理的财产一旦损失就会给自己带来经济损失而对该财产具有保险利益，可以为该项财产投保。例如，房屋所有权人可以为房屋投保家庭财产保险；货物所有人可以为货物投保运输保险；企业的经营者可以为经营的财产投保企业财产保险。

人身保险的保险标的是人的生命或身体，虽然其价值难以用货币计量，但人身保险合同的签订同样要求投保人与保险标的之间具有利害关系。比如，本人对自己的生命和身体具有保险利益，可以作为投保人为自己投保。投保人对配偶、子女、父母的生命和身体具有保险利益，可以作为投保人为他们投保。因为配偶之间、父母与子女之间具有法律规定的抚养或赡养责任，被保险人的死亡或伤残会造成投保人的经济损失，所以投保人对其配偶、父母、子女具有保险利益，可以作为投保人为他们投保。

（二）最大诚信原则

1. 最大诚信原则的含义。诚信是世界各国立法对民事、商事活动的基本要求，具体来说，就是要求一方当事人对另一方当事人不得隐瞒、欺骗，做到诚实；任何一方当事人都应善意地、全面地履行自己的义务，做到守信用。由于保险经营活动的特殊性，保险活动中对诚信原则的要求更为严格，要求做到最大诚信，即要求保险双方当事人在订立与履行保险合同的整个过程中要做到最大化的诚实守信。所以，最大诚信原则的基本含义是保险合同的双方当事人在签订和履行保险合同时，必须保持最大限度的诚意，双方都应遵守信用，互不欺骗和隐瞒，投保人应向保险人如实申报保险标的的主要风险情况，否则保险合同无效。

2. 最大诚信原则存在的原因。保险经营活动的特殊性决定了保险活动必须坚持最大诚信原则，表现在以下两个方面。

（1）保险合同以最大诚信原则约束投保人，可以避免或减少投保人的欺诈行为或道德风险。在整个保险经营活动中，保险标的始终控制在投保人、被保险人手中，投保人对保险标的危险因素、危险程度等重要事实了如指掌。相比之下，保险人往往因没有足够的人力、物力、财力、时间对投保人、被保险人、保险标的进行详细的调查研究，对保险标的的了解不如投保人那么全面深刻，保险经营活动要正常进行，就要求投保人一方在合同订立与履行过程中将保险标的的危险因素、危险程度等重要事实如实告知保险人。例如，海上保险合同的签订地点往往远离船舶和货物所在地，投保人对保险标的价值及风险程度等情况陈述是否完整准确，直接影响到保险人是否承保及保险费率的确定，投保人的任何欺骗或隐瞒行为，必然会侵害保险人的利益。所以，英国早在《1906 年海上保险法》第 17 条中就规定：“海上保险合同为基于最大诚信的合同，如果一方不恪守诚信原则，另一方可宣布合同无效。”要求投保人自动地对“凡影响保险人确定保险费率或决定是否承保的情况作出正确的、充分的披露”。

（2）保险条款一般由保险人事先拟定或由管理机关制定，具有较强的专业性和技术性，这就要求保险人也必须坚持最大诚信原则，必须将保险合同的主要内容告知投保人、被保险人。保险人对于合同的具体内容，如费率、赔偿方式、各种条款等的了解程度远胜过投保人，保险费率是否合理、承保条件及赔偿方式是否苛刻等均取决于保险人的诚意。《保险法》第十七条规定：“订立保险合同，采用保险人提供的格式条款的，保险人向投保人提供的投保单应当附格式条款，保险人应当向投保人说明合同的内容。对保险合同中免除保险人责任的条款，保险人在订立合同时应当在投保单、保险单或者其他保险凭证上作出足以引起投保人注意的提示，并对该条款的内容以书面或者口头形式向投保人作出明确说明；未作提示或者明确说明的，该条款不产生效力。”

3. 最大诚信原则的基础内容。最大诚信的基本内容包括告知、保证、弃权与禁止反言。现代保险合同及有关法律规定中的告知与保证则是对投保人、保险人等保险合同关系人的共同约束。弃权与禁止反言的规定主要是约束保险人的。

（1）告知，指投保方对保险合同成立时保险标的的有关事项向保险人进行口头或书面陈述。关于保险合同订立后标的的危险变更、增加，或保险事故发生时的告知，一般称为通知。

投保人或被保险人在保险合同缔结前或签订合同时及在合同有效期内，应尽量将已知和应知的与保险标的有关的重要事实如实告知保险人；保险人在保险合同缔结前或缔结时也应将对投保人有利害关系的重要事实如实向投保人陈述。

（2）保证，指保险人要求投保人或被保险人对某一事项的作为或不作为，某种事态的存在或不存在作出许诺。保证是保险人签发保险单或承担保险责任所需投保人或被保险人履行某种义务的条件，其目的在于控制风险，确保保险标的及其周围环境处于良好的状态中。

根据保证事项是否已存在，保证可分为确认保证和承诺保证。

① 确认保证，指投保人或被保险人对过去或现在某一特定事实的存在或不存在的保证。确认保证是要求对过去或投保当时的事实作出如实的陈述，而不是对该事实以后的发展情况作保证。例如，投保人身保险，投保人保证被保险人在过去身体健康，但不保证以后也一定健康。

② 承诺保证，正好与确认保证相反，是对投保人或被保险人的将来某一事项的作为或不作为的保证，即对该事项今后的发展作保证。例如，投保家庭财产保险时，投保人或被保险人保证不在家中放置危险物品；保证家中无人时，门窗一定要关好、上锁。

按形式不同，保证通常分为明示保证和默示保证。明示保证是以保证条款形式在保险合同中载有的保证，即以条款形式附加在保险单上的保证；默示保证是指虽然未载于保险合同，但按照法律和惯例投保人应保证的事项。

③ 弃权与禁止反言。弃权是指保险人放弃其在保险合同中可以主张的某种权利。禁止反言是指保险人已放弃某种权利，日后不得再向被保险人主张这种权利。比如，在海上保险中，保险人已知被保险轮船改变航道而没提出解除合同，则视为保险人放弃对不能改变航道这一要求的权利，因改变航道而发生的保险事故造成的损失，保险人就要赔偿。

（三）近因原则

1. 近因原则，是《保险法》的基本原则之一，其含义为只有在导致保险事故的近因属于保险责任范围内时，保险人才应承担保险责任。也就是说，保险人承担赔偿责任的范围应限于以承保风险为近因造成的损失。

2. 近因，是造成损失的最直接、最有效的起主导作用或支配性作用的原因，而并非是在时间上或空间上与损失最接近的原因。如果存在多个原因导致保险损失，其中所起决定性、最有效的，以及不可避免会产生保险事故作用的原因是近因。1924 年英国上议院宣读的法官判词中对近因作了进一步的说明：“近因是指处于支配地位或者起决定作用的原因，即使在时间上它并不是最近的。”

3. 近因认定的基本方法。近因认定的关键是确定风险因素与损失之间的关系，确定这种因果关系的基本方法有以下两种：

（1）从最初事件出发，按逻辑推理直到最终损失发生，最初事件就是最后一个事件的近因。比如，雷击折断大树，大树压坏房屋，房屋倒塌致使家用电器损毁，家用电器损毁的近因就是雷击。

（2）从损失开始，沿系列自后往前推，追溯到最初事件，如没有中断，最初事件就是近因。比如，第三者被两车相撞致死，导致两车相撞的原因是其中一位驾驶员酒后开车，酒后开车就是致死第三者的近因。

4. 近因的认定与保险责任的确定。近因判定的正确与否，关系到保险双方当事人的切身利益。由于在保险实务中，致损原因多种多样，对近因的认定和保险责任的确定也比较复杂，因此，如何确定损失近因，要根据具体情况作具体的分析。

（1）单一原因造成的损失。单一原因致损，即造成保险标的损失的原因只有一个，那么这个原因就是近因。例如，某人投保了家庭财产保险，地震引起了房屋倒塌，若本险种某一条款列明地震属于保险责任，则保险人负责赔偿，反之则不赔。

（2）多种原因中，既有被保风险，又有除外风险或未保风险，保险人的责任视损害的可分性如何而定。如果损害是可以划分的，保险人就只负责被保风险所致损失部分的赔偿。但在保险实务中，很多情况下损害是无法划分的，保险人有时候倾向于不承担任何损失赔偿责任，有时倾向于与被保险人协商解决，对损失按比例分摊。如特殊情况被保险人无法提供证据，保险人一般应对其损失承担责任，除非保险人能提供某部分损失是由于除外责任造成的证据。

（3）连续发生的多项原因造成的损失。多种原因连续发生，即各原因依次发生，持续不断，且具有前因后果的关系。若损失是由两个以上的原因所造成，且各原因之间的因果关系未中断，那么最先发生并造成一连串事故的原因为近因。如果该近因为保险责任，保险人应负责赔付，反之不负责赔付。

连续发生的原因都是被保风险，保险人赔偿全部损失。连续发生的原因中含有除外风险或未保风险，这又有两种情况：第一，若前因是被保风险，后因是除外风险或未保风险，且后因是前因的必然结果，保险人对损失负全部责任。例如，有一艘装载着皮革和烟叶的船舶，遭遇海难，大量海水侵入船舱，皮革腐烂。海水虽未直接浸泡烟叶，但皮革腐蚀恶臭，使烟叶完全变质。当时被保险人以海难为近因要求保险人全部赔付，但保险人却以烟叶包装没有水渍为由拒赔。之后法院判决，此案的近因是海难，保险人应负责赔偿。第二，前因是除外风险或未保风险，后因是承保风险，后因是前因的必然结果，保险人对损失不负责赔偿。例如，一伙罪犯抢劫了某银行后驾车逃离，在警察的追赶过程中由于慌乱，撞到了路边的路桩上，造成了车辆受损。本案虽然致损的最近原因是碰撞，但是在犯罪后逃跑的路上，碰撞是由于犯罪被追赶中慌乱所致，犯罪行为属责任免除，所以保险公司在车损险项下不承担赔偿责任，但可以在盗抢险项下承担赔偿责任。

（四）损失补偿原则

损失补偿原则是保险理赔的重要原则，坚持这一原则的意义在于维护保险双方的正当权益，防止被保险人通过赔偿而得到额外利益。

1. 损失补偿原则的含义。损失补偿原则是指保险合同生效后，当保险标的发生保险责任范围内的损失时，通过保险赔偿，使被保险人恢复到受灾前的经济原状，但不能因损失而获得额外收益。该原则包括以下两层含义：

（1）补偿以保险责任范围内损失的发生为前提，即有损失发生就有补偿，无损失则无补偿。在保险合同中体现为被保险人因保险事故所致的经济损失，依据保险合同有权获得赔偿，保险人也应及时承担合同约定的保险保障义务。

（2）补偿以被保险人的实际损失为限，即以被保险人恢复到受损失前的经济状态为限，因此，保险人的赔偿额不仅包括被保险标的的实际损失价值，还包括被保险人花费的施救费用、诉讼费等。保险合同通常规定，保险事故发生时，被保险人有义务积极抢救保险标的，防止损失进一步扩大。被保险人抢救保险标的所支出的必要、合理费用，保险人负责赔偿。

2. 损失补偿原则的限制条件。

（1）以实际损失为限。例如，医疗保险中以被保险人实际花费的医疗费用为限。财产保险中以受损标的当时的市值为限。

（2）以保险金额为限。赔偿金额只能低于或等于保险金额，绝不能高于保险金额。例如，某一房屋投保时市值为50万元，保险金额为50万元，若干年后发生保险事故全损，此时房屋的市值升到80万元，保险人最高赔偿金额应为50元，因为保险金额为50万元。

（3）以保险利益为限。保险人的赔偿以被保险人所具有的保险利益为前提条件和最高限额，被保险人所得的赔偿以其对受损标的的保险利益为最高限额。例如，王某独立经营一艘客轮，投保时的保险金额为1000万元，保险期限为一年，投保了半年后，将其船只的50%转让给了李某，没过几个月船只全损。保险人只赔给王某500万元的损失。

3. 损失补偿的派生原则。

（1）重复保险的分摊原则

① 重复保险的分摊原则的含义。重复保险是指投保人对同一保险标的、同一保险利益分别向两个或两个以上的保险人订立保险合同，且其保险金额的总和超过保险价值的保险。为了防止被保险人利用重复保险在数个保险人处重复得到超过损失额的赔偿，以确保保险补偿目的的实现，并维护保险人与被保险人、保险人与保险人之间的公平原则，重复保险的分摊原则应运而生。重复保险分摊原则是指在重复保险的情况下，当保险事故发生时，各保险人应采取适当的分摊方法分配赔偿责任，使被保险人既能得到充分的补偿，又不会超过其实际损失而获得额外的利益。

② 重复保险的分摊方式。重复保险的分摊赔偿方式主要包括比例责任分摊、限额责任分摊和顺序责任分摊三种方式。

· 比例责任分摊方式，是指各保险人按其承保的保险金额占保险金额总和的比例分摊保险事故造成的损失，支付赔款。其计算公式：

各保险人承担的赔款 = 损失金额 × 该保险人承保的保险金额 / 各保险人承保的保险金额总和

例如，某财产的保险金额总和是200万元，投保人与甲、乙保险人订立合同的保险金额分别是80万元和120万元。

若保险事故造成的实际损失是100万元，那么甲保险人应赔偿：100×80/200=40（万元）；乙保险人应赔偿：100×120/200=60（万元）。

·限额责任分摊方式。各家保险公司的分摊不以其保险金额为基础，而是在假设无他保情况下单独应负的赔偿责任限额占各家保险公司赔偿责任限额之和的比例分摊损失金额。其计算公式为

各保险人承担的赔款＝损失金额 × 该保险人的赔偿限额 / 各保险人赔偿限额总和

例如，A、B两家保险公司承保同一财产，A公司承保40万元，B公司承保60万元，实际损失为50万元。A公司在无B公司的情况下应赔付40万元，B公司在无A公司的情况下应赔付50万元。在重复保险的情况下，如以责任限额来分摊，A公司应赔付50×40/90，约22.2万元；B公司应赔付50×50/90，约27.8万元。

·顺序责任分摊方式。各保险公司按出单时间顺序赔偿，先出单的公司先在其保额限度内负责赔偿，后出单的公司只在损失额超出前一家公司的保额时，在自身保额限度内赔偿超出的部分。例如，发货人及其代理人同时向甲、乙两家保险公司为同一财产分别投保50万元和60万元，甲公司先出单，乙公司后出单，如被保财产损失55万元，按责任顺序甲公司赔款额为50万元，乙公司赔款额为5万元。

在我国，重复保险依法采用比例责任方式赔偿。

（2）代位追偿原则。

① 代位追偿原则的含义。保险事故发生后，如果损失是由被保险人以外的第三者造成的，被保险人既可以依据法律规定的民事损害赔偿责任向第三者要求赔偿，也可以依据保险合同规定的索赔权向保险人要求赔偿。如果由保险人和第三者同时赔偿被保险人的损失，就有可能使被保险人获得双重赔偿，这与保险的补偿性质相违背；如果仅由第三者赔偿，又往往会使被保险人得不到及时补偿。于是法律规定了代位追偿原则，以保证当

保险标的因第三者责任而遭受损失时，保险人支付的赔款与第三者赔偿的总和，不超过保险标的的实际损失。

代位追偿原则是损失补偿原则的派生原则，是指在财产保险中，保险标的发生保险事故造成推定全损，或者保险标的由于第三者责任导致的损失，保险人按照合同的约定履行赔偿责任后，依法取得对保险标的的所有权或对保险标的的损失负有责任的第三者的追偿权。《保险法》第六十条至第六十五条对此作了一系列的规定。

② 代位追偿原则的适用范围。保险代位追偿原则适用于财产保险合同，而不适用于人身保险合同；在财产保险合同中，保险人不得对被保险人的家庭成员或者其组成人员行使代位请求赔偿的权利，除非被保险人的家庭成员或者其组成人员故意造成保险事故。

③ 代位追偿原则的主要内容。代位追偿原则的主要内容包括权利代位和物上代位。

· 权利代位即追偿权的代位，是指在财产保险中，保险标的由于第三者责任导致保险损失，保险人向被保险人支付保险赔款后，依法取得对第三者的索赔权。

代位追偿权的产生必须具备下列三个条件：

第一，损害事故发生的原因及受损的标的，都属于保险责任范围。

第二，保险事故的发生是由第三者的责任造成的，肇事方依法应对被保险人承担民事损害赔偿责任，这样被保险人才有权向第三者请求赔偿，并在取得保险赔款后，将对第三者的请求赔偿权转移给保险人，由保险人代位追偿。

第三，保险人按合同的规定对被保险人履行赔偿义务之后，才有权取得代位追偿权。

保险代位追偿的目的在于防止被保险人取得双重赔款而获得额外的利益，从而保障保险人的利益；与此同时，保险人也不能通过行使代位追偿权而获得额外的利益，损害被保险人的利益。当第三者造成的损失大于保险人支付的赔偿金额时，被保险人有权就未取得赔偿部分对第三者请求赔偿。应当注意的是：

第一，保险人只能在赔偿责任范围内代位行使追偿权，保险人代位追偿所得不得大于其向被保险人的赔偿额。

第二，被保险人已从第三者取得损害赔偿但赔偿不足时，保险人可以在保额限度内予以补足，保险人赔偿保险金时，应扣减被保险人从第三者已取得的赔偿金额。

第三，保险人行使代位追偿权，不影响被保险人就未取得赔偿的部分向第三者请求赔偿的权利。

保险人取得代位追偿权的方式一般有两种：一是法定方式，即权益的取得无须经过任何人的确认；二是约定方式，即权益的取得必须经过当事人的磋商和确认。

保险代位追偿的对象为对保险事故的发生和保险标的的损失负有民事赔偿责任的第三者，它可以是法人，也可以是自然人。

保险人赔偿被保险人损失后，依法取得对第三者代位追偿权的情况包括：一是第三者对被保险人的侵权行为，导致保险标的遭受保险损失，依法应承担损害赔偿责任；二是第三者不履行合同规定的义务，造成保险标的的损失，根据合同的约定，第三者应对保险标的的损失承担赔偿责任；三是第三者不当得利行为，造成保险标的的损失，依法应承担赔偿责任；四是其他依据法律规定，第三者应承担的赔偿责任。

为保护保险人的代位追偿权，法律上要求被保险人不能损害保险人的代位追偿权的情况包括：一是在保险人赔偿之前如果被保险人放弃了向第三者的请求赔偿权，那么，也就同时放弃了向保险人请求赔偿的权利；二是在保险人赔偿之后，如果被保险人未经保险人的同意而放弃了对第三者的请求赔偿的权利，该行为无效；三是如果因被保险人的过错影响了保险人代位求偿权的行使，保险人扣减相应的保险赔偿金；四是被保险人有义务协助保险人行使代位求偿权。

· 物上代位。物上代位是指保险标的遭受保险责任范围内的损失，保险人按保险金额全数赔付后，依法取得该项标的的所有权。

物上代位通常产生于对保险标的作推定全损的处理。所谓推定全损，是指保险标的遭受保险事故尚未达到完全损毁或完全灭失的状态，但实际全损已不可避免；或者修复和施救费用将超过保险价值。

保险人的物上代位权是通过委付取得的。所谓委付，是指保险标的发生推定全损时，投保人或被保险人将保险标的的一切权益转移给保险人，而请求保险人按保险金额全数赔付的行为。委付是一种放弃物权的法律行为，在海上保险中经常采用。

委付的成立必须具备一定的条件：一是委付必须由被保险人向保险人提出；二是委付应就保险标的的全部提出请求；三是委付不得附有条件。

由于保险标的的保障程度不同，保险人在物上代位中所享有的权益也有所不同。我国《保险法》第五十九条规定："保险事故发生后，保险人已支付了全部保险金额，并且保险金额等于保险价值的，受损保险标的的全部权利归于保险人；保险金额低于保险价值的，保险人按照保险金额与保险价值的比例取得受损保险标的的部分权利。"

附录 3　相关法律法规

我国的法律体系是由宪法、法律、行政法规、地方性法规和部门规章组成的。与车险相关的法律法规除《中华人民共和国保险法》外，主要有：《中华人民共和国民法通则》《中华人民共和国资产评估法》《中华人民共和国消费者权益保护法》《中华人民共和国合同法》《中华人民共和国侵权责任法》及其司法解释、《中华人民共和国道路交通安全法》及实施条例、《道路交通事故处理程序规定》，及其他与机动车查勘、定损与理赔相关的法规和标准。

一、《中华人民共和国民法通则》

《中华人民共和国民法通则》（以下简称《民法通则》）是中国对民事活动中一些共同性问题所作的法律规定，是民法体系中的一般法。1986年4月12日由第六届全国人民代表大会第四次会议修订通过，1987年1月1日起施行。2009年8月27日，第十一届全国人民代表大会常务委员会第十次会议进行了修订。

本法分为基本原则、公民（自然人）、法人、民事行为、民事权利、民事责任、诉讼时效、民事关系、附则，共九章156条。

本法与汽车承保理赔相关的主要内容摘要如下：

（一）与保障车险当事人合法民事权益相关的基本条款

第四条 民事活动应当遵循自愿、公平、等价有偿、诚实信用的原则。

第五条 公民、法人的合法的民事权益受法律保护，任何组织和个人不得侵犯。

第六条 民事活动必须遵守法律，法律没有规定的，应当遵守国家政策。

第七条 民事活动应当尊重社会公德，不得损害社会公共利益，扰乱社会经济秩序。

第八条 在中华人民共和国领域内的民事活动，适用中华人民共和国法律，法律另有规定的除外。

（二）与车险合同当事人的民事权利能力和民事行为能力相关的条款摘要

第十一条 十八周岁以上的公民是成年人，具有完全民事行为能力，可以独立进行民事活动，是完全民事行为能力人。

（三）与车险合同的订立与实施（包括代理）相关的条款摘要

第五十四条 民事法律行为是公民或者法人设立、变更、终止民事权利和民事义务的合法行为。

第五十五条 民事法律行为应当具备下列条件：

（一）行为人具有相应的民事行为能力；

（二）意思表示真实；

（三）不违反法律或者社会公共利益。

第五十六条 民事法律行为可以采取书面形式、口头形式或者其他形式。法律规定用特定形式的，应当依照法律规定。

第五十八条 下列民事行为无效：

（一）无民事行为能力人实施的；

（二）限制民事行为能力人依法不能独立实施的；

（三）一方以欺诈、胁迫的手段或者乘人之危，使对方在违背真实意思的情况下所为的；

（四）恶意串通，损害国家、集体或者第三人利益的；

（五）违反法律或者社会公共利益的；

（六）以合法形式掩盖非法目的的。

无效的民事行为，从行为开始起就没有法律约束力。

第五十九条 下列民事行为，一方有权请求人民法院或者仲裁机关予以变更或者撤销：

（一）行为人对行为内容有重大误解的；

（二）显失公平的。

被撤销的民事行为从行为开始起无效。

第六十四条 代理包括委托代理、法定代理和指定代理。

委托代理按照被代理人的委托行使代理权，法定代理人依照法律的规定行使代理权，指定代理人按照人民法院或者指定单位的指定行使代理权。

第六十五条 民事法律行为的委托代理，可以用书面形式，也可以用口头形式。法律规定用书面形式的，应当用书面形式。

书面委托代理的授权委托书应当载明代理人的姓名或者名称、代理事项、权限和期间，并由委托人签名或者盖章。

委托书授权不明的，被代理人应当向第三人承担民事责任，代理人负连带责任。

第六十六条 没有代理权、超越代理权或者代理权终止后的行为，只有经过被代理人的追认，被代理人才承担民事责任。未经追认的行为，由行为人承担民事责任。本人知道他人以本人名义实施民事行为而不作否认表示的，视为同意。

代理人不履行职责而给被代理人造成损害的，应当承担民事责任。

代理人和第三人串通，损害被代理人的利益的，由代理人和第三人负连带责任。

第三人知道行为人没有代理权、超越代理权或者代理权已终止还与行为人实施民事行为给他人造成损害的，由第三人和行为人负连带责任。

第六十七条 代理人知道被委托代理的事项违法仍然进行代理活动的，或者被代理人知道代理人的代理行为违法不表示反对的，由被代理人和代理人负连带责任。

第六十八条 委托代理人为被代理人的利益需要转托他人代理的，应当事先取得被代理人的同意。事先没有取得被代理人同意的，应当在事后及时告诉被代理人，如果被代理人不同意，由代理人对自己所转托的人的行为负民事责任，但在紧急情况下，为了保护被代理人的利益而转托他人代理的除外。

（四）与车险合同双方当事人的权利义务相关的条款摘要

第八十九条 依照法律的规定或者按照当事人的约定，可以采用下列方式担保债务的履行：

（一）保证人向债权人保证债务人履行债务，债务人不履行债务的，按照约定由保证人履行或者承担连带责任；保证人履行债务后，有权向债务人追偿。

（二）债务人或者第三人可以提供一定的财产作为抵押物。债务人不履行债务的，债权人有权依照法律的规定以抵押物折价或者以变卖抵押物的价款优先得到偿还。

（三）当事人一方在法律规定的范围内可以向对方给付定金。债务人履行债务后，定金应当抵作价款或者收回。给付定金的一方不履行债务的，无权要求返还定金；接受定金的一方不履行债务的，应当双倍返还定金。

（四）按照合同约定一方占有对方的财产，对方不按照合同给付应付款项超过约定期限的，占有人有权留置该财产，依照法律的规定以留置财产折价或者以变卖该财产的价款优先得到偿还。

第九十条 合法的借贷关系受法律保护。

第九十一条 合同一方将合同的权利、义务全部或者部分转让给第三人的，应当取得合同另一方的同意，并不得牟利。依照法律规定应当由国家批准的合同，需经原批准机关批准。但是，法律另有规定或者原合同另有约定的除外。

第九十二条 没有合法根据，取得不当利益，造成他人损失的，应当将取得的不当利益返还受损失的人。

第九十三条 没有法定的或者约定的义务，为避免他人利益受损失进行管理或者服务的，有权要求受益人偿付由此而支付的必要费用。

（五）与车险合同违约责任相关的条款摘要

1. 一般规定。

第一百零六条 公民、法人违反合同或者不履行其他义务的，应当承担民事责任。

公民、法人由于过错侵害国家的、集体的财产，侵害他人财产、人身的，应当承担民事责任。

第一百一十条 对承担民事责任的公民、法人需要追究行政责任的，应当追究行政责任；构成犯罪的，对公民、法人的法定代表人应当依法追究刑事责任。

第一百一十四条 当事人一方因另一方违反合同受到损失的，应当及时采取措施防止损失的扩大；没有及时采取措施致使损失扩大的，无权就扩大的损失要求赔偿。

第一百一十五条 合同的变更或者解除，不影响当事人要求赔偿损失的权利。

第一百一十六条 当事人一方由于上级机关的原因，不能履行合同义务的，应当按照合同约定向另一方赔偿损失或者采取其他补救措施，再由上级机关对它因此受到的损失负责处理。

2. 侵权的民事责任。

第一百一十七条 侵占国家的、集体的财产或者他人财产的，应当返还财产，不能返还财产的，应当折价赔偿。

损坏国家的、集体的财产或者他人财产的，应当恢复原状或者折价赔偿。

第一百一十九条 侵害公民身体造成伤害的，应当赔偿医疗费、因误工减少的收入、残废者生活补助费等费用；造成死亡的，并应当支付丧葬费、死者生前扶养的人必要的生活费等费用。

第一百二十九条 因紧急避险造成损害的，由引起险情发生的人承担民事责任。如果危险是由自然原因引起的，紧急避险人不承担民事责任或者承担适当的民事责任。因紧急避险采取措施不当或者超过必要的限度，造成不应有的损害的，紧急避险人应当承担适当的民事责任。

二、《中华人民共和国资产评估法》

《中华人民共和国资产评估法》（以下简称《资产评估法》）由中华人民共和国第十二届全国人民代表大会常务委员会第二十一次会议于2016年7月2日通过，自2016年12月1日起施行。本法分为总则、评估专业人员、评估机构、评估程序、行业协会、监督管理、法律责任、附则，共八章55条。

本法是规范事故车辆评估定损行为，以及管理相关从业机构和从业人员的法律依据。相关内容摘要如下：

（一）与车辆评估定损相关的基本原则

第四条 评估机构及其评估专业人员开展业务应当遵守法律、行政法规和评估准则，遵循独立、客观、公正的原则。

评估机构及其评估专业人员依法开展业务，受法律保护。

第五条 评估专业人员从事评估业务，应当加入评估机构，并且只能在一个评估机构从事业务。

（二）与评估专业人员相关的条款

第八条 评估专业人员包括评估师和其他具有评估专业知识及实践经验的评估从业人员。

评估师是指通过评估师资格考试的评估专业人员。国家根据经济社会发展需要确定评估师专业类别。

第九条 有关全国性评估行业协会按照国家规定组织实施评估师资格全国统一考试。

具有高等院校专科以上学历的公民，可以参加评估师资格全国统一考试。

第十条 有关全国性评估行业协会应当在其网站上公布评估师名单，并实时更新。

第十一条 因故意犯罪或者在从事评估、财务、会计、审计活动中因过失犯罪而受刑事处罚，自刑罚执行完毕之日起不满五年的人员，不得从事评估业务。

第十二条 评估专业人员享有下列权利：

（一）要求委托人提供相关的权属证明、财务会计信息和其他资料，以及为执行公允的评估程序所需的必要协助；

（二）依法向有关国家机关或者其他组织查阅从事业务所需的文件、证明和资料；

（三）拒绝委托人或者其他组织、个人对评估行为和评估结果的非法干预；

（四）依法签署评估报告；

（五）法律、行政法规规定的其他权利。

第十三条 评估专业人员应当履行下列义务：

（一）诚实守信，依法独立、客观、公正从事业务；

（二）遵守评估准则，履行调查职责，独立分析估算，勤勉谨慎从事业务；

（三）完成规定的继续教育，保持和提高专业能力；

（四）对评估活动中使用的有关文件、证明和资料的真实性、准确性、完整性进行核查和验证；

（五）对评估活动中知悉的国家秘密、商业秘密和个人隐私予以保密；

（六）与委托人或者其他相关当事人及评估对象有利害关系的，应当回避；

（七）接受行业协会的自律管理，履行行业协会章程规定的义务；

（八）法律、行政法规规定的其他义务。

第十四条 评估专业人员不得有下列行为：

（一）私自接受委托从事业务、收取费用；

（二）同时在两个以上评估机构从事业务；

（三）采用欺骗、利诱、胁迫，或者贬损、诋毁其他评估专业人员等不正当手段招揽业务；

（四）允许他人以本人名义从事业务，或者冒用他人名义从事业务；

（五）签署本人未承办业务的评估报告；

（六）索要、收受或者变相索要、收受合同约定以外的酬金、财物，或者谋取其他不正当利益；

（七）签署虚假评估报告或者有重大遗漏的评估报告；

（八）违反法律、行政法规的其他行为。

（三）与评估程序相关的条款摘要

第二十四条 对受理的评估业务，评估机构应当指定至少两名评估专业人员承办。

委托人有权要求与相关当事人及评估对象有利害关系的评估专业人员回避。

第二十五条 评估专业人员应当根据评估业务具体情况，对评估对象进行现场调查，收集权属证明、财务会计信息和其他资料并进行核查验证、分析整理，作为评估的依据。

第二十六条 评估专业人员应当恰当选择评估方法，除依据评估执业准则只能选择一种评估方法的外，应当选择两种以上评估方法，经综合分析，形成评估结论，编制评估报告。

评估机构应当对评估报告进行内部审核。

第二十七条 评估报告应当由至少两名承办该项业务的评估专业人员签名并加盖评估机构印章。

评估机构及其评估专业人员对其出具的评估报告依法承担责任。

委托人不得串通、唆使评估机构或者评估专业人员出具虚假评估报告。

第二十八条 评估机构开展法定评估业务，应当指定至少两名相应专业类别的评估师承办，评估报告应当由至少两名承办该项业务的评估师签名并加盖评估机构印章。

第二十九条 评估档案的保存期限不少于十五年，属于法定评估业务的，保存期限不少于三十年。

第三十条 委托人对评估报告有异议的，可以要求评估机构解释。

第三十一条 委托人认为评估机构或者评估专业人员违法开展业务的，可以向有关评估行政管理部门或者行业协会投诉、举报，有关评估行政管理部门或者行业协会应当及时调查处理，并答复委托人。

第三十二条 委托人或者评估报告使用人应当按照法律规定和评估报告载明的使用范围使用评估报告。

委托人或者评估报告使用人违反前款规定使用评估报告的，评估机构和评估专业人员不承担责任。

（四）与评估行业协会相关的条款摘要

第三十六条 评估行业协会履行下列职责：

（一）制定会员自律管理办法，对会员实行自律管理；

（二）依据评估基本准则制定评估执业准则和职业道德准则；

（三）组织开展会员继续教育；

（四）建立会员信用档案，将会员遵守法律、行政法规和评估准则的情况记入信用档案，并向社会公开；

（五）检查会员建立风险防范机制的情况；

（六）受理对会员的投诉、举报，受理会员的申诉，调解会员执业纠纷；

（七）规范会员从业行为，定期对会员出具的评估报告进行检查，按照章程规定对会员给予奖惩，并将奖惩情况及时报告有关评估行政管理部门；

（八）保障会员依法开展业务，维护会员合法权益；

（九）法律、行政法规和章程规定的其他职责。

（五）与评估涉及的法律责任相关的条款摘要

第四十七条 评估机构违反本法规定，有下列情形之一的，由有关评估行政管理部门予以警告，可以责令停业一个月以上六个月以下；有违法所得的，没收违法所得，并处违法所得一倍以上五倍以下罚款；情节严重的，由工商行政管理部门吊销营业执照；构成犯罪的，依法追究刑事责任：

（一）利用开展业务之便，谋取不正当利益的；

（二）允许其他机构以本机构名义开展业务，或者冒用其他机构名义开展业务的；

（三）以恶性压价、支付回扣、虚假宣传，或者贬损、诋毁其他评估机构等不正当手段招揽业务的；

（四）受理与自身有利害关系的业务的；

（五）分别接受利益冲突双方的委托，对同一评估对象进行评估的；

（六）出具有重大遗漏的评估报告的；

（七）未按本法规定的期限保存评估档案的；

（八）聘用或者指定不符合本法规定的人员从事评估业务的；

（九）对本机构的评估专业人员疏于管理，造成不良后果的。

三、《中华人民共和国消费者权益保护法》

《中华人民共和国消费者权益保护法》（以下简称《消费者权益保护法》）是为了保护消费者的合法权益，维护社会经济秩序，促进社会主义市场经济健康发展，制定本法。经营者为消费者提供其生产、销售的商品或者提供服务，应当遵守本法。

本法于1993年10月31日发布，1994年1月1日施行。2009年8月27日第一次修订，2013年10月25日第二次修订，2014年3月15日施行。

本法分为总则、消费者的权利、经营者的义务、国家对消费者权益的保护、消费者组织、争议的解决、法律责任、附则，共八章六十三条。相关主要内容摘要如下：

（一）“消费者的权利”摘要

第八条 消费者享有知悉其购买、使用的商品或者接受的服务的真实情况的权利。

消费者有权根据商品或者服务的不同情况，要求经营者提供商品的价格、产地、生产者、用途、性能、规格、等级、主要成份、生产日期、有效期限、检验合格证明、使用方法说明书、售后服务，或者服务的内容、规格、费用等有关情况。

第九条 消费者享有自主选择商品或者服务的权利。

消费者有权自主选择提供商品或者服务的经营者，自主选择商品品种或者服务方式，自主决定购买或者不购买任何一种商品、接受或者不接受任何一项服务。

消费者在自主选择商品或者服务时，有权进行比较、鉴别和挑选。

第十条 消费者享有公平交易的权利。

消费者在购买商品或者接受服务时，有权获得质量保障、价格合理、计量正确等公平交易条件，有权拒绝经营者的强制交易行为。

第十一条 消费者因购买、使用商品或者接受服务受到人身、财产损害的，享有依法获得赔偿的权利。

第十四条 消费者在购买、使用商品和接受服务时，享有人格尊严、民族风俗习惯得到尊重的权利，享有个人信息依法得到保护的权利。

（二）“经营者的义务”摘要

第十六条 经营者向消费者提供商品或者服务，应当依照本法和其他有关法律、法规的规定履行义务。

第十七条 经营者应当听取消费者对其提供的商品或者服务的意见，

接受消费者的监督。

第二十六条 经营者在经营活动中使用格式条款的，应当以显著方式提请消费者注意商品或者服务的数量和质量、价款或者费用、履行期限和方式、安全注意事项和风险警示、售后服务、民事责任等与消费者有重大利害关系的内容，并按照消费者的要求予以说明。

经营者不得以格式条款、通知、声明、店堂告示等方式，作出排除或者限制消费者权利、减轻或者免除经营者责任、加重消费者责任等对消费者不公平、不合理的规定，不得利用格式条款并借助技术手段强制交易。

格式条款、通知、声明、店堂告示等含有前款所列内容的，其内容无效。

第二十八条 采用网络、电视、电话、邮购等方式提供商品或者服务的经营者，以及提供证券、保险、银行等金融服务的经营者，应当向消费者提供经营地址、联系方式、商品或者服务的数量和质量、价款或者费用、履行期限和方式、安全注意事项和风险警示、售后服务、民事责任等信息。

第二十九条 经营者收集、使用消费者个人信息，应当遵循合法、正当、必要的原则，明示收集、使用信息的目的、方式和范围，并经消费者同意。经营者收集、使用消费者个人信息，应当公开其收集、使用规则，不得违反法律、法规的规定和双方的约定收集、使用信息。

第三十九条 消费者和经营者发生消费者权益争议的，可以通过下列途径解决：

（一）与经营者协商和解；

（二）请求消费者协会或者依法成立的其他调解组织调解；

（三）向有关行政部门投诉；

（四）根据与经营者达成的仲裁协议提请仲裁机构仲裁；

（五）向人民法院提起诉讼。

四、《中华人民共和国合同法》

《中华人民共和国合同法》（以下简称《合同法》）由中华人民共和

国第九届全国人民代表大会第二次会议于1999年3月15日通过，自1999年10月1日起施行。本法所称合同是平等主体的自然人、法人、其他组织之间设立、变更、终止民事权利义务关系的协议。

本法分为一般规定、合同的订立、合同的效力、合同的履行、合同的变更和转让、合同的权利义务终止、违约责任、其他规定等，共二十三章428条。本法自1999年10月1日起施行，《中华人民共和国经济合同法》《中华人民共和国涉外经济合同法》《中华人民共和国技术合同法》同时废止。

本法与《中华人民共和国保险法》中的相关内容相辅相成，是车险合同订立与履行的重要依据。相关主要内容摘要如下：

（一）与车险合同相关的基本原则

第三条 合同当事人的法律地位平等，一方不得将自己的意志强加给另一方。

第四条 当事人依法享有自愿订立合同的权利，任何单位和个人不得非法干预。

第五条 当事人应当遵循公平原则确定各方的权利和义务。

第六条 当事人行使权利、履行义务应当遵循诚实信用原则。

（二）与车险合同订立有关的条款摘要

第四十二条 当事人在订立合同过程中有下列情形之一，给对方造成损失的，应当承担损害赔偿责任：

（一）假借订立合同，恶意进行磋商；

（二）故意隐瞒与订立合同有关的重要事实或者提供虚假情况；

（三）有其他违背诚实信用原则的行为。

第四十三条 当事人在订立合同过程中知悉的商业秘密，无论合同是否成立，不得泄露或者不正当地使用。泄露或者不正当地使用该商业秘密给对方造成损失的，应当承担损害赔偿责任。

（三）与合同的转让相关条款摘要

第八十条 债权人转让权利的，应当通知债务人。未经通知，该转让对债务人不发生效力。

（四）与合同的权利义务终止相关的条款摘要

第九十四条 有下列情形之一的，当事人可以解除合同：

（一）因不可抗力致使不能实现合同目的；

（二）在履行期限届满之前，当事人一方明确表示或者以自己的行为表明不履行主要债务；

（三）当事人一方迟延履行主要债务，经催告后在合理期限内仍未履行；

（四）当事人一方迟延履行债务或者有其他违约行为致使不能实现合同目的；

（五）法律规定的其他情形。

（五）与合同的违约责任相关条款摘要

第一百一十九条 当事人一方违约后，对方应当采取适当措施防止损失的扩大；没有采取适当措施致使损失扩大的，不得就扩大的损失要求赔偿。

当事人因防止损失扩大而支出的合理费用，由违约方承担。

五、《中华人民共和国侵权责任法》及其司法解释

（一）《中华人民共和国侵权责任法》

《中华人民共和国侵权责任法》于 2009 年 12 月 26 日发布，2010 年 7 月 1 日实施。本法共十二章，分别是一般规定、责任构成和责任方式、不承担责任和减轻责任的情形、关于责任主体的特殊规定、产品责任、机动车交通事故责任、医疗损害责任、环境污染责任、高度危险责任、饲养动物损害责任、物件损害责任、附则。

本法第六章中关于“机动车交通事故责任”的规定与汽车保险最相关，摘要如下：

第四十八条 机动车发生交通事故造成损害的，依照道路交通安全法的有关规定承担赔偿责任。

第四十九条 因租赁、借用等情形机动车所有人与使用人不是同一人

时，发生交通事故后属于该机动车一方责任的，由保险公司在机动车强制保险责任限额范围内予以赔偿。不足部分，由机动车使用人承担赔偿责任；机动车所有人对损害的发生有过错的，承担相应的赔偿责任。

第五十条 当事人之间已经以买卖等方式转让并交付机动车但未办理所有权转移登记，发生交通事故后属于该机动车一方责任的，由保险公司在机动车强制保险责任限额范围内予以赔偿。不足部分，由受让人承担赔偿责任。

第五十一条 以买卖等方式转让拼装或者已达到报废标准的机动车，发生交通事故造成损害的，由转让人和受让人承担连带责任。

第五十二条 盗窃、抢劫或者抢夺的机动车发生交通事故造成损害的，由盗窃人、抢劫人或者抢夺人承担赔偿责任。保险公司在机动车强制保险责任限额范围内垫付抢救费用的，有权向交通事故责任人追偿。

第五十三条 机动车驾驶人发生交通事故后逃逸，该机动车参加强制保险的，由保险公司在机动车强制保险责任限额范围内予以赔偿；机动车不明或者该机动车未参加强制保险，需要支付被侵权人人身伤亡的抢救、丧葬等费用的，由道路交通事故社会救助基金垫付。道路交通事故社会救助基金垫付后，其管理机构有权向交通事故责任人追偿。

（二）《中华人民共和国侵权责任法》司法解释摘要

《中华人民共和国侵权责任法》的司法解释，由中华人民共和国最高人民法院于 2010 年 6 月 30 日发布实施。与机动车交通事故责任相关的司法解释摘要如下：

第八十五条 【机动车的范围】

机动车是指以动力装置驱动或者牵引，在道路上行驶的供人员乘用或者用于运送物品以及进行工程专项作业的轮式车辆。

低于时速 20 公里以下的动力车，不认为是机动车。

第八十六条 【机动车交通事故的责任人】

受雇人驾驶机动车造成他人损害的，雇用人承担替代责任。雇用人承担赔偿责任之后，可以向有过错的受雇人追偿。

机动车在送交修理、委托保管或者出质期间，承修人、保管人或者质权人擅自驾驶该车辆造成他人损害的，承修人、保管人或者质权人应当承担侵权责任。

承租人使用融资租赁的机动车在运行中造成他人损害的，由承租人承担侵权责任。

分期付款买卖的机动车由买方占有后，在运行中造成他人损害的，由买方承担侵权责任。

第八十七条 【机动车与非机动车驾驶人或者行人与有过失】

机动车与非机动车驾驶人或者行人之间发生交通事故，造成损害，双方都有过失，依照道路交通安全法第七十六条适当减轻责任的，机动车一方在按照其过错程度承担的赔偿责任之上，再增加不超过百分之十的赔偿责任。

第八十八条 【机动车交通事故中的优者危险负担】

机动车一方无过失，非机动车驾驶人或者行人的过失造成自己损害，依照道路交通安全法第七十六条，机动车一方应当承担不超过百分之十赔偿责任的，应当在百分之五至百分之十之间，根据受害人一方的过失程度，确定具体的赔偿数额。

第八十九条 【受害人故意造成损害】

依照道路交通安全法第七十六条第三款规定受害人故意碰撞机动车造成损害的，机动车一方不承担赔偿责任的，应当扩张解释为受害人故意引起损害的，机动车一方不承担赔偿责任。

第九十条 【机动车出租人、出借人的过错认定】

依照侵权责任法第四十九条规定的机动车所有人的过错，是指出租人、出借人怠于审查承租人、借用人驾驶资质，或者隐瞒或者未告知机动车故障等。

机动车使用人承担侵权赔偿责任，机动车所有人承担相应的赔偿责任，属于连带责任，应当适用本司法解释第二十条规定确定侵权责任。

第九十一条 【带驾驶员租赁】

侵权责任法第四十九条规定的出租机动车，为光车出租。

带驾驶员的出租机动车，因驾驶员的过失导致发生机动车交通事故造成损害的，无论是造成自己损害还是他人损害，机动车所有人都应当承担赔偿责任。由于机动车使用人的指示过失，造成机动车驾驶人损害或他人损害的，使用人承担定作人指示过失责任，予以赔偿。机动车驾驶人有过失，机动车使用人在指示上也有过失的，双方承担连带责任。

第九十二条 【买卖机动车未过户未强制保险的赔偿责任】

当事人之间已经以买卖等方式转让并交付机动车但未办理所有权转移登记，发生交通事故后，属于机动车一方责任，该机动车未按照法律规定办理强制保险的，机动车的受让人与原所有人在机动车强制保险范围内，承担连带赔偿责任。

第九十三条 【报废车的强制保险责任】

机动车距规定的报废期限不足一年的，机动车所有人投保短期机动车交通事故责任强制保险，在保险期间发生交通事故的，由保险公司在短期交通事故责任强制保险责任限额范围内予以赔偿，不足部分由转让人和受让人承担连带责任；在短期强制保险期间外发生交通事故的，由转让人和受让人承担连带责任。

第九十四条 【盗抢机动车侵权中机动车所有人未参加强制保险的赔偿】

盗窃、抢劫、抢夺的机动车发生交通事故，盗窃人、抢劫人或者抢夺人逃逸无法承担赔偿责任，机动车所有人未按照法律规定办理强制保险的，机动车所有人应当在强制保险范围内，由机动车所有人在机动车强制保险责任限额范围内先行垫付抢救费用，机动车所有人可以向交通事故责任人追偿。

第九十五条 【挂靠机动车的损害赔偿】

机动车挂靠经营发生道路交通事故致人损害的，应当根据下列不同情形，由不同的主体承担责任：

（一）个人机动车无偿挂靠企业，被挂靠企业既不享有运行利益，又不进行运行支配的，由个人承担赔偿责任；被挂靠单位明知或者应知挂靠经营者不具有相应资质而提供挂靠的，被挂靠企业应当与机动车所有人承担连带责任。

（二）被挂靠单位收取管理费的个人机动车，被挂靠单位疏于管理致使挂靠机动车发生交通事故致人损害的，应当承担赔偿责任；被挂靠单位明知挂靠机动车的所有人不具有相应资质而接受挂靠，挂靠机动车发生交通事故致人损害的，被挂靠企业与机动车所有人承担连带责任。

第九十六条 【交通事故中驾驶人负全责的追偿责任】

驾驶人因执行工作任务时发生交通事故，造成他人损害，驾驶人应当承担全部责任的，应当由机动车所有人承担赔偿责任；机动车所有人承担赔偿责任后，有权向其追偿。

驾驶人非因执行工作任务发生交通事故，造成他人损害，驾驶人应当负全部责任的，由驾驶人承担赔偿责任，机动车所有人不承担责任。

六、《中华人民共和国道路交通安全法》及实施条例

（一）《中华人民共和国道路交通安全法》

《中华人民共和国道路交通安全法》（以下简称《道路交通安全法》）是为了维护道路交通秩序，预防和减少交通事故，保护人身安全，保护公民、法人和其他组织的财产安全及其他合法权益，提高通行效率而制定的。该法于2003年10月28日第十届全国人民代表大会常务委员会第五次会议通过并发布，后根据2007年12月29日第十届全国人民代表大会常务委员会第三十一次会议《关于修改〈中华人民共和国道路交通安全法〉的决定》第一次修正，后又根据2011年4月22日第十一届全国人民代表大会常务委员会第二十次会议《关于修改〈中华人民共和国道路交通安全法〉的决定》第二次修正。

本法分总则、车辆和驾驶人、道路通行条件、道路通行规定、交通事故处理、执法监督、法律责任、附则，共八章124条。

本法第五章交通事故处理与汽车保险密切相关，主要内容摘要如下：

第七十条 在道路上发生交通事故，车辆驾驶人应当立即停车，保护现场；造成人身伤亡的，车辆驾驶人应当立即抢救受伤人员，并迅速报告执勤的交通警察或者公安机关交通管理部门。因抢救受伤人员变动现场的，应当标明位置。乘车人、过往车辆驾驶人、过往行人应当予以协助。

在道路上发生交通事故，未造成人身伤亡，当事人对事实及成因无争议的，可以即行撤离现场，恢复交通，自行协商处理损害赔偿事宜；不即行撤离现场的，应当迅速报告执勤的交通警察或者公安机关交通管理部门。

在道路上发生交通事故，仅造成轻微财产损失，并且基本事实清楚的，当事人应当先撤离现场再进行协商处理。

第七十一条 车辆发生交通事故后逃逸的，事故现场目击人员和其他知情人员应当向公安机关交通管理部门或者交通警察举报。举报属实的，公安机关交通管理部门应当给予奖励。

第七十二条 公安机关交通管理部门接到交通事故报警后，应当立即派交通警察赶赴现场，先组织抢救受伤人员，并采取措施，尽快恢复交通。

交通警察应当对交通事故现场进行勘验、检查，收集证据；因收集证据的需要，可以扣留事故车辆，但是应当妥善保管，以备核查。

对当事人的生理、精神状况等专业性较强的检验，公安机关交通管理部门应当委托专门机构进行鉴定。鉴定结论应当由鉴定人签名。

第七十三条 公安机关交通管理部门应当根据交通事故现场勘验、检查、调查情况和有关的检验、鉴定结论，及时制作交通事故认定书，作为处理交通事故的证据。交通事故认定书应当载明交通事故的基本事实、成因和当事人的责任，并送达当事人。

第七十四条 对交通事故损害赔偿的争议，当事人可以请求公安机关交通管理部门调解，也可以直接向人民法院提起民事诉讼。

经公安机关交通管理部门调解，当事人未达成协议或者调解书生效后不履行的，当事人可以向人民法院提起民事诉讼。

第七十五条 医疗机构对交通事故中的受伤人员应当及时抢救，不得因抢救费用未及时支付而拖延救治。肇事车辆参加机动车第三者责任强制保险的，由保险公司在责任限额范围内支付抢救费用；抢救费用超过责任限额的，未参加机动车第三者责任强制保险或者肇事后逃逸的，由道路交通事故社会救助基金先行垫付部分或者全部抢救费用，道路交通事故社会救助基金管理机构有权向交通事故责任人追偿。

第七十六条 机动车发生交通事故造成人身伤亡、财产损失的，由保险公司在机动车第三者责任强制保险责任限额范围内予以赔偿；不足的部分，按照下列规定承担赔偿责任：

（一）机动车之间发生交通事故的，由有过错的一方承担赔偿责任；双方都有过错的，按照各自过错的比例分担责任。

（二）机动车与非机动车驾驶人、行人之间发生交通事故，非机动车驾驶人、行人没有过错的，由机动车一方承担赔偿责任；有证据证明非机动车驾驶人、行人有过错的，根据过错程度适当减轻机动车一方的赔偿责任；机动车一方没有过错的，承担不超过百分之十的赔偿责任。

交通事故的损失是由非机动车驾驶人、行人故意碰撞机动车造成的，机动车一方不承担赔偿责任。

第七十七条 车辆在道路以外通行时发生的事故，公安机关交通管理部门接到报案的，参照本法有关规定办理。

（二）《中华人民共和国道路交通安全法实施条例》

《中华人民共和国道路交通安全法实施条例》（以下简称《道路交通安全法实施条例》）根据《中华人民共和国道路交通安全法》制定，于2004年4月28日国务院第49次常务会议通过，2004年4月30日公布，自2004年5月1日起施行。2017年10月7日，国务院令第687号《国务院关于修改部分行政法规的决定》对第十二条进行了修正。本条例共计8章115条，相关主要内容摘要如下：

1. 与事故车辆合法身份鉴定相关的主要规定：

第六条 已注册登记的机动车有下列情形之一的，机动车所有人应当向登记该机动车的公安机关交通管理部门申请变更登记：

（一）改变机动车车身颜色的；

（二）更换发动机的；

（三）更换车身或者车架的；

（四）因质量有问题，制造厂更换整车的；

（五）营运机动车改为非营运机动车或者非营运机动车改为营运机动车的；

（六）机动车所有人的住所迁出或者迁入公安机关交通管理部门管辖区域的。

第七条 已注册登记的机动车所有权发生转移的，应当及时办理转移登记。

申请机动车转移登记，当事人应当向登记该机动车的公安机关交通管理部门交验机动车，并提交以下证明、凭证：

（一）当事人的身份证明；

（二）机动车所有权转移的证明、凭证；

（三）机动车登记证书；

（四）机动车行驶证。

第八条 机动车所有人将机动车作为抵押物抵押的，机动车所有人应当向登记该机动车的公安机关交通管理部门申请抵押登记。

第九条 已注册登记的机动车达到国家规定的强制报废标准的，公安机关交通管理部门应当在报废期满的 2 个月前通知机动车所有人办理注销登记。机动车所有人应当在报废期满前将机动车交售给机动车回收企业，由机动车回收企业将报废的机动车登记证书、号牌、行驶证交公安机关交通管理部门注销。机动车所有人逾期不办理注销登记的，公安机关交通管理部门应当公告该机动车登记证书、号牌、行驶证作废。

因机动车灭失申请注销登记的，机动车所有人应当向公安机关交通管理部门提交本人身份证明，交回机动车登记证书。

2. 与事故车辆驾驶人相关的主要规定：

第二十二条 机动车驾驶证的有效期为 6 年，本条例另有规定的除外。

机动车驾驶人初次申领机动车驾驶证后的 12 个月为实习期。在实习期内驾驶机动车的，应当在车身后部粘贴或者悬挂统一式样的实习标志。

机动车驾驶人在实习期内不得驾驶公共汽车、营运客车或者执行任务的警车、消防车、救护车、工程救险车以及载有爆炸物品、易燃易爆化学物品、剧毒或者放射性等危险物品的机动车；驾驶的机动车不得牵引挂车。

第二十八条 机动车驾驶人在机动车驾驶证丢失、损毁、超过有效期或者被依法扣留、暂扣期间以及记分达到 12 分的，不得驾驶机动车。

3. 与事故车辆超载超限相关的主要规定：

第五十四条 机动车载物不得超过机动车行驶证上核定的载质量，装载长度、宽度不得超出车厢，并应当遵守下列规定：

（一）重型、中型载货汽车，半挂车载物，高度从地面起不得超过4米，载运集装箱的车辆不得超过4.2米；

（二）其他载货的机动车载物，高度从地面起不得超过 2.5 米；

（三）摩托车载物，高度从地面起不得超过 1.5 米，长度不得超出车身 0.2 米。两轮摩托车载物宽度左右各不得超出车把 0.15 米；三轮摩托车载物宽度不得超过车身。

载客汽车除车身外部的行李架和内置的行李箱外，不得载货。载客汽车行李架载货，从车顶起高度不得超过 0.5 米，从地面起高度不得超过 4 米。

第五十五条 机动车载人应当遵守下列规定：

（一）公路载客汽车不得超过核定的载客人数，但按照规定免票的儿童除外，在载客人数已满的情况下，按照规定免票的儿童不得超过核定载客人数的 10%；

（二）载货汽车车厢不得载客。在城市道路上，货运机动车在留有安全位置的情况下，车厢内可以附载临时作业人员 1 人至 5 人；载物高度超过车厢栏板时，货物上不得载人；

（三）摩托车后座不得乘坐未满 12 周岁的未成年人，轻便摩托车不得载人。

第五十六条 机动车牵引挂车应当符合下列规定：

（一）载货汽车、半挂牵引车、拖拉机只允许牵引 1 辆挂车。挂车的灯光信号、制动、连接、安全防护等装置应当符合国家标准；

（二）小型载客汽车只允许牵引旅居挂车或者总质量 700 千克以下的挂车。挂车不得载人；

（三)载货汽车所牵引挂车的载质量不得超过载货汽车本身的载质量。

大型、中型载客汽车，低速载货汽车，三轮汽车以及其他机动车不得牵引挂车。

第六十一条 牵引故障机动车应当遵守下列规定：

（一）被牵引的机动车除驾驶人外不得载人，不得拖带挂车；

（二）被牵引的机动车宽度不得大于牵引机动车的宽度；

（三）使用软连接牵引装置时，牵引车与被牵引车之间的距离应当大于 4 米小于 10 米；

（四）对制动失效的被牵引车，应当使用硬连接牵引装置牵引；

（五）牵引车和被牵引车均应当开启危险报警闪光灯。

汽车吊车和轮式专用机械车不得牵引车辆。摩托车不得牵引车辆或者被其他车辆牵引。

转向或者照明、信号装置失效的故障机动车，应当使用专用清障车拖曳。

第六十二条 驾驶机动车不得有下列行为：

（一）在车门、车厢没有关好时行车；

（二）在机动车驾驶室的前后窗范围内悬挂、放置妨碍驾驶人视线的物品；

（三）拨打接听手持电话、观看电视等妨碍安全驾驶的行为；

（四）下陡坡时熄火或者空挡滑行；

（五）向道路上抛撒物品；

（六）驾驶摩托车手离车把或者在车把上悬挂物品；

（七）连续驾驶机动车超过 4 小时未停车休息或者停车休息时间少于 20 分钟；

（八）在禁止鸣喇叭的区域或者路段鸣喇叭。

4. 与车辆交通事故处理相关的主要规定：

第八十六条 机动车与机动车、机动车与非机动车在道路上发生未造成人身伤亡的交通事故，当事人对事实及成因无争议的，在记录交通事故的时间、地点、对方当事人的姓名和联系方式、机动车牌号、驾驶证号、保险凭证号、碰撞部位，并共同签名后，撤离现场，自行协商损害赔偿事宜。当事人对交通事故事实及成因有争议的，应当迅速报警。

第八十七条 非机动车与非机动车或者行人在道路上发生交通事故，未造成人身伤亡，且基本事实及成因清楚的，当事人应当先撤离现场，再自行协商处理损害赔偿事宜。当事人对交通事故事实及成因有争议的，应当迅速报警。

第八十八条 机动车发生交通事故，造成道路、供电、通讯等设施损毁的，驾驶人应当报警等候处理，不得驶离。机动车可以移动的，应当将机动车移至不妨碍交通的地点。公安机关交通管理部门应当将事故有关情况通知有关部门。

第八十九条 公安机关交通管理部门或者交通警察接到交通事故报警，应当及时赶赴现场，对未造成人身伤亡，事实清楚，并且机动车可以移动的，应当在记录事故情况后责令当事人撤离现场，恢复交通。对拒不撤离现场的，予以强制撤离。

对属于前款规定情况的道路交通事故，交通警察可以适用简易程序处理，并当场出具事故认定书。当事人共同请求调解的，交通警察可以当场对损害赔偿争议进行调解。

对道路交通事故造成人员伤亡和财产损失需要勘验、检查现场的，公安机关交通管理部门应当按照勘查现场工作规范进行。现场勘查完毕，应当组织清理现场，恢复交通。

第九十条 投保机动车第三者责任强制保险的机动车发生交通事故，因抢救受伤人员需要保险公司支付抢救费用的，由公安机关交通管理部门通知保险公司。

抢救受伤人员需要道路交通事故救助基金垫付费用的，由公安机关交通管理部门通知道路交通事故社会救助基金管理机构。

第九十一条 公安机关交通管理部门应当根据交通事故当事人的行为对发生交通事故所起的作用以及过错的严重程度，确定当事人的责任。

第九十二条 发生交通事故后当事人逃逸的，逃逸的当事人承担全部责任。但是，有证据证明对方当事人也有过错的，可以减轻责任。

当事人故意破坏、伪造现场、毁灭证据的，承担全部责任。

第九十三条 公安机关交通管理部门对经过勘验、检查现场的交通事故应当在勘查现场之日起10日内制作交通事故认定书。对需要进行检验、鉴定的，应当在检验、鉴定结果确定之日起5日内制作交通事故认定书。

第九十四条 当事人对交通事故损害赔偿有争议，各方当事人一致请求公安机关交通管理部门调解的，应当在收到交通事故认定书之日起10日内提出书面调解申请。

对交通事故致死的，调解从办理丧葬事宜结束之日起开始；对交通事故致伤的，调解从治疗终结或者定残之日起开始；对交通事故造成财产损失的，调解从确定损失之日起开始。

第九十五条 公安机关交通管理部门调解交通事故损害赔偿争议的期限为10日。调解达成协议的，公安机关交通管理部门应当制作调解书送交各方当事人，调解书经各方当事人共同签字后生效；调解未达成协议的，公安机关交通管理部门应当制作调解终结书送交各方当事人。

交通事故损害赔偿项目和标准依照有关法律的规定执行。

第九十六条 对交通事故损害赔偿的争议，当事人向人民法院提起民事诉讼的，公安机关交通管理部门不再受理调解申请。

公安机关交通管理部门调解期间，当事人向人民法院提起民事诉讼的，调解终止。

第九十七条 车辆在道路以外发生交通事故，公安机关交通管理部门接到报案的，参照道路交通安全法和本条例的规定处理。

车辆、行人与火车发生的交通事故以及在渡口发生的交通事故，依照国家有关规定处理。

七、《道路交通事故处理程序规定》

《道路交通事故处理程序规定》是为了规范道路交通事故处理程序，保障公安机关交通管理部门依法履行职责，保护道路交通事故当事人的合法权益，根据《中华人民共和国道路交通安全法》及其实施条例等有关法律、法规而制定。

本规定经2017年6月15日公安部部长办公会议通过，于2017年7月22日发布，自2018年5月1日起施行。2008年8月17日发布的《道路交通事故处理程序规定》（公安部令第104号）同时废止。

本规定分为总则、管辖、报警和受案、自行协商、简易程序、调查、认定与复核、处罚执行、损害赔偿调解、涉外道路交通事故处理、执法监督、附则，共十二章114条。

本规定是车险理赔的重要依据，是车险从业人员必须熟练掌握的基本法规，相关内容摘要如下：

（一）“报警和受案”摘要

第十三条 发生死亡事故、伤人事故的，或者发生财产损失事故且有下列情形之一的，当事人应当保护现场并立即报警：

（一）驾驶人无有效机动车驾驶证或者驾驶的机动车与驾驶证载明的准驾车型不符的；

（二）驾驶人有饮酒、服用国家管制的精神药品或者麻醉药品嫌疑的；

（三）驾驶人有从事校车业务或者旅客运输，严重超过额定乘员载客，或者严重超过规定时速行驶嫌疑的；

（四）机动车无号牌或者使用伪造、变造的号牌的；

（五）当事人不能自行移动车辆的；

（六）一方当事人离开现场的；

（七）有证据证明事故是由一方故意造成的。

驾驶人必须在确保安全的原则下，立即组织车上人员疏散到路外安全地点，避免发生次生事故。驾驶人已因道路交通事故死亡或者受伤无法行动的，车上其他人员应当自行组织疏散。

第十四条 发生财产损失事故且有下列情形之一，车辆可以移动的，当事人应当组织车上人员疏散到路外安全地点，在确保安全的原则下，采取现场拍照或者标划事故车辆现场位置等方式固定证据，将车辆移至不妨碍交通的地点后报警：

（一）机动车无检验合格标志或者无保险标志的；

（二）碰撞建筑物、公共设施或者其他设施的。

第十五条 载运爆炸性、易燃性、毒害性、放射性、腐蚀性、传染病病原体等危险物品车辆发生事故的，当事人应当立即报警，危险物品车辆驾驶人、押运人应当按照危险物品安全管理法律、法规、规章以及有关操作规程的规定，采取相应的应急处置措施。

第十六条 公安机关及其交通管理部门接到报警的，应当受理，制作受案登记表并记录下列内容：

（一）报警方式、时间，报警人姓名、联系方式，电话报警的，还应当记录报警电话；

（二）发生或者发现道路交通事故的时间、地点；

（三）人员伤亡情况；

（四）车辆类型、车辆号牌号码，是否载有危险物品以及危险物品的种类、是否发生泄漏等；

（五）涉嫌交通肇事逃逸的，还应当询问并记录肇事车辆的车型、颜色、特征及其逃逸方向、逃逸驾驶人的体貌特征等有关情况。

报警人不报姓名的，应当记录在案。报警人不愿意公开姓名的，应当为其保密。

第十七条 接到道路交通事故报警后，需要派员到现场处置，或者接到出警指令的，公安机关交通管理部门应当立即派交通警察赶赴现场。

第十八条 发生道路交通事故后当事人未报警，在事故现场撤除后，当事人又报警请求公安机关交通管理部门处理的，公安机关交通管理部门应当按照本规定第十六条规定的记录内容予以记录，并在三日内作出是否接受案件的决定。

经核查道路交通事故事实存在的，公安机关交通管理部门应当受理，制作受案登记表；经核查无法证明道路交通事故事实存在，或者不属于公安机关交通管理部门管辖的，应当书面告知当事人，并说明理由。

（二）“自行协商”摘要

第十九条 机动车与机动车、机动车与非机动车发生财产损失事故，当事人应当在确保安全的原则下，采取现场拍照或者标划事故车辆现场位置等方式固定证据后，立即撤离现场，将车辆移至不妨碍交通的地点，再协商处理损害赔偿事宜，但有本规定第十三条第一款情形的除外。

第二十条 发生可以自行协商处理的财产损失事故，当事人可以通过互联网在线自行协商处理；当事人对事实及成因有争议的，可以通过互联网共同申请公安机关交通管理部门在线确定当事人的责任。

当事人报警的，交通警察、警务辅助人员可以指导当事人自行协商处理。当事人要求交通警察到场处理的，应当指派交通警察到现场调查处理。

第二十一条 当事人自行协商达成协议的，制作道路交通事故自行协商协议书，并共同签名。道路交通事故自行协商协议书应当载明事故发生的时间、地点、天气、当事人姓名、驾驶证号或者身份证号、联系方式、机动车种类和号牌号码、保险公司、保险凭证号、事故形态、碰撞部位、当事人的责任等内容。

第二十二条 当事人自行协商达成协议的，可以按照下列方式履行道路交通事故损害赔偿：

（一）当事人自行赔偿；

（二）到投保的保险公司或者道路交通事故保险理赔服务场所办理损害赔偿事宜。

当事人自行协商达成协议后未履行的，可以申请人民调解委员会调解或者向人民法院提起民事诉讼。

（三）“简易程序”摘要

第二十三条 公安机关交通管理部门可以适用简易程序处理以下道路

交通事故，但有交通肇事、危险驾驶犯罪嫌疑的除外：

（一）财产损失事故；

（二）受伤当事人伤势轻微，各方当事人一致同意适用简易程序处理的伤人事故。

适用简易程序的，可以由一名交通警察处理。

第二十四条 交通警察适用简易程序处理道路交通事故时，应当在固定现场证据后，责令当事人撤离现场，恢复交通。拒不撤离现场的，予以强制撤离。当事人无法及时移动车辆影响通行和交通安全的，交通警察应当将车辆移至不妨碍交通的地点。具有本规定第十三条第一款第一项、第二项情形之一的，按照《中华人民共和国道路交通安全法实施条例》第一百零四条规定处理。

撤离现场后，交通警察应当根据现场固定的证据和当事人、证人陈述等，认定并记录道路交通事故发生的时间、地点、天气、当事人姓名、驾驶证号或者身份证号、联系方式、机动车种类和号牌号码、保险公司、保险凭证号、道路交通事故形态、碰撞部位等，并根据本规定第六十条确定当事人的责任，当场制作道路交通事故认定书。不具备当场制作条件的，交通警察应当在三日内制作道路交通事故认定书。

道路交通事故认定书应当由当事人签名，并现场送达当事人。当事人拒绝签名或者接收的，交通警察应当在道路交通事故认定书上注明情况。

第二十五条 当事人共同请求调解的，交通警察应当当场进行调解，并在道路交通事故认定书上记录调解结果，由当事人签名，送达当事人。

第二十六条 有下列情形之一的，不适用调解，交通警察可以在道路交通事故认定书上载明有关情况后，将道路交通事故认定书送达当事人：

（一）当事人对道路交通事故认定有异议的；

（二）当事人拒绝在道路交通事故认定书上签名的；

（三）当事人不同意调解的。

（四）“现场处置和调查”摘要

第三十二条 交通警察应当对事故现场开展下列调查工作：

（一）勘查事故现场，查明事故车辆、当事人、道路及其空间关系和事故发生时的天气情况；

（二）固定、提取或者保全现场证据材料；

（三）询问当事人、证人并制作询问笔录；现场不具备制作询问笔录条件的，可以通过录音、录像记录询问过程；

（四）其他调查工作。

第三十三条 交通警察勘查道路交通事故现场，应当按照有关法规和标准的规定，拍摄现场照片，绘制现场图，及时提取、采集与案件有关的痕迹、物证等，制作现场勘查笔录。现场勘查过程中发现当事人涉嫌利用交通工具实施其他犯罪的，应当妥善保护犯罪现场和证据，控制犯罪嫌疑人，并立即报告公安机关主管部门。

发生一次死亡三人以上事故的，应当进行现场摄像，必要时可以聘请具有专门知识的人参加现场勘验、检查。

现场图、现场勘查笔录应当由参加勘查的交通警察、当事人和见证人签名。当事人、见证人拒绝签名或者无法签名以及无见证人的，应当记录在案。

第三十四条 痕迹、物证等证据可能因时间、地点、气象等原因导致改变、毁损、灭失的，交通警察应当及时固定、提取或者保全。

对涉嫌饮酒或者服用国家管制的精神药品、麻醉药品驾驶车辆的人员，公安机关交通管理部门应当按照《道路交通安全违法行为处理程序规定》及时抽血或者提取尿样等检材，送交有检验鉴定资质的机构进行检验。

车辆驾驶人员当场死亡的，应当及时抽血检验。不具备抽血条件的，应当由医疗机构或者鉴定机构出具证明。

第三十五条 交通警察应当核查当事人的身份证件、机动车驾驶证、机动车行驶证、检验合格标志、保险标志等。

第三十九条 因收集证据的需要，公安机关交通管理部门可以扣留事故车辆，并开具行政强制措施凭证。扣留的车辆应当妥善保管。

公安机关交通管理部门不得扣留事故车辆所载货物。对所载货物在核实重量、体积及货物损失后，通知机动车驾驶人或者货物所有人自行处理。无法通知当事人或者当事人不自行处理的，按照《公安机关办理行政案件程序规定》的有关规定办理。

第四十二条 投保机动车交通事故责任强制保险的车辆发生道路交通事故，因抢救受伤人员需要保险公司支付抢救费用的，公安机关交通管理部门应当书面通知保险公司。

（五）“道路交通事故认定”摘要

第五十九条 道路交通事故认定应当做到事实清楚、证据确实充分、适用法律正确、责任划分公正、程序合法。

第六十条 公安机关交通管理部门应当根据当事人的行为对发生道路交通事故所起的作用以及过错的严重程度，确定当事人的责任。

（一）因一方当事人的过错导致道路交通事故的，承担全部责任；

（二）因两方或者两方以上当事人的过错发生道路交通事故的，根据其行为对事故发生的作用以及过错的严重程度，分别承担主要责任、同等责任和次要责任；

（三）各方均无导致道路交通事故的过错，属于交通意外事故的，各方均无责任。

一方当事人故意造成道路交通事故的，他方无责任。

第六十一条 当事人有下列情形之一的，承担全部责任：

（一）发生道路交通事故后逃逸的；

（二）故意破坏、伪造现场、毁灭证据的。

为逃避法律责任追究，当事人弃车逃逸以及潜逃藏匿的，如有证据证明其他当事人也有过错，可以适当减轻责任，但同时有证据证明逃逸当事人有第一款第二项情形的，不予减轻。

第六十二条 公安机关交通管理部门应当自现场调查之日起十日内制作道路交通事故认定书。交通肇事逃逸案件在查获交通肇事车辆和驾驶人后十日内制作道路交通事故认定书。对需要进行检验、鉴定的，应当在检验报告、鉴定意见确定之日起五日内制作道路交通事故认定书。

第六十四条 道路交通事故认定书应当载明以下内容：

（一）道路交通事故当事人、车辆、道路和交通环境等基本情况；

（二）道路交通事故发生经过；

（三）道路交通事故证据及事故形成原因分析；

（四）当事人导致道路交通事故的过错及责任或者意外原因；

（五）作出道路交通事故认定的公安机关交通管理部门名称和日期。

道路交通事故认定书应当由交通警察签名或者盖章，加盖公安机关交通管理部门道路交通事故处理专用章。

第六十五条 道路交通事故认定书应当在制作后三日内分别送达当事人，并告知申请复核、调解和提起民事诉讼的权利、期限。

当事人收到道路交通事故认定书后，可以查阅、复制、摘录公安机关交通管理部门处理道路交通事故的证据材料，但证人要求保密或者涉及国家秘密、商业秘密以及个人隐私的，按照有关法律法规的规定执行。公安机关交通管理部门对当事人复制的证据材料应当加盖公安机关交通管理部门事故处理专用章。

第六十六条 交通肇事逃逸案件尚未侦破，受害一方当事人要求出具道路交通事故认定书的，公安机关交通管理部门应当在接到当事人书面申请后十日内，根据本规定第六十一条确定各方当事人责任，制作道路交通事故认定书，并送达受害方当事人。道路交通事故认定书应当载明事故发生的时间、地点、受害人情况及调查得到的事实，以及受害方当事人的责任。

交通肇事逃逸案件侦破后，已经按照前款规定制作道路交通事故认定书的，应当按照本规定第六十一条重新确定责任，制作道路交通事故认定书，分别送达当事人。重新制作的道路交通事故认定书除应当载明本规定第六十四条规定的内容外，还应当注明撤销原道路交通事故认定书。

第六十七条 道路交通事故基本事实无法查清、成因无法判定的，公安机关交通管理部门应当出具道路交通事故证明，载明道路交通事故发生的时间、地点、当事人情况及调查得到的事实，分别送达当事人，并告知申请复核、调解和提起民事诉讼的权利、期限。

第六十八条 由于事故当事人、关键证人处于抢救状态或者因其他客观原因导致无法及时取证，现有证据不足以认定案件基本事实的，经上一级公安机关交通管理部门批准，道路交通事故认定的时限可中止计算，并书面告知各方当事人或者其代理人，但中止的时间最长不得超过六十日。

当中止认定的原因消失，或者中止期满受伤人员仍然无法接受调查的，公安机关交通管理部门应当在五日内，根据已经调查取得的证据制作道路交通事故认定书或者出具道路交通事故证明。

第六十九条 伤人事故符合下列条件，各方当事人一致书面申请快速处理的，经县级以上公安机关交通管理部门负责人批准，可以根据已经取得的证据，自当事人申请之日起五日内制作道路交通事故认定书：

（一）当事人不涉嫌交通肇事、危险驾驶犯罪的；

（二）道路交通事故基本事实及成因清楚，当事人无异议的。

第七十条 对尚未查明身份的当事人，公安机关交通管理部门应当在道路交通事故认定书或者道路交通事故证明中予以注明，待身份信息查明以后，制作书面补充说明送达各方当事人。

（六）“损害赔偿调解”摘要

第八十四条 当事人可以采取以下方式解决道路交通事故损害赔偿争议：

（一）申请人民调解委员会调解；

（二）申请公安机关交通管理部门调解；

（三）向人民法院提起民事诉讼。

第八十五条 当事人申请人民调解委员会调解，达成调解协议后，双方当事人认为有必要的，可以根据《中华人民共和国人民调解法》共同向人民法院申请司法确认。

当事人申请人民调解委员会调解，调解未达成协议的，当事人可以直接向人民法院提起民事诉讼，或者自人民调解委员会作出终止调解之日起三日内，一致书面申请公安机关交通管理部门进行调解。

第八十六条 当事人申请公安机关交通管理部门调解的，应当在收到道路交通事故认定书、道路交通事故证明或者上一级公安机关交通管理部门维持原道路交通事故认定的复核结论之日起十日内一致书面申请。

当事人申请公安机关交通管理部门调解，调解未达成协议的，当事人可以依法向人民法院提起民事诉讼，或者申请人民调解委员会进行调解。

第八十七条 公安机关交通管理部门应当按照合法、公正、自愿、及时的原则进行道路交通事故损害赔偿调解。

第九十二条 因确定损害赔偿的数额，需要进行伤残评定、财产损失评估的，由各方当事人协商确定有资质的机构进行，但财产损失数额巨大涉嫌刑事犯罪的，由公安机关交通管理部门委托。

当事人委托伤残评定、财产损失评估的费用，由当事人承担。

第九十三条 经调解达成协议的，公安机关交通管理部门应当当场制作道路交通事故损害赔偿调解书，由各方当事人签字，分别送达各方当事人。

需要注意的是：（1）本规定所称的“三日”或其他几日，是指工作日，不包括节假日；（2）本规定所称的“以上”“以下”均包括本数在内。

八、其他相关法规

（一）GB 7258—2017《机动车运行安全技术条件》摘要

1. GB 7258—2017 简介。

GB 7258—2017 是我国机动车国家安全技术标准的重要组成部分，是机动车进行注册登记检验和在用机动车检验、机动车查验等机动车运行安全管理及事故车检验最基本的技术标准，同时也是我国机动车新车定型强制性检验、新车出厂检验和进口机动车检验的重要技术依据之一。

GB 7258—2017 分为范围，规范性引用文件，术语和定义，整车，发动机和驱动电机，转向系，制动系，照明、信号装置和其他电气设备，行驶系，传动系，车身，安全防护装置，消防车、救护车、工程救险车和警车的附加要求，残疾人专用汽车的附加要求，标准实施的过渡期要求，共15 项标准 48 页。

GB 7258—2017 的内容涵盖机动车运行安全的所有相关技术内容，是汽车保险查勘、定损及理赔的重要依据，其中最相关的是其第 4 项至第 12 项。

2. GB 7258—2017 相关内容摘要。

（1）汽车标牌和车辆识别代号。

汽车标牌和车辆识别代号是汽车保险查勘定损及理赔的重要信息。在汽车骗保拒赔案例实践中，对于黑车、套牌车等骗保行为的识别，经常取决于对“汽车标牌”和“车辆识别代号”的认真核查工作。这些相关知识在国标 GB 7258—2017 的 4.1 中有详尽的规定。

4.1.2　机动车应至少装置一个能永久保持的产品标牌，该标牌的固定、位置及型式应符合相关标准规定；产品标牌如采用标签标示，则标签应符合相关标准规定的标签一般性能、防篡改性能及防伪性能要求。改装车应同时具有改装后的整车产品标牌及改装前的整车（或底盘）产品标牌。

机动车均应在产品标牌上标明品牌、整车型号、制造年月、生产厂名及制造国，各类机动车产品标牌应标明的其他项目见表 1。产品标牌上标明的内容应规范、清晰耐久且易于识别，项目名称均应有中文名称。

表 1　各类机动车产品标牌应补充标明的项目

机动车类型		应补充标明的项目
汽车[a]	载客汽车[b]	车辆识别代号、发动机（内燃机）型号、发动机最大净功率/转速、最大允许总质量（以下简称总质量）、乘坐人数（乘员数）
	载货汽车[c]	车辆识别代号、发动机型号、发动机最大净功率/转速、总质量（半挂牵引车除外）、整车整备质量（以下简称整备质量）、最大允许牵引质量（无牵引功能的货车除外）
	专项作业车[c]	车辆识别代号、发动机型号、发动机最大净功率/转速、总质量、专用功能关键技术参数
挂车		车辆识别代号、总质量、整备质量
摩托车[d]		车辆识别代号、发动机型号[e]、发动机实际排量或最大净功率[e]、整备质量

续表

机动车类型	应补充标明的项目
轮式专用机械车	产品识别代码（或车辆识别代号）、发动机型号、发动机标定功率、整备质量、最大设计车速
组成拖拉机运输机组的拖拉机	出厂编号、发动机标定功率、使用质量
特型机动车	车辆识别代号（或车架号）、发动机型号、发动机最大净功率、总质量、整备质量、外廓尺寸

注：[a] 纯电动汽车、插电式混合动力汽车、燃料电池汽车还应标明驱动电机型号和峰值功率，动力电池系统额定电压和额定容量（安时数），储氢容器型式、容积、工作压力（燃料电池汽车）；纯电动汽车不标发动机相关信息；最大设计车速小于 70km/h 的汽车（低速汽车、设有乘客站立区的客车除外）还应标明最大设计车速。

[b] 乘用车、旅居车可不标发动机最大净功率转速，但还应标明发动机排量，乘用车具备牵引功能时还应标明牵引座最大设计静载荷。

[c] 总质量小于 12000kg 的货车和专项作业车可不标发动机最大净功率转速，半挂牵引车还应标明牵引座最大设计静载荷。

[d] 正三轮摩托车还应标明载质量或乘坐人数，两轮普通摩托车及两轮轻便摩托车可不标车辆识别代号。

[e] 电动摩托车应标明电机型号、额定功率、额定电压。

4.1.3　汽车、摩托车、挂车应具有唯一的车辆识别代号。应至少有一个车辆识别代号打刻在车架（无车架的机动车为车身主要承载且不能拆卸的部件）能防止锈蚀、磨损的部位上。乘用车的车辆识别代号应打刻在发动机舱内能防止替换的车辆结构件上，或打刻在车门立柱上，如受结构限制没有打刻空间时也可打刻在右侧除行李舱外的车辆其他结构件上；对总质量大于等于 12000kg 的货车、货车底盘改装的专项作业车及所有牵引杆挂车，车辆识别代号应打刻在右前轮纵向中心线前端纵梁外侧，如受结构限制也可打刻在右前轮纵向中心线附近纵梁外侧；对半挂车和中置轴挂车，车辆识别代号应打刻在右前支腿前端纵梁外侧（无纵梁的除外）；其他汽车和无纵梁挂车的车辆识别代号、轮式专用机械车的产品识别代码（或车辆识别代号）应打刻在右侧前部的车辆结构件上，如受结构限制也可打刻在右侧其他车辆结构件上。其他机动车（摩托车除外）应在相应的易见位置打刻整车型号和出厂编号，型号在前，出厂编号在后，在出厂编号的两端应打刻起止标记。

打刻车辆识别代号（或产品识别代码、整车型号和出厂编号）的部件不应采用打磨、挖补、垫片、凿改、重新涂漆（设计和制造上为保护打刻的车辆识别代号而采取涂漆工艺的情形除外）等方式处理，从上（前）方观察时打刻区域周边足够大面积的表面不应有任何覆盖物；如有覆盖物，该覆盖物的表面应明确标示“车辆识别代号”或“VIN”字样，且覆盖物在不使用任何专用工具的情况下能直接取下（或揭开）及复原，以方便地观察到足够大的包括打刻区域的表面。

打刻的车辆识别代号（或产品识别代码、整车型号和出厂编号）从上（前）方应易于观察、拓印；对于汽车和挂车还应能拍照。打刻的车辆识别代号的字母和数字的字高应大于等于7.0mm、深度应大于等于0.3mm（乘用车及总质量小于等于3500kg的封闭式货车深度应大于等于0.2mm），但摩托车字高应大于等于5.0mm、深度应大于等于0.2mm。打刻的整车型号和出厂编号字高应为10.0mm，深度应大于等于0.3mm。打刻的车辆识别代号（或产品识别代码、整车型号和出厂编号）总长度应小于等于200mm，字母和数字的字体和大小应相同（打刻在不同部位的车辆识别代号除外）；打刻的车辆识别代号两端有起止标记的，起止标记与字母、数字的间距应紧密、均匀。

车辆识别代号（或产品识别代码、整车型号和出厂编号）一经打刻不应更改、变动，但按GB 16735的规定重新标示或变更的除外。同一辆机动车的车架（无车架的机动车为车身主要承载且不能拆卸的部件）上，不应既打刻车辆识别代号（或产品识别代码），又打刻整车型号和出厂编号。同一辆车上标识的所有车辆识别代号内容应相同。

4.1.5 对具有电子控制单元（ECU）的汽车，其至少有一个ECU应记载有车辆识别代号等特征信息，且记载的特征信息不应被篡改并能被市场上可获取的工具读取。

4.1.6 乘用车和总质量小于等于3500kg的货车（低速汽车除外）应

在靠近风窗立柱的位置设置能永久保持的车辆识别代号标识；该标识从车外应能清晰地识读，且非经破坏性操作不能被完整取下。

4.1.7　除按照 4.1.2、4.1.3、4.1.5、4.1.6 标示车辆识别代号之外，乘用车还应在行李舱从车外无法观察但打开后能直接观察的合适位置标示车辆识别代号，并至少在 5 个主要部件上标示车辆识别代号；但如制造厂家使用了能从零部件编号溯及车辆识别代号等车辆唯一性信息的生产管理系统，主要部件上可标示零部件编号。车辆识别代号或零部件编号应直接打刻或采用能永久保持的标签粘贴在制造厂家规定主要部件的目标区域内，其字码高度应保证内容能清晰确认。

4.1.8　除按照 4.1.2、4.1.3、4.1.5 标示车辆识别代号之外，总质量大于等于 12000kg 的栏板式、仓栅式、自卸式、罐式货车及总质量大于等于 10000kg 的栏板式、仓栅式、自卸式、罐式挂车还应在其货箱或常压罐体（或设计和制造上固定在货箱或常压罐体上且用于与车架连接的结构件）上打刻至少两个车辆识别代号。打刻的车辆识别代号应位于货箱（常压罐体）左、右两侧或前端面且易于拍照，深度、高度和总长度应符合 4.1.3 的规定；且若打刻在货箱（常压罐体）左、右两侧时距货箱（常压罐体）前端面的距离应小于等于 1000mm，若打刻在左、右两侧连接结构件时应尽量靠近货箱（常压罐体）前端面。

4.1.10　对机动车进行改装或修理时，不应对车辆识别代号（或整车型号和出厂编号）、发动机型号和出厂编号、零部件编号、产品标牌、发动机标识等整车标志进行遮盖（遮挡）、打磨、挖补、垫片等处理及凿孔、钻孔等破坏性操作，也不应破坏或未经授权修改电子控制单元（ECU）等记载的车辆识别代号。

（2）车辆“超载、超限”的标准。

在汽车保险理赔实践中，因为车辆超载、超限而造成的交通事故屡见不鲜。在国标 GB 7258—2017 的 4.2、4.3 中，要求汽车、挂车及汽车列车的外廓尺寸、轴荷及质量参数应符合 GB 1589 的规定。GB 1589—2016《汽车、挂车及汽车列车外廓尺寸、轴荷及质量限值》是汽车行业重要的基础标准，规定了汽车、挂车及汽车列车的外廓尺寸、轴荷和质量的限值要求，具体参见 11.7.2。

（3）装配 ABS 或 EBS 制动系统。

所有汽车（三轮汽车、五轴及五轴以上专项作业车除外）及总质量大于 3500kg 的挂车应装备符合规定的防抱制动装置。总质量大于等于 12000kg 的危险货物运输货车还应装备电控制动系统（EBS）。

防抱制动装置中的任何电器故障不应使行车制动器的制动促动时间和制动释放时间延长。在需要电源进行操纵防抱制动装置的挂车上，电源应由专用电源线路供给。

（4）装配行驶记录仪。

所有客车、危险货物运输货车、半挂牵引车和总质量大于等于 12000kg的其他货车应装备具备记录、存储、显示、打印或输出车辆行驶速度、时间、里程等车辆行驶状态信息的行驶记录仪；行驶记录仪应接入车辆速度、制动等信号，规范设置车辆参数并配置驾驶人身份识别卡，显示部分应易于观察，数据接口应便于移动存储介质的插拔，技术要求应符合GB/T 19056的规定。校车、公路客车、旅游客车、危险货物运输货车装备具有行驶记录功能的卫星定位装置，且行驶记录功能的技术要求符合本标准及GB/T 19056相关规定，或车长小于6m的其他客车装备符合标准规定的事件数据记录系统（EDR），应视为满足要求。专用校车和卧铺客车、设有乘客站立区的客车，还应装备车内外视频监控录像系统；车内外视频监控录像系统摄像头的配备数量及拍摄方向应符合相关标准和管理规定，无遮挡。

注：乘用车应配备能记录碰撞等特定事件发生时的车辆行驶速度、制动状态等数据信息的事件数据记录系统（EDR）；若配备了符合标准规定的车载视频行驶记录装置，应视为满足要求。

（5）安装右转弯音响提示装置。

总质量大于等于 12000kg 的货车，应装备符合标准要求的车辆右转弯音响提示装置，并在设计和制造上保证驾驶人不能关闭车辆右转弯音响提示装置。

GB 7258—2017 还对发动机和驱动电机、转向系、制动系、照明、信号装置和其他电气设备、行驶系、传动系、车身、安全防护装置等进行了详细规定，在此不一一列举，详见 GB 7258—2017《机动车运行安全技术条件》原文。

（二）GB 1589—2016《汽车、挂车及汽车列车外廓尺寸、轴荷及质量限值》摘要

GB 1589—2016 为国家强制性标准，代替 GB 1589—1979、GB 1589—1989《汽车外廓尺寸限界》、GB 1589—2004《道路车辆外廓尺寸、轴荷及质量限值》。

本标准对不同车辆规定了不同的质量和尺寸限值，为车险查勘及理赔过程中的车辆超载、超限的核定，提供了标准依据。

GB 1589—2016 规定了汽车、挂车及汽车列车的外廓尺寸、轴荷和质量的限值要求，是汽车行业重要的基础标准，也是判定货物运输车辆超载、超限的依据。其尺寸和质量限值的具体规定如下：

1. 车辆外廓尺寸限值。

汽车、挂车及汽车列车的外廓尺寸应符合 GB 1589—2016 的规定，具体见表 2 和表 3。

表 2　栏板式、仓栅式、平板式、自卸式货车及其半挂车外廓尺寸的最大限值　　单位：毫米

车辆类型			长度	宽度	高度
仓栅式货车 栏板式货车 平板式货车 自卸式货车	二轴	最大设计总质量≤ 3500kg	6000	2550	4000

续表

<table>
<tr><td colspan="3">车辆类型</td><td>长度</td><td>宽度</td><td>高度</td></tr>
<tr><td rowspan="6">仓栅式货车
栏板式货车
平板式货车
自卸式货车</td><td rowspan="3">二轴</td><td>最大设计总质量＞3500kg，且≤8000kg</td><td>7000</td><td rowspan="9">2550</td><td rowspan="9">4000</td></tr>
<tr><td>最大设计总质量＞8000kg，且≤12000kg</td><td>8000</td></tr>
<tr><td>最大设计总质量＞12000kg</td><td>9000</td></tr>
<tr><td rowspan="2">三轴</td><td>最大设计总质量≤20000kg</td><td>11000</td></tr>
<tr><td>最大设计总质量＞20000kg</td><td rowspan="2">12000</td></tr>
<tr><td colspan="2">双转向轴的四轴汽车</td></tr>
<tr><td rowspan="3">仓栅式半挂车
栏板式半挂车
平板式半挂车
自卸式半挂车</td><td colspan="2">一轴</td><td>8600</td></tr>
<tr><td colspan="2">二轴</td><td>10000</td></tr>
<tr><td colspan="2">三轴</td><td>13000</td></tr>
</table>

表3 其他汽车、挂车及汽车列车外廓尺寸的最大限值 单位：毫米

<table>
<tr><td colspan="3">车辆类型</td><td>长度</td><td>宽度</td><td>高度</td></tr>
<tr><td rowspan="6">汽车</td><td colspan="2">三轮汽车[a]</td><td>4600</td><td>1600</td><td>2000</td></tr>
<tr><td colspan="2">低速货车</td><td>6000</td><td>2000</td><td>2500</td></tr>
<tr><td colspan="2">货车及半挂牵引车</td><td>12000[b]</td><td>2550[c]</td><td>4000</td></tr>
<tr><td rowspan="3">乘用车及客车</td><td>乘用车及二轴客车</td><td>12000</td><td rowspan="3">2550</td><td rowspan="3">4000[d]</td></tr>
<tr><td>三轴客车</td><td>13700</td></tr>
<tr><td>单铰接客车</td><td>18000</td></tr>
<tr><td rowspan="2">挂车</td><td colspan="2">半挂车</td><td>13750[e]</td><td rowspan="2">2550[c]</td><td rowspan="2">4000</td></tr>
<tr><td colspan="2">中置轴、牵引杆挂车</td><td>12000[f]</td></tr>
<tr><td rowspan="3">汽车列车</td><td colspan="2">乘用车列车</td><td>14500</td><td rowspan="3">2550[c]</td><td rowspan="3">4000</td></tr>
<tr><td colspan="2">铰接列车</td><td>17100[g]</td></tr>
<tr><td colspan="2">货车列车</td><td>20000[h]</td></tr>
</table>

注：[a] 当采用方向盘转向，由传动轴传递动力，具有驾驶室且驾驶员座椅后设计有物品放置空间时，长度、宽度、高度的限值分别为 5200mm、1800mm、2200mm；
[b] 专用作业车车辆长度限值要求不适用，但应符合相关标准要求；
[c] 冷藏车宽度最大限值为 2600mm；
[d] 定线行驶的双层城市客车高度最大限值为 4200mm；
[e] 运送 45 英尺集装箱的半挂车长度最大限值为 13950mm；
[f] 车厢长度限值为 8000mm（中置轴车辆运输挂车除外）；
[g] 长头铰接列车长度限值为 18100mm；
[h] 中置轴车辆运输列车长度最大限值为 22000mm。

2. 最大允许轴荷限值。

汽车及挂车的单轴、二轴组及三轴组的最大允许轴荷不应超过该轴或轴组各轮胎负荷之和，且不应超过表 4 规定的限值。

表 4　汽车及挂车单轴、二轴组及三轴组的最大允许轴荷限值　单位：千克

类型			最大允许轴荷限值
单轴	每侧单轮胎		7000[a]
	每侧双轮胎	非驱动轴	10000[b]
		驱动轴	11500
二轴组	轴距＜ 1000mm		11500[c]
	轴距≥ 1000mm，且＜ 1300mm		16000
	轴距≥ 1300mm，且＜ 1800mm		18000[d]
	轴距≥ 1800mm（仅挂车）		18000
三轴组	相邻两轴之间距离≤ 1300mm		21000
	相邻两轴之间距离＞ 1300mm，且≤ 1400mm		24000

注：[a] 安装名义断面宽度不小于 425mm 轮胎的车轴，最大允许轴荷限值为 10000kg；驱动轴安装名义断面宽度不小于 445mm 轮胎，则最大允许轴荷限值为 11500kg；
[b] 装备空气悬架时最大允许轴荷的最大限值为 11500kg；
[c] 二轴挂车最大允许轴荷限值为 11000kg；
[d] 汽车驱动轴为每轴每侧双轮胎且装备空气悬架时，最大允许轴荷的最大限值为 19000kg。

对于其他类型的车轴，其最大允许轴荷不应超过该轴轮胎数乘以3000kg。

3. 车辆最大允许总质量限值。

汽车、挂车及汽车列车的最大允许总质量不应超过各车轴最大允许轴荷之和，且不应超过表5规定的限值。

表5 汽车、挂车及汽车列车最大允许总质量限值 单位：千克

<table>
<tr><th colspan="3">车辆类型</th><th>最大允许总质量限值</th></tr>
<tr><td rowspan="6">汽车</td><td colspan="2">三轮汽车</td><td>2000[a]</td></tr>
<tr><td colspan="2">乘用车</td><td>4500</td></tr>
<tr><td colspan="2">二轴客车、货车及半挂牵引车</td><td>18000[b]</td></tr>
<tr><td colspan="2">三轴客车、货车及半挂牵引车</td><td>25000[c]</td></tr>
<tr><td colspan="2">单铰接客车</td><td>28000</td></tr>
<tr><td colspan="2">双转向轴四轴货车</td><td>31000[c]</td></tr>
<tr><td rowspan="9">挂车</td><td rowspan="3">半挂车</td><td>一轴</td><td>18000</td></tr>
<tr><td>二轴</td><td>35000</td></tr>
<tr><td>三轴</td><td>40000</td></tr>
<tr><td rowspan="3">牵引杆挂车</td><td>二轴，每轴每侧为单轮胎</td><td>12000[d]</td></tr>
<tr><td>二轴，一轴每侧为单轮胎、另一轴每侧为双轮胎</td><td>16000</td></tr>
<tr><td>二轴，每轴每侧为双轮胎</td><td>18000</td></tr>
<tr><td rowspan="3">中置轴挂车</td><td>一轴</td><td>10000</td></tr>
<tr><td>二轴</td><td>18000</td></tr>
<tr><td>三轴</td><td>24000</td></tr>
<tr><td colspan="2" rowspan="4">汽车列车</td><td>三轴</td><td>27000</td></tr>
<tr><td>四轴</td><td>36000[e]</td></tr>
<tr><td>五轴</td><td>43000</td></tr>
<tr><td>六轴</td><td>49000</td></tr>
</table>

注：[a] 当采用方向盘转向、由传动轴传递动力、具有驾驶室且驾驶员座椅后设计有物品放置空间时，最大允许总质量限值为 3000kg；
[b] 低速货车最大允许总质量限值为 4500kg；
[c] 当驱动轴为每轴每侧双轮胎且装备空气悬架时，最大允许总质量限值增加 1000kg；
[d] 安装名义断面宽度不小于 425mm 轮胎，最大允许总质量限值为 18000kg。
[e] 驱动轴为每轴每侧双轮胎并装备空气悬架且半挂车的两轴之间的距离大于等于 1800mm 的铰接列车，最大允许总质量限值为 37000kg。

4. 其他限值条件。

挂车及二轴货车的货箱栏板（含盖）高度不应超过 600mm，二轴自卸车、三轴及三轴以上货车的货箱栏板（含盖）高度不应超过 800mm，三轴及三轴以上自卸车的货箱栏板（含盖）高度不应超过 1500mm。

其他内容详见 GB 1589—2016 标准原文。

在车辆公告技术参数中，公告的车辆"外形尺寸""货厢栏板内尺寸"和"总质量"和"额定载质量"等数值（参见图 2 中车辆公告技术参数），都是车辆生产企业严格按 GB 1589—2016 限值标准开发制造的车型的技术参数。在车险理赔实务中，事故车辆如果出现与公告技术参数不符的情况，应当严肃查处，拒绝理赔超载、超限车辆。

（三）GB/T 16739—2014《汽车维修业开业条件》

GB/T 16739《汽车维修业开业条件》分为两个部分：

GB/T 16739.1—2014《汽车维修业开业条件》为第 1 部分：汽车整车维修企业，规定了汽车整车维修企业应具备的人员、组织管理、安全生产、环境保护、设施和设备等条件。本部分适用于汽车整车维修企业（一类、二类），是道路运输管理机构实施行政许可和管理的依据。

GB/T 16739.2—2014《汽车维修业开业条件》为第 2 部分：汽车综合小修及汽车专项维修业户，规定了汽车综合小修及专项维修业户应具备的通用条件，及其经营范围、人员、设施、设备等条件。本部分适用于汽车综合小修及专项维修业户（三类），是道路运输管理机构实施行政许可和管理的依据。

汽车维修企业与汽车保险的定损理赔紧密相关，故摘要相关内容以供参考：

1. 汽车整车维修企业。有能力对所维修车型的整车、各个总成及主要零部件进行各级维护、修理及更换，使汽车的技术状况和运行性能完全（或接近完全）恢复到原车的技术要求，并符合相应国家标准和行业标准规定的汽车维修企业。按规模大小分为一类汽车整车维修企业和二类汽车整车维修企业。

2. 汽车综合小修业户。从事汽车故障诊断和通过修理或更换个别零件，消除车辆在运行过程或维护过程中发生或发现的故障或隐患，恢复汽车工作能力的维修业户（三类）。

3. 汽车专项维护业户。从事汽车发动机维修、车身维修、电气系统维修、自动变速器维修、轮胎动平衡及修补、四轮定位检测调整、汽车润滑与养护、喷油泵和喷油器维修、曲轴修磨、气缸镗磨、散热器维修、空调维修、汽车美容装潢、汽车玻璃安装及修复等专项维修作业的业户（三类）。

4. 一类和二类企业的人员条件：

应具有维修企业负责人、维修技术负责人、维修质量检验员、维修业务员、维修价格结算员、机修人员、电器维修人员、钣金（车身修复）人员和涂漆（车身涂装）人员。从业人员资格条件应符合GB/T 21338的规定，并取得行业主管部门及相关部门颁发的从业资格证书，持证上岗。

维修质量检验员数量应与其经营规模相适应，至少应配备 2 名维修质量检验员。

机修人员、电器维修人员、钣金人员和涂漆人员，一类企业至少应各配备 2 人；二类企业应至少各配备 1 人。

其他岗位从业人员，一类企业应至少各配备 1 人，不能兼职。二类企业允许一人二岗，可兼任一职。

从事燃气汽车维修的企业，至少应配备 1 名熟悉燃料供给系统专业技术的专职作业、检验人员，并经培训合格，持证上岗。

5. 三类企业的人员条件。根据维修专项的不同，人员条件要求也不同，具体详见GB/T 16739.2—2014原文规定。

6. 其他条件要求。在 GB/T 16739.1—2014 中对一类、二类企业的组织管理条件、安全生产条件、环境保护条件、设施条件、设备条件提出了详细要求。其中：

接待室面积：一类企业的不小于 $80m^2$，二类企业的不小于 $20m^2$。

停车场面积；一类企业的不小于 $200m^2$，二类企业的不小于 $150m^2$。

生产厂房面积：一类企业的不小于 $800m^2$，二类企业的不小于 $200m^2$。

总成维修间面积：一类企业不小于 $30m^2$，二类企业不小于 $20m^2$，并设置总成维修所需的工作台、拆装工具、计量器具等。

参考文献

[1] 中国保险监督委员会网站：www.circ.gov.cn。

[2] 中国银行保险监督管理委员会网站：www.cbrc.gov.cn。

[3] 中国保险行业协会网站：www.iachina.cn。

[4] 中华人民共和国公安部网站：www.mps.gov.cn。

[5] 瑞士再保险公司 Sigma No.3 及网站 www.swissre.com。

[6] 一般社团法人日本损害保险协会 FACT BOOK 及网站 www.sonpo.or.jp。

[7] 中国保险年鉴编委会 .2018 中国保险年鉴 [M]. 北京：中国保险年鉴编委会，2018.

[8] 王绪谨 . 保险学（第三版）[M]. 北京：北京经济管理出版社，2004.

[9] 中国保险行业协会 . 保险原理 [M]. 北京：中国金融出版社，2016.

[10] 北京保险中介行业协会 . 北京保险中介服务手册 [M]. 北京：北京保险中介行业协会，2013.

[11] 简玉玲 . 车险欺诈率估计——基于改进的 PRIDIT 方法 [D]. 兰州：兰州大学，2018.

[12] 臧家瑞 . 对车险经营的理解 [N]. 中国保险报，2002-08-30.

[13] 刘国浩 . 巨额利润从车险管理漏洞中流失 [N]. 中国保险报，2000-07-20.

[14] 刘国浩 . 车险管理，重理赔、轻承保 [N]. 中国保险报 ,2000-08-31.

[15] 刘国浩 . 车险统计指标需要推广普通话 [N]. 中国保险报 , 2001-09-04.

[16] 刘国浩 , 郭学艳 . 车险管理的误区 [N]. 金融时报，2000-10-12.

后 记

本书荟萃了中外资保险公司近期保险经营管理的实践内容，并融合了中国保险业界汽车保险经营管理的现状，使本书具有实用性。感谢北京工商大学保险研究中心主任王绪谨教授为本书作序；感谢全体编委的参与及努力，使本书内容更丰富、更专业、更富有前瞻性。感谢给予支持和帮助的行业同仁，特别是刘春迎女士参与了本书全部章节的编撰整理并提出了重要的建议。

主编刘国浩特别感谢老领导臧家瑞先生，在与他共事期间得到了他很多的指导与帮助，从他身上学到和领悟的汽车保险经营理念是本书成型的原动力和基础。